Wendy Bristow

Single – und das gern!

Wendy Bristow

Single –
und das gern!

Glücklich sein auch mal allein

Verlag Hermann Bauer
Freiburg im Breisgau

Die Deutsche Bibliothek – CIP-Einheitsaufnahme

Ein Titeldatensatz für diese Publikation ist bei
Der Deutschen Bibliothek erhältlich.

Die englische Originalausgabe erschien 2000 bei Thorsons,
einem Imprint von HarperCollinsPublishers Ltd,
77–85 Fulham Palace Road, Hammersmith, London W6 8JB,
unter dem Titel *Single And Loving It*
How To Be Happy And Whole When There Is No Other Half
© 2000 by The National Magazine Company Ltd

Aus dem Englischen von Yutta Klingbeil
Lektorat: Claudia Alt

2. Auflage 2000
ISBN 3-7626-0781-8
© für die deutsche Ausgabe 2000 by
Verlag Hermann Bauer GmbH & Co. KG, Freiburg i. Br.
Umschlag: Werbeatelier ArKon/DAMS, Basel
Satz: CSF · ComputerSatz GmbH, Freiburg i. Br.
Druck und Bindung: Freiburger Graphische Betriebe, Freiburg i. Br.
Printed in Germany

Inhaltsverzeichnis

Dank . . .

Tausend Dankeschön an Mandi Norwood für das gemeinsame Mittagessen, wo wir über die Idee für dieses Buch sprachen und über dessen Verwirklichung. Danke auch an Emma Dally für die Durchführung und an Carole Tonkinson für die Veröffentlichung.

Dank an alle Frauen, die mir über ihre Erfahrungen mit dem Single-Dasein berichteten, insbesondere:

Valentine Abbatt, Jan Ashford, Ramune Burns, Johanna Cruikshank, Sandra Donaldson, Emma Marlin, Maire Mayne, Anna Maxted, Sue Rickards, Marion Russell, Sasha Slater, Lou Trigg, Sue Wheeler; an Pam Bathe von Dateline, Emma Yablon und Matt Whyman von AOL sowie Philippa Perry.

Und an alle von Spectrum, besonders Maggie McKenzie, Paul Allsop und Oriel Methuen, Terry Cooper, Jenner Roth und Rex Bradley, ohne die ich nicht das geringste über die in diesem Buch beschriebenen Konzepte erfahren hätte.

Einen Dank auch an meine Buchfreunde Ramune und Anna.

Einführung

Nie hätte ich erwartet, gerade jetzt Single zu sein. Während ich diese Zeilen schreibe, sollte ich eigentlich noch durch meine ewige Glückseligkeit schweben. Und ich habe mir auch noch die doppelte Dosis verpaßt. Es ist nämlich meine zweite Ehe, die gerade vor einem Jahr in die Brüche gegangen ist, genau-genommen müßte ich noch in meiner ersten immerwährenden Glücksbeziehung schwelgen. Aber wie die Rolling Stones schon sangen: »You can't always get what you want« (wenn du es jedoch versuchst, bekommst du vielleicht das, was du brauchst). Und das Single-Dasein bietet die Gelegenheit, herauszufinden, was wir wirklich brauchen, um es uns dann zu nehmen.

Die Früchte, die du erntest, sind Selbstbewußtsein, Seelenfrieden und das Gefühl, dein Leben selbst bestimmen zu können. Witzigerweise wirst du für das andere Geschlecht sehr viel attraktiver, wenn du Single und obendrein noch glücklich bist. Eine Freundin, die nach zwei Jahren Hadern mit dem Single-Leben plötzlich von interessierten Männern umgeben war, gerade als sich ihr Traum von einer Auslandstätigkeit erfüllen sollte: »Es gibt nichts Anziehenderes als ein Mensch, der mit sich selbst zufrieden ist.«

In diesem Buch geht es um den selbstgefälligen Single und darum, so glücklich mit dir selbst zu werden, daß du dich genau-sogut aufgehoben und zufrieden wie in einer Partnerschaft fühlst. Wenn nicht sogar noch mehr. Egal, ob dir das Singletum aufgezwungen wurde oder du dich freiwillig dazu entschieden hast. Egal, ob du Kinder hast und eine Horror-Scheidung durchmachst mit verworrenen, komplizierten Besuchsrechten oder ob du deinen Ex nie wieder zu sehen brauchst. Egal, ob du zu Tode betrübt über das Ende deiner letzten Beziehung bist oder total euphorisch. Egal, ob du bereits seit zehn Jahren oder erst seit zehn Minuten Single bist. Egal, ob du keine Lust mehr hast, jemals wieder ein Auge auf einen Mann zu werfen oder ob du vor Sehnsucht nach der wahren Liebe vergehst. Egal, ob deine biologische Uhr wie ein Metronom tickt oder ob sie sowieso schon zusammengebrochen ist. Egal, ob du alleinerziehend bist und einen Abend pro Woche frei hast oder ob du eine Herumtreiberin ohne feste Beziehung bist ... Wer auch immer du sein magst, du kannst das Single-Dasein voll ausschöpfen, anstatt es als Fluch oder Versagen zu betrachten. Du kannst es für einen ganz speziellen Zweck benutzen: eine Beziehung aufzubauen und zu pflegen zu einem Menschen, der wirklich wichtig ist, nämlich *dir selbst.*

Und das Großartigste daran ist, daß alle deine Beziehungen entsprechend aufblühen werden. Wenn du weißt, wer *du* bist und was *du* willst, fällt es viel leichter, sich mit anderen auseinanderzusetzen (und zusammenzusetzen).

Mag sein, daß es schwerfällt, gerade jetzt daran zu glauben. Wir betreten alle das Reich der Singles entweder mit der Last einer gescheiterten Partnerschaft oder mit der Frustration, daß nie eine richtig funktioniert hat.

Dieses Buch ist in drei Teile gegliedert, um die drei unterschiedlichen Phasen des Single-Daseins zu beschreiben: den Verlust überwinden, mit dem Alleinsein klarkommen und es ein neues Mal zu versuchen. Jeder erlebt diese Phasen auf seine Art. Manche durchlaufen alle drei Phasen, während sie schon wieder in einer neuen Beziehung stecken. Andere gehen erst durch Phase Drei und ackern sich dann im nachhinein durch die ersten beiden. Wieder andere werden wie ein Pingpong-Ball zwischen allen drei Phasen hin und her geworfen. Es ist unerheblich, wie du es machst oder in welcher Reihenfolge. Was für dich stimmig ist, stimmt einfach. Du lernst dabei sehr viel über dich selbst. Eigentlich ist es am wichtigsten, daß du dich nicht für die verrückten

Dinge, die du getan hast, verurteilst – und du wirst verrückte Dinge tun, weil es einfach Teil des Prozesses ist.

Und du wirst, ähnlich wie ich, die ganze Zeit dabei lernen. In diesem Buch sind meine Lernschritte zusammengefaßt, die mir das Single-Leben beigebracht hat. Ich kann trotzdem nicht alle Fragen beantworten. Ich weiß nur, was für mich und für die Frauen, mit denen ich mich ausgetauscht habe, funktioniert hat. Und ich hoffe, daß es auch für dich von großem Wert sein kann.

1

Die Gesellschaft der Singles

Die Tatsache, daß immer mehr Menschen als Singles leben, hat gesellschaftliche Gründe. Das Thema »Wohnraum« ist anscheinend sehr wichtig, da es viele Menschen gibt, die eine Wohnung suchen. Ich denke, es wird sich eine Menge verändern auf dem Immobilienmarkt.

Beispielsweise wohne ich in einem Apartmentkomplex in London, in dem vermutlich an die zweitausend Menschen leben, und ich schätze, die meisten davon sind Singles. Es gibt hier tatsächlich eine richtige Single-Gemeinschaft. Es könnte ein Modell für die zukünftige Entwicklung sein.

Ich bin gerade aus den USA zurückgekehrt, und ich fühlte mich dort in den Städten weitaus entspannter dabei, allein in eine Bar oder ein Restaurant zu gehen. Es liegt an der Art, wie die Leute dort an die Dinge herangehen – es gibt immer eine Bar, in der du allein an einem Tisch sitzen kannst, ohne das Gefühl zu haben, daß du einsam und verloren bist. Die Amerikaner gehen viel lockerer mit Singles um, du fühlst dich gesellschaftlich nicht wie ein Einbeiniger. Und die USA sind sowieso Vorreiter, wenn es um die neuesten Trends geht.

Helen Wilkinson, Single und Projektleiterin
bei der liberalen Denkfabrik Demos

Was auch immer der Grund für dein Single-Dasein ist, es packt dich möglicherweise das blanke Entsetzen.

Ich kenne eine Frau, die in einer grauenhaften Beziehung zu einem Weiberheld und Alkoholiker lebt, die als einzigen

Grund, sich nicht zu trennen, angibt, daß sie keinen Samstag abend allein zu Hause aushalten würde. So tief sitzt die Angst davor, in unserer Gesellschaft allein zu leben, daß viele Menschen mit ihr übereinstimmen und Ja sagen würden. Auch wenn etwas in uns *Neeeiiiiiin!* schreit.

Dieses »Nein« ist die gesunde Antwort. Keine Beziehung zu haben ist besser als eine entsetzliche Beziehung. Auch wenn man sich natürlich nicht mit Leib und Seele und ruhigen Herzens dem Schmerz ausliefern will, der mit der Erkenntnis entsteht, daß etwas schiefgelaufen ist; einer Erkenntnis, die das gesamte Leben völlig umkrempelt.

Als Single fällt es schwer, sich nicht ausgeschlossen oder, um eine furchtbar altmodische Redewendung zu benutzen, »sitzengeblieben« zu fühlen. In unserer Gesellschaft gelten Familientraditionen und Paarbeziehungen nach wie vor als heilig. Vom Märchen bis hin zu den Seifenopern im Fernsehen lieben wir doch alle das ewige Glück. Aber mit der Wirklichkeit hat das wenig zu tun.

Die Zeiten ändern sich

Laut Statistiken ist der Anteil der 25- bis 45jährigen, die als Single in Deutschland leben, seit 1970 von 4,6 Prozent auf 11,8 Prozent gestiegen. Früher war der Einpersonenhaushalt meist die Wohnform der alten und verwitweten Menschen, heute sind es immer mehr junge, die allein leben (1998: 32 Prozent). Hinzu kommen noch etwa eine Million alleinerziehende Mütter, die in den Statistiken nicht als Single gerechnet werden. Bis zum Jahr 2010 könnten ca. 30 Prozent der Bevölkerung ein Single-Dasein führen. (Diese Angaben sind dem Magazin *Der Spiegel*, 10/2000, entnommen.)

Neben diesen Zahlen müssen auch noch die boomenden Scheidungsraten und die zunehmende Tendenz, einfach zusammenzuleben anstatt zu heiraten – ein Arrangement, bei dem Weglaufen um einiges einfacher ist als in einer Ehe – mit berücksichtigt werden. Kurz, es ist mittlerweile eine Tatsache, daß wir nicht nur seltener heiraten, sondern auch viel häufiger unser Leben als Single verbringen.

Es gibt keine Garantie mehr, vom Single-Dasein verschont zu werden, nur weil wir in einer Partnerschaft oder Ehe leben. Die Risiken, eines Tages wieder allein zu sein, sind hoch.

Helen Wilkinson ist Projektleiterin bei der liberalen Denkfabrik Demos und verbringt ihre Arbeitszeit damit, Trends zu beobachten. Ihrer Meinung nach gibt es verschiedene Gründe, warum Frauen das Single-Leben wählen:

Ein Grund liegt darin, daß sich die ursprüngliche Abmachung zwischen den Geschlechtern aufgelöst hat. Früher wurde die wirtschaftliche Unabhängigkeit gegen die Sicherheit einer Ehe eingetauscht. Das ist aber keine Grundlage mehr für die moderne Frau. Heutzutage haben Frauen größeren wirtschaftlichen und kulturellen Einfluß. Daher haben sie auch mehr Möglichkeiten, eine unbefriedigende Beziehung zu beenden. Es ist interessant, daß die meisten Scheidungen von Frauen eingereicht werden.

Aufgrund dieses Wertewandels werden alleinstehende Frauen gesellschaftlich mehr akzeptiert. Es gibt sogar einen regelrechten Kult um Single-Frauen wie Bridget Jones und Ally McBeal, wobei diese Art zu leben sogar verherrlicht wird. Früher sind Frauen vielleicht ›sitzengeblieben‹, aber heute trifft das einfach nicht mehr zu.

Besser, wir gewöhnen uns allmählich daran!

Nichtsdestotrotz habe ich mich dem Single-Dasein schweren Herzens gefügt. (Und ich weiß, daß ich nicht allein bin. Die größte britische Partnervermittlungsagentur Dateline schätzt, daß 91 Prozent der Frauen – und 90 Prozent der Männer – nach dieser einzig wahren großen Liebe suchen.)

Jede, die es schon mal erlebt hat, kennt das Gefühl: »Jetzt geht das schon wieder los, noch mal von vorn anfangen, wieder allein, all die vertane Energie, all die verschwendete Zeit, das ganze Gedöns um die biologische Uhr für nichts und wieder nichts. Jetzt muß ich mich erneut aufrappeln und von neuem beginnen.« Mir ist völlig klar, daß die Lage hundertmal schwieriger und schmerzhafter ist, sowie Kinder mit im Spiel sind.

Dann fängst du an zu denken, daß du vielleicht eine Weile allein bleiben solltest, um dich von der Beziehung zu erholen. Du kannst dich nicht gleich ins nächste Verderben stürzen (außer, du entscheidest dich dafür), du brauchst noch Zeit, um deine Wunden zu lecken. Bei Relate, einem Eheberatungsinstitut, sagt man, daß es mindestens zwei Jahre dauert, um eine ernsthafte Beziehung zu überwinden. Und allein das regt mich auf.

Dann sagst du dir, daß du dich womöglich mit unzähligen Männern verabreden mußt, bevor du den Richtigen triffst (wenn du Glück hast). Du mußt dir dann Zeit nehmen, um eine Beziehung mit ihm aufzubauen. Bis dahin beziehst du vielleicht schon deine Rente, bevor du es dir mit deiner großen Liebe gemütlich machen kannst. Außerdem nagt da noch eine grausame innere Stimme in dir, die dich in Angst und Schrecken versetzen will, daß du womöglich nie wieder jemandem begegnen wirst ...

Moment. Stop! Sinn dieses Buches ist es, klarzustellen, daß das Single-Dasein nicht irgendein »Loch« ist, in das du fallen mußt, bevor dein Leben wieder los geht. Im Gegenteil, die Single-Zeit ist eine sehr bereichernde Lebensphase, die ihren eigenen Stellenwert hat.

Ich weiß, wovon ich spreche, da ich auch schon Single war. Und weil ich es bei meinen Freundinnen beobachten konnte, wie wichtig diese Zeit für ihre Entwicklung gewesen ist. Manche fanden ihren inneren Frieden, der nie so recht greifbar war, als sie von einem Beziehungschaos ins nächste taumelten.

Das Single-Dasein ist ein ganz besonderer Umstand mit eigenen Höhen und Tiefen. Mit bestimmten Freiheiten, Bereicherungen und Triumphen. Und womöglich verwandelt sich das anfangs niederschmetternde Single-Feeling mit der Zeit für jede in ein Hochgefühl.

Dieses Buch zeigt, wie du als Single am schnellsten wieder ganz obenauf bist. Es erlaubt dir, deine Einstellung zum Single-Leben zu entwickeln – und entwirft einen positiven Leitfaden, um die Herausforderungen des Alleinseins meistern zu können.

Du wirst begeistert sein!

32 Dinge, die am Single-Dasein so phantastisch sind

1. Du kannst ins Bett gehen, wann du willst.
2. Wenn du im Bett bist, kannst du *sofort* einschlafen.
3. Du kannst ein Schokoladeneis im Bett verspeisen, ohne dich an den Hautschuppen deines Bettgefährten zu verschlucken.
4. Du brauchst nie zu wissen, wie Bayern München gespielt hat.
5. Weihnachten wird billiger.
6. Du kannst die Wohnung für zwei Wochen im Chaos versinken lassen, ohne daß dich jemand eine Schlampe nennt.
7. Wenn das Telefon klingelt, ist es immer für dich.
8. Du brauchst also nicht dran zu gehen, wenn du keine Lust hast.
9. Du siehst deine Freundinnen häufiger.
10. Du kannst ohne schlechtes Gewissen mit dem Typen im Café flirten.
11. Verdammt, du kannst sogar mit der Frau im Café flirten!
12. Es gibt keine schwarze Unterwäsche mehr, die deiner weißen Wäsche einen Graustich verpaßt.
13. Wenn deine Freundinnen sich über ihre Männer beklagen, kannst du denken: *Dem Himmel sei Dank!*
14. Du kannst eine Diät einhalten – die Versuchung, Pizza, Bier oder Chips in dich hineinzuschaufeln, fällt weg.
15. *Du* hast die Fernbedienung in der Hand.

16. Du kannst zwanglos mit den Kindern deiner Freunde spielen, ohne zeigen zu müssen, was für eine gute *Mutter* du abgeben würdest.
17. Ein Vibrator rollt sich nie auf die Seite und schläft ein, bevor du fertig bist.
18. Es gibt keinen, der sagt: »Warum hast du denn DAS gemacht?«
20. Du brauchst dir keine Geschichten über Streitereien anzuhören, die in irgendeinem Büro ablaufen.
21. Du kannst das ganze Wochenende im Bett verbringen, ohne daß dir jemand vorwirft: »Willst du nicht endlich aufstehen?«
22. Wenn du willst, kannst du dich für einen One-Night-Stand, eine Affäre oder sonst etwas sexuell Aufregendes entscheiden, einfach aus purer Lust an der Freude.
23. Du brauchst nicht Stunden deines Lebens mit irgendwelchen Leuten verbringen, nur weil sie *seine* Freunde sind, obwohl sie dich null interessieren.
24. Du brauchst dir keine Gedanken darüber zu machen, ob seine Mutter dich mag.
25. Wenn du die Wohnung putzt, *bleibt* sie geputzt.
26. Wenn der Boiler kaputtgeht, läßt du ihn reparieren und brauchst dir nicht anzuhören: »Ich kümmere mich *nächstes* Wochenende darum.«
27. Wenn du eine attraktive Frau siehst, brauchst du dich nicht gleich zu fragen, ob er sie auch schon entdeckt hat.
28. Du brauchst dir niemals die Frage zu stellen: »Hat das ganze noch einen Sinn?«
29. Du bist nicht den Launen des anderen ausgeliefert.
30. Im Waschbecken verteilen sich keine Bartstoppeln mehr.
31. Du kannst dir einen Hund/Hamster/eine Katze zulegen, und alle zukünftigen Partner werden damit leben müssen.
32. Du kannst dir endlich deinen Traum erfüllen, einen Roman zu schreiben, ein Bild zu malen oder um die Welt zu segeln.

Elf Dinge, die Frauen am Single-Leben am meisten lieben

Wenn du Single bist, bleibt die Wohnung sauber. Wenn ich nicht selbst für Unordnung sorge, bleibt die Wohnung aufgeräumt. Herrscht Chaos, weiß ich wenigstens, von wem der Saustall stammt.

Alison, 29

Du hast viel weniger Verantwortung. In einer Beziehung fühlst du dich viel verantwortlicher, weil du dir auch über den anderen Sorgen machen mußt. Gut, sie machen sich auch Gedanken über dich. Das ist phantastisch, aber das Gleichgewicht stimmt oft nicht. Frauen sind eher die Fürsorglichen in einer Partnerschaft, nicht nur auf emotionaler Ebene. Letztendlich kümmern wir uns doch mehr um den Haushalt, also steigt auch die Verantwortung.

Susan, 35

Ich bin einfach unabhängiger, wenn ich Single bin, und Unabhängigkeit ist etwas sehr Gutes für mich. Um ein banales Beispiel zu nennen: Ich habe in dieser Zeit gelernt, den Videorecorder zu programmieren. Wenn es Dinge zu erledigen gibt, die normalerweise in die Männer-Domäne fallen, du sie aber selbst machst, ist das eine große Genugtuung. Wenn er da ist, läßt du es schleifen, und deine Unabhängigkeit entwickelt sich zur Abhängigkeit.

Rachel, 27

Ich liebe diese Nächte, an denen ich nur mit meinen Freundinnen unterwegs bin und alles passieren kann – und ich am nächsten Morgen mit meiner Freundin die Einzelheiten noch mal genau durchgehe, auch wenn eigentlich nichts Aufregendes passiert ist.

Louise, 24

Ich finde dieses Gefühl toll, daß dir alle Möglichkeiten offenstehen, wenn du jemanden triffst – wenn du mit all diesen rosaroten Phantasien im Kopf herumläufst und dir die Zukunft ausmalen kannst. In einer Beziehung denkst du eher: »Oh, war das jetzt alles? Der spannende Teil ist wohl gelaufen.«

Maire, 22

Du wirst fauler in einer Beziehung. Es ist sehr leicht, zu Hause zu bleiben und fernzusehen, was ein höchst unbefriedigender Zeitvertreib ist. Als Single war ich viel öfter unterwegs. Ich glaube, das geht wohl jeder so.

Anne, 27

Ich liebe es, meinen eigenen Freiraum und meine eigene Zeit für mich zu haben. Ich lebe sehr gern allein und bin auch gerne allein, wenn mir danach ist. Manchmal habe ich an den Wochenenden ein Gefühl, ich habe unendlich viel Zeit, in der ich machen kann, *was* ich will und *wann* ich will. Ich ziehe manchmal meinen Schlafanzug gar nicht aus. Eigentlich sollte das nicht anders sein, wenn ich mit jemandem zusammenlebe. Aber ist es eben doch. Sogar sich mit einer Zeitschrift ausgiebig in der Wanne zu lümmeln ist anders, wenn du allein lebst. Es ist das Gefühl, nur etwas für dich zu tun und niemandem Rechenschaft schuldig zu sein. Am Anfang jagt dir das Angst ein, aber letztendlich ist es das Schönste.

Ria, 31

Was für ein Gefühl, genau zu wissen, wo's langgeht, weil es in meiner Macht liegt! Wenn jemand in dein Leben tritt, ist alles viel unsicherer. Wenn du eine Zeitlang Single warst, weißt du, daß du überleben wirst, was auch immer passiert. Dadurch fühle ich mich gut und stark.

Sue, 36

Es ist wunderbar, einfach alles machen zu können. Du brauchst nicht immer an den anderen zu denken und überlegen, ob du etwas tun kannst oder nicht. Das gefällt mir. Als Single war ich in den letzten drei Jahren mehr verreist als in meinem ganzen Leben zuvor. Ich war mindestens drei oder vier Mal im Jahr unterwegs. Wenn mir jemand vorschlägt, nach Portugal mitzufahren, kann ich alles stehen- und liegenlassen und losziehen. In einer Partnerschaft überlege ich mir schon, ob ich die vier Wochen Urlaub, die ich habe, wohl besser mit ihm verbringen sollte ...

Sarah, 34

Eines der besten Dinge am zeitweiligen Single-Dasein ist es, festzustellen, daß du eigentlich gar keinen *brauchst*. Wenn du dann jemanden triffst, fühlst du dich eher entspannt und gelassen. Es ist nicht mehr dieses Ich-überlebe-es-sonst-nicht-Gefühl. Das ist entscheidend.

Ria, 31

Das Beste am Single-Dasein ist, daß du für dich allein entscheiden darfst. Die Freiheit, das tun und lassen zu können, was du willst. Auch Kleinigkeiten, wie im Bett zu liegen und dir die Sterne anzugucken, das ist einfach klasse. Aber du kannst auch für ein Jahr nach Australien gehen, wenn sich die Möglichkeit dazu bietet. Dieses Gefühl der Freiheit ist etwas ganz Besonderes.

Kate, 30

Siehst du, so übel ist es letztendlich gar nicht. Wir können jedoch vor lauter Schmerz die guten Seiten gar nicht richtig schätzen. Deshalb heißt es ...

Teil Eins

Einen Abschluß finden

Mag sein, daß du deinen Alleinflug als eine ekstatische Zeit erlebst, dich überhaupt nicht um deinen Ex scherst – oder gar keinen hast – und es kaum erwarten kannst, wieder auf die Jagd zu gehen. In dem Fall kannst du diesen Teil überspringen und mit Teil Drei weitermachen.

Wenn du dich aber immer noch alle zehn Minuten in Tränen auflöst, mal größere, mal kleinere Durchhänger hast und nie genau weißt, wie es heute werden wird – dann weißt du, daß du ihn noch nicht überwunden hast. Lies weiter, und in absehbarer Zeit wird sich das ändern ...

2

Schluß mit den Schuld-Spielchen!

Die Qualität des Alleinseins hängt sehr davon ab, auf welche Art man sich bei der letzten Beziehung getrennt hat. Mir fiel es sehr schwer, weil ich mich unglaublich verbittert fühlte. Mein Ex sagte mir, daß er mich unheimlich liebte und daß er lediglich Sex von dieser anderen Frau wollte. Theoretisch sollte das eigentlich keine große Sache gewesen sein. Sie war es aber doch. Es ist trotzdem Betrug. Ich mußte mich nicht nur mit dem Single-Dasein zurechtfinden, sondern auch mit der Tatsache, daß er mich betrogen hatte. Das brachte in mir etwas sehr *Dämonisches* zum Vorschein.

Wäre es auf eine nettere Art und Weise passiert, hätte ich mich nicht so schmutzig, benutzt und wütend gefühlt und diese dunklen Seiten wären nicht so massiv in mir hochgekommen. Aber inzwischen bin ich dankbar dafür, daß ich mich mit dieser Seite in mir, die dunkel und schrecklich ist, verbunden hatte; gut zu wissen, daß sie da ist. Auf jeden Fall konnte ich nicht sofort in das pralle Single-Leben einsteigen, weil es mir so elend ging.

Sarah, 35, drei Jahre nach der Trennung

Vollkommen richtig. Das Entscheidende, um das Single-Dasein in vollen Zügen zu genießen, liegt darin, die Trennung gut zu verarbeiten. Wenn sie freundschaftlich geschah und du erleichtert in das Single-Leben gleitest mit dem sicheren Gefühl, daß die ganze Sache sowieso nie gut gegangen wäre, dann herzlichen Glückwunsch! Dann kannst du die nächsten Seiten überspringen. Hast du jedoch noch den leisesten Zweifel oder Gewissensbisse oder Anfälle von rasender Wut oder merkst du, daß du plötzlich aus reiner Nostalgie vor dem Restaurant stehenbleibst, wo ihr euch zum ersten Mal getroffen habt . . . dann lies weiter.

Es ist ziemlich leicht zu erkennen, wenn Menschen etwas nicht richtig abgeschlossen haben. Nach Monaten, oder sogar noch nach Jahren, wird bei einem gemeinsamen Treffen nur über den Verflossenen hergezogen, wie unausstehlich er ist, wie unattraktiv seine neueste Freundin ist, wie winzig seine neue Wohnung ist und was für eine Potenzschüssel sein neuester Wagen ist. Sie kümmern sich nur noch darum, genauestens Bescheid zu wissen, was er gerade treibt – und meistens artet es in eine lange Klage-Litanei über sein schlechtes Benehmen und sonstige Schandtaten aus. Bei diesem Thema werden sie auf einmal ganz lebendig. Ihre Stimme wird lauter, ihre Körpersprache ausdrucksvoller. Sie machen immer weiter, finden kein Ende. Schuld hat immer der andere, als ob das die Patentlösung wäre. Wenn man ihnen dann sagt, daß sie ihn immer noch nicht überwunden haben, kommt prompt als Antwort: »Aber natürlich hab' ich das!«

Wenn dir dieses Szenario irgendwie bekannt vorkommt, denk dran, daß das kein gutes Zeichen ist. Aus zweierlei Gründen:

1. Du hast dich noch nicht gelöst.
2. Deine Freunde verlieren langsam Interesse und Geduld, weil du auf der Stelle trittst.

Unmittelbar nach dem Ende einer jeden Beziehung ist es wichtig, darüber zu reden. Reden und nochmals reden. Den Gefühlen von Rache und Schuld muß Luft verschafft werden. Du mußt sie immer wieder mit verschiedenen Menschen besprechen, um sie überhaupt verstehen zu können – auch wenn sie dann doch keinen Sinn ergeben. Das wird meist sowieso nicht der Fall sein.

Aber hör auf, die Schuld auf den anderen zu schieben.

Spar dir monatelange Therapiesitzungen und nimm meinen Rat: Wenn du immer nur die Schuld bei ihm suchst, würde es dir sicherlich besser bekommen – auch gesundheitlich –, mal vor der eigenen Haustür zu kehren. Das heißt nicht, daß du dich selbst anklagen solltest. Aber du solltest die Energie für dich nutzen. Das ist keine leichte Sache, denn das bedeutet, die Verantwortung für dein Leben zu übernehmen und dir deine eigenen Verhaltensmuster anzuschauen. Aber ich garantiere dir, daß du dich bald sehr viel besser fühlst. Indem du Verantwortung für dein eigenes Leben und deine Zufriedenheit übernimmst, hast du auch eine weitaus bessere Chance, in Zukunft glücklich zu werden.

Nachdem mich mein erster Ehemann verließ, habe ich mich wie besessen darauf konzentriert, wie mies er sich verhalten hat. Hat er auch. Mittlerweile aber habe ich eingesehen, daß er sein Bestes versucht und im Grunde nichts Böses im Sinn gehabt hat. Es waren meine eigenen Gefühle des Verlassenwerdens und der Ablehnung, die ich nicht ertragen konnte. Ich wollte, daß die anderen ihn als einen unerträglichen Mistkerl ansehen, damit ich nicht selbst als solcher dagestanden hätte. Warum sonst wäre er gegangen?

Ich war tatsächlich ein Opfer. Ich hatte nicht den leisesten Schimmer von den Strategien, die hinter meinem Rücken abliefen, um mich loszuwerden. Ein Dieb kam in der Nacht und nahm alles mit, was mir lieb und teuer war.

Ich mußte darüber reden. Ich mußte sein allerteuerstes Hemd durchs ganze Haus mit Füßen treten. Ich mußte wild herumphantasieren, wie ich die Luft aus allen Reifen seines nagelneuen Sportwagens lasse.

Aber es kam der Zeitpunkt, an dem ich alles loslassen mußte. Mir war klar, daß ich so nicht weitermachen konnte, als mir ein Therapeut sagte, ich hätte große Chancen auf den WM-Titel im Jammern.

Sobald du aufhörst, dich nur auf *ihn* zu konzentrieren, lernst du sehr viel über dich selbst. Es ist eines der größten Geschenke des Single-Daseins, daß du dich selbst kennenlernst. Wenn du dich selbst entdeckst, kannst du anfangen, dich zu verändern. Das ist der erste, äußerst wirkungsvolle Schritt, Beziehungskatastrophen in Zukunft zu vermeiden.

Vielleicht war sein Verhalten ja tatsächlich schäbig gewesen. Aber wenn du es ihm heimzahlen willst, ist Glücklichsein die beste Rache. Das wirst du nie erreichen, solange du in der Ecke als »armes Ich« sitzt und dich selbst bemitleidest. Ich will damit nicht sagen, daß du deine Gefühle der Verzweiflung verdrängen sollst. Betrachte sie nur als das, was sie sind, und konzentriere dich auf die Person, um die es wirklich geht und mit der du etwas anfangen kannst: *du selbst*.

Sarah, die anfangs schon zu Wort kam, drückt es folgendermaßen aus:

Ich erfuhr, daß meine Mutter im Sterben lag. Dann lernte mein Partner eine andere kennen und wollte sich so schnell wie möglich trennen. Für mich war das alles andere als einfach. Ich habe mich immer wieder über seine Schäbigkeit aufgeregt. Als es mir zu viel wurde, dachte ich: Das ist einfach verrückt. Soll er doch tun, was er nicht lassen kann, ich werde mich jedenfalls nicht mehr auf ihn fixieren. Ich höre einfach auf damit. Es war wie beim Marath; jeden Tag mußte ich mir eintrichtern: Laß es! Laß es! Laß das Fixieren auf diese Beziehung sein, diese Beziehung! Das war der Beginn meines Single-Lebens. Ich hatte schon genug zu tun mit dem Sterben meiner Mutter, also wollte ich mich nicht auch noch durch ihn so vereinnahmen lassen. Es war ein tagtäglicher Kampf, immer wieder einen neuen Versuch zu starten und das Fixieren zu lassen.

Es klingt seltsam, aber das Sterben meiner Mutter hat mir irgendwie geholfen. Ich fragte mich, wie lange ich den Tod meiner Beziehung noch hinauszögern wollte, wenn in meiner unmittelbaren Umgebung gerade jemand im Sterben lag. Mir wurde klar, daß meine Energie woanders gebraucht wurde.

Checkliste

Leise Anzeichen dafür, daß du noch an ihm hängst:
Schuldzuweisungen/Wehklagen;
Wütend werden, wenn er erwähnt wird;
Wütend werden, weil du jetzt dein Leben ohne ihn auf die Reihe
  bekommen mußt;
An seinem Büro/Haus/Fitneß-Studio/was-auch-immer vorbei-
  fahren;
Absichtlich *nicht* an seinem Büro/Haus/Fitneß-Studio/was-
  auch-immer vorbeifahren;
Einen leisen Stich verspüren, wenn du von ihm redest; du wirst
  aufgeregt, sprichst lauter und schneller;
Wütend werden, wenn andere sagen, daß alles seine Zeit braucht;
Ständige Ablenkung durch Essen, Alkohol, Arbeit usw., damit du
  nicht an ihn denkst/ihm hinterher trauerst.

Wenn du immer noch Zweifel an diesem Schuld-Spielchen hast,
laß dir einen Tip von der berühmten amerikanischen Selbsthilfe-
Autorin Susan Jeffers geben, die das Buch mit dem vielsagenden
Titel *Feel the Fear and Do It Anyway*[*] (»Spüre die Angst und
handle trotzdem«) geschrieben hat:

Der unterschwellige Effekt aller »Opfer«-Ausreden ist der, daß
wir uns nicht durch die Angst durcharbeiten und Verantwortung
für unser Leben übernehmen müssen, wenn wir im Status quo
verharren. Wir müssen uns nicht selbst aus dem Sumpf ziehen. Wir
können uns einfach in der Rolle des Opfers suhlen.

Ihr fragt vielleicht: »Warum kann ich nicht weiter die Schuld
bei ihm suchen? Es ist viel einfacher so.« Meine Antwort darauf
ist, daß es viele gute Gründe gibt, diese vermeintlichen Vorteile
aufzugeben und euch als die Person anzuerkennen, die ihr seid.

---

[*] Susan Jeffers: *Selbstvertrauen gewinnen – Die Angst vor der Angst verlieren.*
  München: Kösel, 1998.

Einige dieser Gründe sind: Glück, Seelenfrieden, Freude, Zu-friedenheit, Selbstachtung, Selbstvertrauen und ein ausgefülltes Leben.*

Auf sich selbst konzentrieren

Das erste wäre damit erledigt. Der zweite, sehr wichtige Punkt ist: Sei nett zu dir selbst. Behandle dich wie deine allerbeste Freundin. Du hast verdammt viel durchgemacht, ähnlich wie bei einem Trauerfall. Nur irgendwie noch schlimmer, weil die Person gar nicht gestorben ist, sondern womöglich mit deiner besten Freundin ins Bett steigt.

Es gibt unterschiedliche Expertenmeinungen darüber, wie lange es dauert, eine ernsthafte Partnerschaft zu überwinden. Einige sagen sechs Monate, bei dem britischen Eheberatungsinstitut »Relate« geht man von zwei Jahren aus. Die Aussagen der Frauen, die ich für dieses Buch interviewte, wichen sehr voneinander ab; aber meistens war eher von Jahren als von Monaten die Rede.

Das versetzt dich vielleicht in Angst und Schrecken. Oder du wirst rasend vor Wut. So ging es mir zumindest. Auch meiner Freundin Jacqui, die folgendes dazu meinte:

Ich weiß noch, als ich mich zum ersten Mal von meinem Freund trennte, sagten mir alle, es würde ein Jahr dauern, bis ich über ihn hinwegkäme. Ich dachte nur: Scheiß drauf! Auf keinen Fall wird dieser Mann mir ein Jahr meines Lebens vermiesen, nur um ihn zu vergessen. Ich war furchtbar wütend. Ich hatte nicht die leiseste Ahnung, daß es tatsächlich drei Jahre dauern würde. Die Intensität läßt zwar über die Jahre nach, aber es braucht einfach seine Zeit.

---

* Susan Jeffers: *Feel the Fear . . . And Beyond*, Rider Books, 1998, S. 93–94.

Ich weiß es ist eine unmögliche Vorstellung, daß auch etwas Gutes daran sein soll, wenn es dir mit deinem Leben, deinen Hoffnungen und Träumen gerade so geht, wie es den Beatles nach Yoko ging. Trotzdem gibt es eine gute Nachricht: Du kannst den Prozeß beschleunigen. Das weniger Gute allerdings daran ist, daß du dich mit deinem Schmerz auseinandersetzen mußt.

Und mit dem Schmerz umzugehen bedeutet . . .

3

Mit Gefühlen umgehen

Zur Zeit weiß ich überhaupt nicht, wie ich mich morgen fühlen werde. An einem Tag geht es mir gut, am nächsten wache ich mit einer Stinkwut auf, die den ganzen Tag über anhält. Oder ich wache mit einem Frust auf, der sich bis zum Nachmittag zur Raserei steigert. Oder ich wache zufrieden auf, und eine Kleinigkeit läßt mich für den Rest des Tages in Tränen zerfließen. An manchen Tagen glaube ich, die ganze Palette weiblicher Emotionen durchzuleben, inklusive derjenigen, die ich selbst erfunden habe! Momentan kann ich lediglich sagen, daß ich allmählich mehr gute als schlechte Tage habe.

Rosa, 29, *fünf Monate nach dem Ende ihrer Ehe*

Nicht schon wieder.
Ich dachte, das wär's gewesen!
Er hat mir doch aber ewige Liebe versprochen.
Er ist doch der Vater meiner Kinder.
Was jetzt?
Was ist, wenn ich nie wieder einen finde?????

Gefühle haben einen Sinn. Sie sind Zeichen. Gefühle sind wie der Mann, der den Strom abliest – sie wollen wahrgenommen werden und dann verschwinden sie wieder. Werden sie ignoriert, kommen sie immer wieder, wie der Mann vom Elektrizitätswerk, und nerven dich, bis du es gelernt hast, deinen emotionalen Stromzähler selbst zu lesen.

Deine Gefühle sind der Weg zur Heilung. Ich wünsche, ich hätte das gewußt, als meine erste Beziehung zu Bruch ging. Für mich gab es nur noch eines: warum? Warum hat er mich verlassen? Was wollte er wirklich und warum hat er es mir nicht gesagt? Warum sie? Warum gerade jetzt? Warum, warum, *warum*? Ich lag schlaflos im Bett und versuchte, mir einen Reim darauf zu machen. Ich versuchte, es meinen Freunden zu erklären. Ich fragte ihn: warum? Aber diese Frage wollte und konnte er wohl auch nicht beantworten. Im nachhinein weiß ich, daß ich mir am meisten geholfen hätte, wenn ich dieses »Warum« losgelassen und mich einfach nur ausgeheult hätte.

Ein sehr weiser Mann, der als Heiler tätig war, hat mir einmal gesagt: »Gott hat uns ein Herz gegeben, damit wir danach leben, und einen Kopf, um die Gefühle des Herzens zu verstehen, und nicht umgekehrt.«

Gefühle sind entscheidend. Gefühle sind das, was zählt. Wir leben in einer Gesellschaft, in der Gefühle oft wie Obdachlose behandelt werden – sie werden ignoriert in der Hoffnung, daß sie dann verschwinden. Wir neigen viel zu oft dazu, die Haltung zu bewahren, reagieren allergisch auf Gefühle, also verleugnen wir sie von Anfang an. Freunde und Familie meinen es ja nur gut mit einem und kommentieren Gefühlsausbrüche mit Bemerkungen wie: »Weine nicht, es lohnt sich nicht, sich wegen ihm so aufzuregen«, »Du solltest ihn mittlerweile überwunden haben«, »Beruhige dich«. Ignoriere sie einfach. Deine Gefühle sind deine besten Freunde. Du brauchst ihre Gesellschaft.

Wir haben alle unsere persönlichen Präferenzen, wenn es um Gefühle geht; mit einigen können wir besser umgehen als mit anderen. Du heulst vielleicht wie ein Wasserfall, aber verdrängst deine Wut. Oder du rennst die Wände rauf und runter, läßt aber keine leiseren Gefühle wie Traurigkeit zu. Oder Eifersucht und Besessenheit haben dich wegen dieser dicken Blonden völlig im Griff mit der dein Ex abgehauen ist. Alle Gefühle sind natürlich. Und wenn diese Gefühlsaufwallungen in uns aufsteigen, dann soll es so sein.

Warum haben Gefühle einen solch schlechten Ruf? Klar, sie sind schmerzhaft. Außerdem haben wir von Kindesbeinen an gelernt, bestimmte Gefühle entweder auszudrücken oder zu unterdrücken. Um ein extremes Beispiel zu nennen: Wenn dein Vater gewalttätig war, wirst du auch diese aggressive Wut in dir aufsteigen fühlen. Wenn der Vater deiner besten Freundin gewalttätig war, wird sie womöglich Angst vor deiner Wut haben. Wie gesagt, letztendlich sind alle Gefühle natürlich; du wirst sie nach einer Trennung alle erneut durchleben.

Stell dir ein Baby vor: Es heult, wenn es ihm schlechtgeht, glückst, wenn es fröhlich ist, schreit, wenn es wütend ist oder sich verletzt fühlt. Es weiß noch nicht, wie es sich »kontrollieren« kann. Aber auf die Art und Weise bringt es alles zum Ausdruck. Babys hegen keinen Groll. Du solltest eine Zeitlang wie ein Baby sein, um alle Gefühle herauszulassen.

Es mag dir angst machen. Vielleicht gefällt dir die Vorstellung, deine Gefühle auszuleben, überhaupt nicht. Wie Rosa es beschreibt: »Es ist fürchterlich, mich so zu fühlen. Mein Leben war bisher wunderbar. Plötzlich, *puff!* fällt es auseinander, und ich weiß nicht, wie ich damit umgehen soll. Ich habe keine Kontrolle mehr.«

Diese Angst ist weit verbreitet, aber eigentlich sind wir unseren Gefühlen nicht hilflos ausgeliefert. Sie werden erst dann zu einem Problem, wenn wir sie unterdrücken und sie beispielsweise zu einer Depression führen. Wir sollten sie fühlen, anstatt sie in uns hineinzufressen.

Als meine Ehe vor sechs Jahren auseinanderbrach, wußte ich nichts davon; ich setzte mich nicht mit meiner Wut, meiner Trauer und Machtlosigkeit auseinander. Jetzt ist mir klar, daß mein Verhalten der letzten sechs Jahre eine Art Kompensation war, eine Ablenkung von meinem ungeheuren Schmerz, den ich fühlte, weil ich von dem Mann verlassen wurde, mit dem ich zehn Jahre lang jeden Tag zusammengelebt hatte.

Abwehrmechanismen

Da manche Gefühle unglaublich schmerzhaft sein können, haben wir alle irgendwelche Abwehrmechanismen, die wir unbewußt zu unserem eigenen Schutz einsetzen.

Wir essen entweder zuviel oder stürzen uns in die nächste Beziehung oder besuchen eine Bar nach der anderen und werden ausfällig oder legen jeden Mann flach, der uns über den Weg läuft. Oder wir machen einfach weiter wie bisher. So ist es meistens. Wenn dir Freundinnen gratulieren, wie gut du alles erträgst, nimm das Kompliment an. Frag dich aber, wenn du allein zu Hause bist, ob du dich nicht doch zu sehr nur hin- und hertreiben läßt.

Mir ist völlig klar, daß jenes, wogegen du Widerstand leistest, sehr beängstigend sein kann. Du hast das Gefühl zu sterben, als ob du so nicht weitermachen kannst; es ist alles zuviel, es ist entsetzlich, sich so aufgelöst zu fühlen, allein gelassen mit dem Schmerz. Wörter wie »verzweifelt« und »hoffnungslos« sind dir nicht fremd, sondern begleiten dich durch dein tägliches Leben.

Kurz gesagt, es ist ein Drama. Aber . . .

Oft ist genau das, was wir abzuwehren versuchen, gar nicht so schlimm, wie wir befürchten.

Abwehrmechanismen, um sich nicht den Gefühlen stellen zu müssen:

zuviel Alkohol;

Sex;

Flirten;

zu einem Workaholic werden;

Eßsucht;

andauernd ausgehen;

sich auf das Leben der eigenen Kinder fixieren;

Verleugnung nach dem Motto: Der Schmerz ist gar nicht so groß;

sich in eine andere Beziehung stürzen;

unentwegt vor dem Fernseher hängen;

wie geistesgestört Diäten ausprobieren;
wie geistesgestört Sport treiben.

Übung

Setz dich hin und erforsche deine momentane Gefühlswetterlage.
Empfindest du irgendeinen Schmerz? Oder Einsamkeit? Oder
geht es dir gut? Wenn sich Schmerz bemerkbar macht, geh ihm
nach und frage dich: »Wie wäre es eigentlich, wenn es völlig in
Ordnung ist, mich so zu fühlen?«
Mach diese Übung täglich zehn Minuten lang. Während des
Tages frage dich ab und zu, wie dir zumute ist. Wenn Leute, die dir
nahe sind, dich fragen, wie es dir geht, antworte besser ehrlich mit
»Heute bin ich traurig« als mit dem mechanischen »Danke, gut«.
Die Bestseller-Autorin von *Wenn Frauen zu sehr lieben*, Robin
Norwood, spricht davon, die Gefühle »auszuhalten«. Nicht vor
den Gefühlen wegzulaufen. Sich nicht ablenken zu lassen, son-
dern die Gefühle wahrnehmen, bis sie von allein verschwinden.
Gedanken und Gefühle sind eng miteinander verbunden. In
dieser Phase ist es wichtig, positiv zu denken, damit du nicht in
deinen Tiefs versinkst, sondern dich auf deine Höhen konzen-
trierst (mehr dazu in Kapitel 4).

Wie gehe ich mit meinen Emotionen um?

Denk dran, daß es das Schlimmste ist, deine Gefühle zu unterdrücken, wenn gerade Schluß ist. Gefühle gehen vorüber, wenn
man sie wahrnimmt und ihnen erlaubt, sich auszudrücken. Ruf
eine Freundin an und sag ihr, daß du niedergeschlagen oder sauer
bist. Wenn du sie nicht erreichst, erzähl es dem Anrufbeantworter. Geht das auch nicht, gesteh dir deine Gefühle wenigstens
selbst ein. Vergiß das ganze Gerede, daß es die ersten Anzeichen
des Wahnsinns seien, wenn man mit sich selbst spricht. Sag es laut
und deutlich: Ich bin todunglücklich.

Tagebuch der Gefühle

Du verfügst bereits über ein unglaublich starkes Heilungsutensil, das dich nur einen Stift und ein Stück Papier kostet. Es ist das Schreiben.

Der simple Akt, die eigenen Gefühle zu Papier zu bringen, kann unglaubliche Auswirkungen haben. J. W. Pennebaker, Psychologie-Professor an der Southern Methodist University von Dallas, hat in einer Studie über die Schreibtherapie, in der die Beziehung zwischen Schreiben und Gefühlen untersucht wurde, wichtige Erkenntnisse zusammengetragen. Eine Gruppe sollte 20 Minuten lang über ein gravierendes Erlebnis in ihrem Leben berichten, während die Kontrollgruppe über ein Allerweltsthema (etwa den letzten Urlaub) schreiben sollte. Die Teilnehmer der ersten Gruppe gingen während der sechs Monate der Beobachtungszeit selten zum Arzt, sie waren ziemlich gesund.

In einer weiteren Studie gab es eine Gruppe arbeitsloser Akademiker, die regelmäßig über ihre Gefühle bezüglich dem Verlust ihrer Arbeit schrieben, während eine weitere Gruppe über alltägliche, sachliche Dinge schrieb. Die Teilnehmer der ersten Gruppe waren nicht nur fröhlicher und gesünder, sondern sie fanden auch viel schneller wieder eine neue Arbeit.

Das Schreiben scheint also zu funktionieren. Du kannst es auch für dich ausprobieren.

Leg dir ein Tagebuch zu, in dem du deine geheimsten Gefühle über deine Trennung, deinen Verflossenen, dein Single-Dasein festhalten kannst. Es ist dein ganz persönlicher Freiraum, in dem du so gemein, vernichtend oder einfach verzweifelt sein darfst, wie es dir gefällt. Keiner wird es lesen. Mach das Tagebuch zu deinem besten Freund, dem du all deine Gedanken und Stimmungen anvertraust, über die nicht einmal deine besten Freunde etwas wissen. Schreibe jeden Tag und verbringe die Zeit mit dir selbst, für dich selbst.

Ein Tip: Hör möglichst nicht zu schreiben auf, wenn es dir gerade mies geht. Schreib dich in eine freudige Stimmung hinein.

Du kannst dir nach jeder Sitzung Affirmationen ausdenken (mehr dazu im 12. Kapitel).

Versuche jeden Tag, oder so oft du eben kannst, etwas zu schreiben.

Abgesehen davon, daß es dir dadurch gleich bessergeht, kannst du später zurückblättern und nachvollziehen, welche Gedanken und Gefühle du anfangs hattest und welche Fortschritte du bereits gemacht hast. (Ja, natürlich wird es Fortschritte geben.)

Und wer weiß, vielleicht wird irgendwann dein altes Tagebuch von den nachfolgenden Generationen aus deiner Familie auf dem Dachboden aufgestöbert und kann ihnen für ihre eigenen Trennungen zu Diensten sein.

Wenn Schreiben ganz und gar nicht dein Ding ist, kannst du auch ein Bild malen, das deinen Gefühlszustand zum Ausdruck bringt. Es muß weder künstlerisch noch gelungen sein, es soll dir lediglich helfen, deine Gefühle auszudrücken. Es kann eine kindliche Zeichnung sein oder aus abstrakten Klecksen bestehen. Völlig egal, solange sie für dich eine Bedeutung haben. Durch Kunst läßt sich einiges verändern.

Wenn du dich völlig ausgepowert fühlst oder kurz vor dem Explodieren stehst, gönne dir für eine Woche eine Auszeit. Allein. Ich habe das einige Male getan, als meine zweite Ehe in die Brüche ging, und es tat mir unendlich gut. Eine sehr liebenswerte Frau vermietete mir ein kleines Häuschen von der Küstenwache, das zu meiner Zuflucht wurde. Keine Anforderungen, kein Druck. Nur ich, das Meer und eine riesige Packung Tempos.

Wenn die Gefühle einfach zuviel werden

Praktische Tips

Ich hatte eine Phase der Einsamkeit, in der ich regelmäßig in ein kleines italienisches Café gegangen bin, das bei mir um die Ecke lag. Ich brachte meine Wäsche in den Waschsalon und setzte mich dann in mein Café Einsam, wie ich es nannte, um mir einen Café Latte zu gönnen und mir darüber Gedanken zu machen, warum kein Mann meine Einzigartigkeit wirklich zu schätzen weiß. Ich ging meistens dorthin, wenn ich besonders traurig war, und bald saß ich nur da und genoß das Gefühl, einfach traurig und nachdenklich sein zu können. Es war ein kleines Ritual für mich, mit dem es mir ein wenig besserging. Jetzt ist es eines der Dinge, die ich aus meiner Single-Zeit am meisten vermisse.

Ella, 26

Traurigkeit

Alles erinnert dich an ihn. Bestimmte Plätze erinnern dich an ihn, bestimmte Songs erinnern dich an ihn, sogar bestimmte Gerichte erinnern dich an ihn. Und ein Anfall von Trauer erwischt dich jedesmal wieder. Nachdem meine erste Ehe zu Bruch gegangen war, mußte ich zu meinem Entsetzen feststellen, daß eine ganze Dekade mit Erinnerungen an ihn gespickt war – von Margaret Thatcher bis hin zu exquisitem Käse.

Ganz zu schweigen von den Plänen, den Hoffnungen und Träumen, die man sich gemacht hatte. Mit wem werde ich jetzt in Urlaub fahren? Mit wem werde ich jetzt meine Sonntage verbringen? Wer wird mich jetzt an meinem Geburtstag einladen?

Gefühle des Kummers oder, noch schlimmer, der Trauer, werden als typisch weiblich angesehen. Man erwartet sie regelrecht von uns. Das macht die Angelegenheit aber nicht unbedingt einfacher. Hier einige Anregungen, um die Trauer zu erleichtern:

- Geh sanft mit dir um. Laß deine Trauer zu. Denk daran, daß du in diesem Zustand sehr verletzbar bist.
- Es gibt eine weit verbreitete Angst: Wenn ich erst mal zu heulen anfange, kann ich nicht mehr aufhören. Mach dich nicht verrückt damit. Es stimmt nicht. Wenn ich heutzutage zutiefst traurig bin, dann heule ich meist nicht mehr als ein paar Stunden. Irgendwann ist es vorbei, und ich lebe immer noch. Und

am nächsten Tag wache ich auf und fühle mich um einiges besser.

- Versuche mal, deiner Trauer freien Lauf zu lassen, um sie auszuleben: hör dir sentimentale Lieder an, schau dir eine Schmonzette im Fernsehen an, schreib ein Gedicht oder leg melancholische Musik auf und tanz einen traurigen Tanz dazu.
- Versuche, nicht allzusehr zu dramatisieren, so nach dem Motto: »Werde ich jemals wieder einen Sonnenaufgang genießen können?«
- Gönne dir einen »Federbett-Tag«: Wenn du das Gefühl hast, überhaupt nicht aus den Federn zu kommen, dann bleib einfach drin.

Zehn Songs für alle Verzweifelten (und alle, die noch verzweifelter werden wollen):

Du kannst dir auch eine eigene »Trauerkassette« zusammenstellen, wenn dir nach ausgiebigem Heulen oder ordentlichem Selbstmitleid zumute ist.

»I can't make you love me« – George Michael
»You have been loved« – George Michael
    (eigentlich alle neueren, langsamen Stücke von George Michael)
»Walking Wounded« – Everything But the Girl – (im Grunde das ganze Album *Do you like being single?*)
»Missing« – Everything But the Girl
»Music Sounds Better With You« – Stardust
»Tears of a Clown« – Smokey Robinson
»How can you mend a broken heart?« – Al Green
»Without You« – Mariah Carey oder Nilsson
»Layla« – Eric Clapton (hier geht es zwar darum, daß er eine Frau liebt, aber sei's drum.)

Wut . . .

. . . ist ein Gefühl, das »liebe Mädchen« nicht zeigen. Im Gegensatz zu den Botschaften, die man uns als Kinder eingetrichtert hat, tut es sehr gut, wütend zu werden. Es ist gesund und notwendig. Außerdem richtet es mehr Schaden an, wenn wir unsere Wut unterdrücken.

Es ist genauso wie mit dem Heulen: Wir haben Angst, die Kontrolle zu verlieren, jemanden zu schlagen oder einfach zu explodieren, sowie wir unserer Wut Luft machen. Das passiert aber nicht, solange uns klar ist, daß wir unsere Wut *doch* kontrollieren können – und nicht sie uns.

Ärger läßt uns unsere Kraft spüren. Unser Körper wird mit Adrenalin vollgepumpt, so daß wir high werden durch unsere eigene Körperchemie.

Einige Hinweise zum Thema »Wut«:

- Wut will sich durch Bewegung ausdrücken. Also bewege deinen Körper: Verprügele ein Kissen oder geh Joggen, wobei du dir vorstellst, daß du mit jedem Schritt deinem Ex ins Gesicht trittst (Ha!), oder tob dich an den Geräten im Fitneß-Studio aus. Auch Krach zu machen kann äußerst wohltuend wirken: Schrei dir in deinem Auto bei geschlossenen Fenstern die Kehle aus dem Hals. Oder brüll in ein Kissen – was auch immer dir hilft, deine Stinkwut in dieser Nacht loszuwerden.
- Verfaß einen Brief an deinen Ex, den du aber nicht abschickst. Teile ihm deinen Ärger, deine Abscheu und Verbitterung mit. Schreibe ausführlich über die Auswirkungen seines schlechten Verhaltens. Sag ihm, was du am liebsten mit ihm anstellen würdest. Dann verbrenne den Brief. Es kann eine ungeheure Genugtuung sein mit anzusehen, wie deine boshaften Worte einfach zu Asche zerfallen.
- Mal dir ein paar aggressive Phantasien aus. Psychologen sind der Meinung, daß in der Phantasie ausgelebte Aggressionen ein gutes Mittel dafür sind, den eigenen angestauten Gefühlen ein

Ventil zu bieten. Sie weisen darauf hin, daß etwa Kinder keinerlei Skrupel davor hätten, den kleinen Johnny, der ihnen ihr Spielzeugauto weggenommen hat, wüst zu beschimpfen. Aggressive Phantasien können sehr nützlich sein, *solange du dir darüber im klaren bist, daß du ihm nicht ein paar Jungs von der nächsten Straßenecke auf den Hals hetzt oder seine Reifen zerstichst.*

• Setz dich in einen Sessel, stell dir vor, wie er dir gegenüber sitzt, und sprich deine Wut aus.

Ein Wort über Rachegelüste: Wenn es sein muß, leb sie aus. Aber letztendlich fühlst du dich dadurch nur mieser und hilfloser. Meiner Überzeugung nach stehst du dir nur selbst im Weg, wenn du nicht loslassen kannst und deshalb deine Aggression ausleben mußt. Dir geht es sowieso schon mies genug, warum also etwas tun, wodurch es nur noch übler wird?

Eifersucht

Ein äußerst unangenehmer Zustand; im Grunde ist Eifersucht ein zweitrangiges Gefühl, hinter dem sich ganz andere Emotionen verbergen.

Eifersucht ist ein falschverstandenes Bedürfnis. Experten sagen, daß Neid oder Eifersucht immer auf etwas zurückzuführen sind, das verdrängt wurde: auf eine unerfüllte Erwartung, auf einen abgeschlagenen Wunsch, auf Minderwertigkeitsgefühle, die durch Bestätigung von außen aufgelöst werden sollen. Ich bin sicher, liebe Beziehungsgeschädigte, daß du nicht Freud sein mußt, um die Wurzel deiner Eifersucht zu finden.

Einige Hinweise zum Thema »Eifersucht« . . .:

• Frag dich, was du wirklich willst. Wenn du auf die neue Freundin deines Verflossenen neidisch bist, dann wohl deshalb, weil sie das hat, was du haben willst: ihn. Also trauere um deinen Verlust. Gib zu, wie sehr du ihn vermißt, anstatt dich auf die negativen Gefühle zu konzentrieren, die du *ihr* gegenüber hegst. Sie hat ihn dir schließlich nicht weggenommen; er ist gegangen. Die Verantwortung liegt immer bei demjenigen, der sich auf eine Affäre einläßt. Vielleicht bist du neidisch auf jene, die ein anscheinend wohlgeordnetes Leben führen. Das ist eine typische Reaktion auf das Chaos, in dem du dich befindest, wenn Schluß ist. Auch hier gilt: Konzentriere dich wieder auf das Positive. Überleg dir, wie du dir das im Leben erschaffen kannst, was du haben willst (die Übungen in Teil Zwei sind dafür hilfreich).

- Hier gilt das gleiche wie beim Thema »Wut«: Schreibe einen Brief, den du nicht abschickst.
- Denk an all das, was du jetzt hast. Sollte dir partout nichts einfallen, fang doch einfach mit dem Stichwort »Freiheit« an.
- Erlaube dir nicht, verbittert zu werden. Er ist es nicht wert. Keiner ist das wert.

Depression

Depression macht sich durch Energiemangel, Lustlosigkeit, einer »Es-hat-doch-keinen-Sinn«-Einstellung bemerkbar. Eigentlich ist sie kein Gefühl, sondern vielmehr ein Zustand, hinter dem sich eine unterdrückte Gemütsverfassung verbirgt. Für Psychologen ist die Depression eine nach innen gerichtete Wut, die das Gefühl der Sinnlosigkeit zur Folge hat. Oder sie kann eine dumpfe Form von Schmerz sein.
Einige Hinweise zum Thema »Depression« . . .:

- Frag dich: »Bin ich wirklich wütend?« Wenn man gerne heulen möchte, es aber nicht kann, liegt es womöglich daran, daß man wütend ist. Oder gelähmt vor Schmerz; auch das ist ein emotionaler Zustand.
- Halten die Symptome weiterhin an, wenn du dich also über Wochen depressiv oder völlig überfordert und angespannt fühlst, rate ich dir, deinen Hausarzt aufzusuchen. Er überweist

dich vielleicht zu einem Therapeuten oder verschreibt dir für eine kurze Zeit ein leichtes Antidepressivum, das dich aus dem Gröbsten herausholt.

Angst

Du dachtest, alles sei geklärt. Du dachtest, alles sei in Ordnung. Und jetzt ist alles ganz anders gekommen. Völlig anders.
In dieser Situation Angst zu bekommen ist verständlich.
Generell gilt, daß alle negativen Empfindungen – Eifersucht, Zorn, Schuldgefühle – aus Angst entstehen können. Angst beginnt im Kopf, dadurch, daß du der Vergangenheit nachhängst und gleichzeitig versuchst, mit der Zukunft klarzukommen. Du nährst die Angst mit Gedanken wie: »Wie kann ich jetzt mein Leben bewältigen? Es ist so schrecklich. Ich schaffe es nicht.« Und natürlich die größte aller Ängste, die mir alle interviewten Frauen bestätigten: *Was ist, wenn ich nie wieder einen finde???* (siehe Kasten auf S. 47)
Einige Hinweise zum Thema »Angst« . . .:

- Atme tief durch. Bei Angst wird unser Atem flach und schnell. Es ist schwer, tief durchzuatmen und dabei gleichzeitig Angst zu haben.
- Ruf eine Freundin oder einen Freund an. Besprich deine Ängste mit ihnen. Laß dir von ihnen Mut machen, daß alles wieder gut wird.
- Notiere deine Ängste über das Single-Dasein in deinem Tagebuch. Zum Beispiel: Ich werde mich nie wieder verlieben können; vielleicht war er ja »der Traummann«, und ich werde nie wieder einem anderen begegnen; ich schaffe es nicht allein; ich werde die Hypothek nicht bezahlen können; was ist, wenn sein Rechtsanwalt mich fertigmachen will und ich am Ende mit nichts dastehe?
Es tut gut, diesen angsteinflößenden Gedanken ihr Gewicht zu nehmen.

- Denk an das Buch *Selbstvertrauen gewinnen – Die Angst vor der Angst verlieren*, die Bibel für angstbesetzte Menschen, und sag dir: »Was auch immer geschieht, ich werde es schaffen.« Und glaube daran.
- Wenn du unter Panikattacken leidest, konsultiere deinen Arzt.

Die schlimmste Angst der Single-Frau: »Was ist, wenn ich keinen mehr finde?«

Für die Frauen, mit denen ich sprach, war diese Vorstellung meistens die größte Horror-Vision. Der furchtbare Hintergedanke, der sich kurz vor dem Einschlafen wieder einschleicht; der böse Geist, der sich hinter jeder Mißstimmung verbirgt, hinter jeder Verabredung, die nicht klappt, hinter jedem schlechten Tag oder einem plötzlichen Wutanfall.

Unser Verhalten wird von dieser Angst sehr geprägt. Beispielsweise die Schuldzuweisungen: Wenn er daran schuld ist, kann es nicht deine Schuld sein. Wenn es deine Schuld wäre, ist vielleicht etwas nicht in Ordnung mit dir, und wenn etwas nicht in Ordnung ist, dann findest du womöglich *nie wieder* jemanden. Oder du flirtest mit dem aknegeplagten Teenager bei der Post, weil er ein Mann ist und dir gerade schöne Augen macht und er eventuell deine letzte Rettung sein kann, bevor du *nie wieder* jemanden triffst.

Selbstredend, daß diese Art zu denken falsch ist. Die Seelenklempner sprechen von »Katastrophendenken«.

Wie auch immer, es baut dich in keinerlei Weise auf.

Fang an, mit positiven Gedanken dagegen anzugehen.

Die beste Methode, dich vom Katastrophendenken zu heilen, ist es, der Katastrophe entschlossen entgegenzutreten und dir zu sagen:

Einen Abschluß finden

»Auch wenn ich nie wieder jemanden treffe, ich bin immer noch okay. Ich werde nicht dran sterben. Mein Leben mag ja anders aussehen als in einer Beziehung, aber ich werde es überleben und die Dinge genießen können. Ich habe immerhin noch meinen Hund, mein Haus, meine Kinder, was auch immer. Es wird weiterhin großartige Filme geben, die ich mir anschauen, tolle Bücher, die ich lesen, wunderschöne Orte, die ich besuchen, und wertvolle Freunde, die ich lieben kann.

Oder du hast eine andere Vision, die in dieser Situation von Bedeutung für dich ist.

Oder andere Dinge, die dich unterstützen:

Überleg dir Affirmationen (siehe S. 152), wie: »Ich öffne mich jetzt für eine wunderschöne Beziehung.«

Ruf eine Freundin an, wenn du wieder in der »Was-ist-wenn-ich-keinen-finde?«-Stimmung bist. Sag ihr, sie soll dich aufmuntern: Es gibt so viele Männer auf dieser Welt; du bist eine phantastische Frau; es gibt für jede einen usw.

Denk doch an all die Frauen, die du kennst, die wider Erwarten einen Partner gefunden haben. Frag dich, ob du wirklich schon bereit bist. Bist du es nämlich nicht, strahlst du diese Energie auch nicht aus. Irgendwann ändert sich das, und die Männer verhalten sich wie die Londoner Busse: Es kommen gleich mehrere zur selben Zeit.

Dein Leben tritt nicht auf der Stelle, nur weil du allein bist. Jedesmal wenn du eine »Was-ist-wenn?«-Attacke hast, tu etwas für dich. Kauf dir ein Buch, geh spazieren, plane einen Frauenabend, ruf eine Partnervermittlung an, mach irgend etwas, das dich aus diesem »Was-ist-wenn?«-Loch herausholt.

Schuld

Vielleicht warst du diejenige, die Schluß gemacht hat, und er leidet an gebrochenem Herzen. Vielleicht hattest du eine Affäre und wirst deshalb von schlechtem Gewissen geplagt. Vielleicht sind Kinder mit im Spiel, die darunter zu leiden haben.

Vielleicht müßte kein Kind in der Dritten Welt verhungern, wenn du dich bloß anders verhalten hättest.

Vielleicht machst du dir Vorwürfe wie: Wenn ich doch nur nicht an ihm herumgenörgelt hätte/die alten grauen Schlüpfer getragen hätte/soviel gearbeitet hätte und ihm mehr Zeit gewidmet hätte, wäre es gut gegangen.

Hör auf damit. Sofort! Das sind Schuldgefühle, hinter denen *immer* ein vernichtender Gedanke steckt. Außerdem führen sie zur Selbstbestrafung. Und fühlst du dich nicht schon miserabel genug? Wenn du dich selbst bestrafst, geht es dir noch lausiger, und du bestrafst dich weiter ... Dieser Teufelskreis zieht dich immer weiter runter, bis aus einer Krise eine wirkliche Tragödie wird.

Du hast dein Bestes gegeben, so wie wir alle andauernd unser Bestes geben. Und auch wenn wir tatsächlich mal nicht unser Bestes geben, geben wir dennoch unser Bestes – wenn du verstehst, was ich meine.

Einige Hinweise zum Thema »Schuld« ...:

• Aus spiritueller Sicht geht es um Selbstvergebung. Du kannst Vergangenes nicht ändern. Aber du kannst deine Einstellung dazu verändern. Nachdem meine zweite Ehe in die Brüche gegangen war, habe ich mich verrückt gemacht mit Gedanken wie: Habe ich das Richtige getan? Hätte ich es anders machen sollen? Aus den richtigen Gründen? Was ich daraus schließlich gelernt habe, war die wichtigste Lektion meines Lebens: In der Liebe und im Krieg ist alles erlaubt. Es gibt keine Regeln. Möglicherweise habe ich nur einen Fehler gemacht.

- Wenn du dich auf eine Affäre eingelassen hast, denke daran, daß der Ehebruch in unserer heutigen Gesellschaft mehr denn je üblich ist, obwohl 83 Prozent der Bevölkerung der Meinung sind, daß »außereheliche Beziehungen immer oder fast immer nicht in Ordnung sind«. Aus guten Gründen haben Wissenschaftler bislang noch nicht genau herausgefunden, wie viele Menschen außereheliche Verhältnisse haben. In ihrem Buch *Sexual Arrangements* (William Heinemann Ltd.) schätzen die Beziehungsexperten Janet Reibstein und Martin Richards, daß etwa 50 bis 75 Prozent der verheirateten Männer und nur knapp weniger verheiratete Frauen Affären eingegangen sind.
- Die Schuldfrage erlaubt keine Wiedergutmachung, es geht nur um Bestrafung. Versuche die Situation neutral zu betrachten, kläre deinen Fehler und korrigiere ihn. Besteht dazu keine Möglichkeit, nimm dir vor, daraus zu lernen, um diesen Fehler in Zukunft zu vermeiden.
- Versöhne dich mit den Menschen, mit denen du noch nicht im reinen bist. Schreibe ihnen einen Brief oder hinterlaß eine Nachricht, daß es dir leid tut. Du fühlst dich schlagartig besser und sie sich womöglich auch.
- Komm nicht auf die Idee, deinen Fehler auf übertriebene Art wieder wettzumachen. Schuldgefühle können uns dazu verführen, es den anderen ständig recht machen zu wollen – unseren Kindern, unserem Verflossenen. Und dabei verlieren wir uns selbst.

Frag dich bei jeder Gefühlswallung: »Ist es nicht völlig in Ordnung, mich so zu fühlen?«
Uff! Das alles durchzumachen ist anstrengend. Der ganze Schmerz, der Schock, die Wut, die Eifersucht verbrauchen viel Energie, und du fühlst dich abgespannter als sonst. Geh sanft mit dir um. Vielleicht hilft schon eine ordentliche Portion Schlaf . . .

Darauf kannst du dich freuen . . .

Wenn du ihn verlassen hast . . .
Es wird Schuldgefühle, Reue und Zweifel geben. Selbst wenn du wochenlang vor Wut schäumst, wird eine Zeit kommen, in der dich Schmerz und Selbstzweifel einholen, und wenn es auch nur für 10 Minuten sein sollte.

Wenn er dich verlassen hat . . .
Du wirst eine Weile geschockt sein, auch wenn du es bereits geahnt hast. Dann melden sich höchstwahrscheinlich Empörung, Rache, Frustration . . .

Wenn ihr verheiratet wart . . .
Nach der glitzernden Zeremonie, bei der ihr euch beide lebenslange Treue geschworen habt, steht einiges auf dem Spiel. Sämtliche Wünsche, Hoffnungen und Träume haben sich in nichts aufgelöst. Die Gewißheit und Sicherheit, daß es von Dauer sein würde, sind mit einem Schlag verflogen. Ganz zu schweigen von dem Theater mit der Scheidung und den Rechtsanwälten.

Wenn es um Kinder geht . . .
Dabei wird alles unendlich komplizierter. Verzweiflung, schlechtes Gewissen, Wut auf ihn oder wen auch immer, weil keine Rücksicht auf die Kinder genommen wird. Außerdem muß man sich immer wiedersehen, der Kinder zuliebe.

Wenn es um Geld geht . . .
Und das ist sehr oft der Fall. Ivana Trump und Larry Fortensky sind sicherlich nicht die einzigen gewesen, die von ihren Ex-Partnern »Schmerzensgeld« verlangten. Finanzen und ein gebrochenes Herz können eine vernichtende Kombination sein, um massive Existenzängste (Verlust, Armut), Machtgefühle und Rachegelüste auf den Plan zu rufen.

Einen Abschluß finden

Wenn Freunde involviert sind ...
Ob er sich mit einer anderen davongemacht hat oder du dich mit einem anderen abgeseilt hast oder die gemeinsamen Freunde sich gegen den einen oder anderen Partner verschworen haben, das Gefühl des Betrugs kann sich ungeheuerlich aufblähen (siehe 6. Kapitel, S. 76, über die sich verändernden Freundschaften, wenn man Single wird).

So viel zu den Emotionen. Da aber Herz und Verstand eine Einheit bilden in dieser Gestalt, die wir als unseren Körper bezeichnen, können bestimmte Gedanken unsere Gefühle überwältigen ...

4

Auf sich selbst hören

Als Ben mich verließ, war ich mit meiner Weisheit am Ende. Ich schaffte es nicht, darüber hinwegzukommen. Irgendwann suchte ich eine Therapeutin auf. Sie wies mich darauf hin, wie streng ich mit mir wäre. Ich würde mich selbst niedermachen, mich verurteilen und mir die Schuld zuschreiben. Wie lange würde ich das noch aushalten? Mittlerweile habe ich mich schon wesentlich gebessert. Ich habe nicht nur ihn hinter mir gelassen, sondern auch meine eigene Ablehnung, und es geht mir in vielen Bereichen besser.

Rosa, über die falsche Einstellung, die sie davon abhielt, ihre Trennung zu überwinden

Gefühle entstehen meist nicht von allein. Sie gehen Hand in Hand mit unseren Gedanken. Gedanken stimulieren Gefühle und umgekehrt.

Wenn du nach einer gescheiterten Beziehung wieder zu Kräften kommen willst, mußt du dir zunächst drei grundsätzliche Einstellungen abschminken. Die eine besteht darin, dich ausschließlich auf ihn zu fixieren und zu denken, »Hätte ich doch nur . . .« oder »dieses Schwein . . .« Die zweite läuft darauf hinaus, dir selbst Angst einzujagen. Und mit der dritten machst du dich selbst nieder.

Deine Gedanken entstehen ebenfalls nicht einfach aus dem Nichts heraus. Dein Verstand besteht nicht aus einem ewigen Karussell, das sich in deinem Kopf dreht. Wenn dir das bewußt ist, kannst du über deine Gedanken bewußt entscheiden. Es gibt

Gedanken, die die Wunden immer wieder aufs neue öffnen; es gibt aber auch solche, die den Heilungsprozeß beschleunigen. Das Gute daran: Du kannst sie jeden Tag, sogar in jeder Minute einsetzen, um dich dadurch zu disziplinieren, dich besser zu fühlen, dich zu erholen und deine Wunden zu lecken.

Auch wenn du wenig darüber weißt, wie dein Gehirn funktioniert oder den Trennungsschmerz verarbeitet, entwickelt es meist Gedanken, die dich vollständig – und höchst wirkungsvoll – von deinen Problemen ablenken.

Besessenheit

Irgendwann ist mir aufgefallen, daß meine Gedanken immer wieder zu ihm zurückkehren, sobald ich nicht mit etwas anderem beschäftigt bin. Dann kann ich nur an die guten Zeiten denken. Die wunderschönen, glücklichen Stunden (und nicht die, in denen er gerade schlecht gelaunt war), der großartige Sex (und nicht daran, wie er keinen hoch bekommen hat), die Freude und die Zuneigung (nicht die Male, wo er nicht mit mir reden wollte oder wo er mich angeschrien hat). Ich verschwende keinen Gedanken an jene Momente, in denen ich mich einsam und erschöpft oder wütend und frustriert fühlte und mich fragte, was das ganze Abmühen soll. Wenn ich das bemerke, versuche ich bewußt, meine Gedanken in eine andere Richtung zu lenken.

Maria, 25, über Besessenheit

Unmittelbar nach dem Ende meiner »Ersatzbeziehung« zählte ich alle unangenehmen Situationen zusammen, die ich erlebt hatte. Letztendlich waren es genauso viele gute wie schlechte: ein beschissenes Wochenende für einen wunderschönen Spaziergang durch die Natur; eine Auseinandersetzung, in der er kein Wort mehr mit mir sprach, für die Momente, in denen er liebevoll, witzig und einfach süß war; ein übler Streit für jeden Blumenstrauß (genauer betrachtet erhielt ich die Blumen eigentlich immer *nach* den Auseinandersetzungen).

Teilweise könnte ich ebenso wie Maria empfinden und mich nur auf die guten Zeiten und schönen Ereignisse fixieren. Wenn ich hingegen an die furchtbaren Dinge denke, mit denen ich mich jetzt nicht mehr herumquälen muß, kann ich mich in meinem Single-Leben anders und vor allem besser fühlen.

Wenn ich das tat, war dies auch wirklich der Fall.

Womöglich bist du jemandem verfallen, auf den du es ganz besonders abgesehen hast. Oder deinem Ex. Oder du leidest unter zwanghaftem Essen. Was auch immer es ist, *es ist okay. Sei dir lediglich im klaren darüber, daß du dich zwanghaft verhältst.*

Vielleicht bist du auch gar nicht besessen; dann laß dir gratulieren! Zwangshandlungen, als Ergebnis von traumatischen Erlebnissen, sind eine häufig vorkommende Abwehrreaktion. Sie schützen uns vor dem wahnsinnigen Leid, über das wir nachdenken müßten, wenn wir nicht von etwas besessen wären, das außerhalb von uns selbst liegt.

Sich selbst niedermachen

Es gibt in uns eine kleine Stimme, die uns ständig anschnauzt. Psychologen und Psychotherapeuten haben verschiedene Namen dafür: kritische Stimme, der innere Zensor, das Plappermaul, der Tyrann.

Wie auch immer sie bezeichnet wird, jeder hat sie schon oft gehört. Sie klingt manchmal wie die Stimme deiner Eltern oder deiner damaligen Schullehrerin. Oder sie ist eine reine Erfindung deinerseits.

Diese Stimme läßt dich mit nichts ungestraft davonkommen. Was du auch tust, sie hat sicherlich etwas zu mäkeln. Sie schürt deine Zweifel, auch wenn du von etwas überzeugt scheinst. Sie stellt alles in Frage, sie kritisiert. Sie nörgelt herum. Sie sagt zum Beispiel:

*Du bist zu dick, du taugst nichts in einer Beziehung, du bist zu
alt, du bist zu hilfsbedürftig, du bist ein Wrack.*

Diese Stimme tyrannisiert dich gerne mit Sätzen wie »Du solltest
...« oder »Du müßtest ...«:

- Du hättest zärtlicher sein sollen – dann hätte er dich nicht
  verlassen.
- Du hättest sexier sein sollen.
- Du hättest den Sex nicht sausen lassen sollen.
- Du hättest deine Wut mehr herauslassen sollen, anstatt sie zu
  deckeln.
- Du hättest anspruchsloser sein sollen.
- Du solltest dich jetzt nicht so mies fühlen – schließlich warst du
  diejenige, die Schluß gemacht hat.
- Du müßtest mittlerweile ganz anders drauf sein – er hat sich
  doch schon vor drei Monaten verabschiedet.
- Du solltest längst darüber hinweg sein.
- Du solltest deine Arbeit erledigen, anstatt irgendeinem Typen
  hinterherzuschmachten.
- Du solltest dich gerade jetzt nicht mit einem anderen treffen.
- Du solltest netter zu deinem Ex sein.
- Du müßtest ihn öfter die Kinder sehen lassen.
  Und so weiter und so weiter ...

Kaum zu fassen, wie wir uns selbst immer wieder eins draufge-
ben. Wir befinden uns mitten in einer verdammt schmerzhaften
Situation und können es nicht lassen, uns selbst niederzumachen.
Wir greifen uns selbst ständig an. Behandelt man so seine besten
Freunde? Oder seine Kinder? Oder jemanden, den man liebt?

Sich selbst Angst einjagen

Die innere Stimme ist eine wahre Meisterin, wenn es darum geht, zu dramatisieren und sich die schrecklichen Katastrophen herauf-zubeschwören.

- Das ist zum Davonlaufen.
- Ich werde nie allein damit fertig.
- Das ist das Schlimmste, was je passieren konnte; ich werde nie wieder auf die Beine kommen.
- Ich brech zusammen.
- Ich dreh vollkommen durch.

Und so weiter bis zum geht nicht mehr ...

Besessenheit hat wenigstens den Vorteil, uns abzulenken. Die letzteren beiden gedanklichen Teufelskreise sind alles andere als gut für uns. Sich selbst niederzumachen hinterläßt nichts weiter als mangelnde Selbstachtung nach der Devise »Ich bin schlecht«. Sich selbst angst zu machen weckt nur Beklemmungen und Panik.

Das einzig gute an der ganzen Sache ist, daß du diese Stimme im Lauf der Zeit zähmen kannst. Hör einfach nicht auf sie. Und du hast die Möglichkeit, selbst zu entscheiden. Wenn dein innerer Kritiker ein Bekannter wäre, würdest du ihn sicherlich vor die Tür setzen. Du hättest bestimmt keine Lust, deine Zeit mit ihm zu verbringen. Verbann ihn also aus deinem Kopf.

Wahrnehmungsübung

Zu Beginn eine kleine Übung: Versuche, deine Gedanken einfach nur wahrzunehmen. Versuche nicht, sie zu ändern (obwohl du das kannst, wenn du es willst – du entscheidest letztendlich, was in deinem Kopf vorgeht).

Frag dich, wovon dich diese Gedanken ablenken wollen. Was steckt hinter ihnen?

Wenn du dich niedermachst, werde dir bewußt, was du sagst. Dann stell dir vor, wie du mit dir reden würdest, wenn du dein bester Freund wärst. Oder wenn du dir wirklich wichtig wärst.

Entsprechen jene Gedanken also der Wahrheit?

Denk positiver. Wenn es dir hilft, sag dir: »Ich denke jetzt nur noch Gutes über mich.« Irgendwann hast du die Schnauze voll, dich herunterzuziehen, und du hörst einfach auf damit.

Wenn du es dennoch nicht lassen kannst, daran zu denken, wie unwiderstehlich er war, denk auch ein wenig daran, wie unausstehlich er war.

Vorsicht, hochgiftig! — wie unsere Gedanken die Emotionen beeinflussen

Gedanken, die Furcht auslösen:
Wie werde ich damit fertig?
Eigene Kinder kann ich mir jetzt abschminken.
Was ist, wenn ich nie wieder einen treffe? (Im Grunde ist jeder Gedanke, der mit »Was ist, wenn. . .?« anfängt, verdächtig.)
Ich bin schon zu alt, um noch mal von vorne anzufangen.

Gedanken, die Schmerzen verursachen:
Er war einfach wunderbar.
Das war dumm von mir. Jetzt finde ich nie wieder so einen wie ihn.

Gedanken, die Depressionen fördern:
Ich bin beziehungsunfähig.
Ich schaffe es nicht, allein zu leben.
Ich weiß nicht, wie man sich den Richtigen sucht.
Ich verkrafte es nicht.

Gedanken, die Verbitterung/Wut hervorrufen:
Dieser Schweinehund. Ich wette, daß er . . .
Ich habe ihm die besten Jahre meines Lebens geopfert.

Er ist an allem schuld.
Ich hätte mich nicht in ihn verknallen sollen. Ich hätte gleich ahnen sollen, daß er ein Scheißkerl ist.

Gedanken, die Eifersucht entfachen:
Jetzt hat diese Schlampe den, den ich wollte.
Ich könnte schwören, daß er sich prächtig amüsiert und keinen Gedanken an mich verschwendet.

Gedanken, die Schuldgefühle auslösen:
Ich hätte (was auch immer) nicht tun sollen.
Ich bin ein schlechter Mensch.
Er wird es nie überwinden. Ich habe sein Leben ruiniert.
Habe ich das Richtige getan? Auf die richtige Art und Weise?

Übung

Notiere in deinem Tagebuch alle vergiftenden Gedanken, die dich im Verlauf des Tages überfallen, alle Überzeugungen, die dir ständig durch den Kopf geistern. Beurteile sie nicht, schreib einfach weiter. Lies sie dir nochmals durch. Schwarz auf weiß kannst du sie besser analysieren. Klingen viele nicht sehr drastisch? Oder einfach lächerlich?

War er *tatsächlich* so unwiderstehlich? War er *wirklich* so ein Scheißkerl? Ist es *wirklich* wichtig, daß es ihm so oder so geht? Ist dein eigener Seelenfrieden nicht viel entscheidender?

Streiche die Gedanken, die eindeutig blödsinnig sind. Beachte diejenigen, die ein Körnchen Wahrheit enthalten. Es wird wohl einige davon geben. Formuliere heilsame Alternativen. Laß die Gedanken los, die dich nicht weiterbringen.

Aufbauende Gedanken

Mir geht es gut.
Eigentlich geht es mir sehr gut.
Egal was er macht, ich fühle mich gut.
Es ist unwichtig, was er macht, ich konzentriere mich auf mich
selbst/ich bin diejenige, die zählt.
Ich komme sehr gut klar.
Ich habe gerade viel durchgemacht und werde gut damit fertig.
Nichts ist mir wichtiger als Gelassenheit und Seelenfrieden.
Ich entscheide mich für Gedanken, die mich unterstützen und
fördern.
Ab sofort entscheide ich mich dafür, liebevoll mit mir umzu-
gehen.
Ja, es war eine wundervolle Beziehung, aber jetzt ist sie vorbei
und ich entwickle mich weiter.
Mein Leben hat viele wunderbare Seiten, auch ohne Mann.
Den Kindern wird es gutgehen, was auch immer sein mag.
Ich bin es wert, geliebt zu werden, und ich kann Liebe geben.
Ich verdiene Liebe.
Ab jetzt lerne ich aus allem, was ich erlebe.

(Wir werden später darauf eingehen, wie die Macht der Gedanken
deine Zukunft beeinflussen kann. Im Moment geht es nur darum,
dich nicht länger anzuklagen.)

Neun Tips für schlechte Zeiten:

1. Schreib alles in dein Tagebuch.
2. Ruf Freunde an, bitte sie, dir zuzuhören, und erzähle
   von deinem Schmerz.
3. Setz dich in einen Sessel und überlaß dich für die nächsten zehn Minuten deiner Verzweiflung.

4. Sag dir: »Es ist völlig in Ordnung, mich so zu fühlen, so zu sein.«
5. Schreibe ihm einen Brief, den du nie abschickst.
6. Wenn es sehr schlimm ist, nimm dir den Tag frei und mach es dir im Bett mit unzählig vielen Tassen Tee gemütlich. Alles andere laß sein.
7. Leih dir einen Schmachtfetzen auf Video aus und laß dich so richtig gehen.
8. Buche einen Kurzurlaub, übers Wochenende – etwas, worauf du dich freuen kannst.
9. Schreibe/sprich einige Affirmationen aus der Liste über aufbauende Gedanken. (siehe S. 59).

Es tut gut, zu wissen, daß jeder Mensch verschiedene Phasen in Zeiten der Trauer und des Schmerzes durchläuft. Darum geht es im nächsten Kapitel.

Verwöhn dich selbst

In den ersten sechs Monaten, nachdem ich meinen Mann verlassen hatte, bin ich ein wenig ausgeflippt – ich vögelte mit Männern, die ich kaum kannte, rauchte zuviel, ernährte mich ungesund. Aber bei einem meiner Blind-Dates lernte ich etwas Wichtiges. Wir sprachen über das Kochen. Ich erwähnte, daß ich während der letzten Jahre mit meinem Mann kaum gekocht hatte und auch jetzt für mich allein nicht kochen würde. Ich sagte, es sei bezeichnend, denn beim Kochen gehe es doch auch darum, sich zu verwöhnen. Er erwiderte, ich könne mich sehr wohl verwöhnen. Da brach ich in Tränen aus. Mir wurde bewußt, daß ich Schuldgefühle wegen meines Verhaltens hatte und deshalb Dinge tat, die mir noch mehr schadeten. Wenn ich nur eine Nummer mit einem Mann schob, war alles in Ordnung; sobald der Mann aber sanft und zärtlich war, mußte ich heulen.

Nach diesem Blind-Date fing ich allmählich an, liebevoller mit mir umzugehen. Mir fielen sogar Kleinigkeiten auf, beispielsweise nahm ich nie einen Teller, um einen Keks zu essen. Ich legte ihn einfach auf den Tisch. Hinzu kamen entscheidendere Dinge wie etwa das Gefühl, ich müßte mit jedem Mann ins Bett springen. Mir wurde bewußt, daß ich mir selbst Wunden zufügte und sehr selbstzerstörerisch war. Es war eine entsetzliche Zeit.

Außerdem hat es lange gedauert, bevor ich mich nicht mehr schuldig fühlte und die Tatsache annehmen konnte: Ja, es gibt jemanden, der mich gern hat, und das ist gut so; ich bin doch kein so schrecklicher Mensch.

Lynsey, 32, über die eigene Mißachtung

Ob aus Schuldgefühlen oder aus Gewohnheit, die Mißachtung sich selbst gegenüber ist eine durchaus gängige Reaktion auf Verzweiflung.

Frauen scheinen dafür besonders anfällig zu sein, und zwar aus zweierlei Gründen:

- Es fällt uns leichter, uns um andere Menschen zu kümmern als um uns selbst. Kein Wunder, denn so sind wir erzogen worden. Wir haben gelernt, fürsorglich zu sein.
- Frauen neigen mehr als Männer dazu, Dinge zu sehr an sich heranzulassen, sich selbst zu beschuldigen, wenn etwas schiefläuft. Wie Lynsey, die gerade zu Wort kam. Obwohl ihr Herz sie dazu drängte, die Ehe zu beenden, wollte ihr Verstand ihr keine Ruhe gönnen. Also bestrafte sie sich auf unterschiedliche Art.

Wenn du während deines Single-Daseins eine Beziehung zu dir selbst aufbaust, ist es unerläßlich, dich zu verwöhnen. Es genügt allerdings nicht, den Keks auf einen Teller zu legen, sondern du solltest dir eine schöne Mahlzeit kochen, dir etwas Besonderes gönnen usw. Tu dir etwas Gutes, was du auch deinem Partner oder deiner besten Freundin, die eine traumatische Zeit durchgemacht hat, anbieten würdest.

Nach Untersuchungen des Partnerschaftsinstituts »One Plus One« sind Geschiedene körperlich und geistig relativ anfällig und vier mal mehr suizidgefährdet als Verheiratete. Man muß nicht verheiratet gewesen sein, um den Verlust von Zärtlichkeit und Nähe erlebt zu haben, welches sich sowohl auf das Herz als auch auf das Immunsystem auswirkt.

Frag dich liebevoll, was du brauchst. Was würde dir Freude bereiten? Vielleicht möchtest du dir einen Teddy kaufen oder ins Theater gehen. Schenk dir Dinge, die du dir von deinem Partner wünschen würdest. Schick dir selbst Blumen zum Valentinstag oder zu deinem Geburtstag.

Vielleicht hilft es dir, jeden Tag mit einem Freund oder einer Freundin zu telefonieren. Oder du nimmst Abendunterricht oder machst endlich den Führerschein. Oder du leistest dir einmal die Woche eine Massage oder stellst einen Blumenstrauß in dein Schlafzimmer. Was auch immer Luxus für dich bedeutet – verwöhne dich damit. Du hast es verdient! Besorg dir ein Kätzchen. Oder belgische Trüffel anstatt Mon Cheri. Genieß ein Abendessen bei Kerzenlicht mit dir selbst.

Mach das, was für dich ein liebevoller Umgang mit dir selbst bedeutet. Beispielsweise die Wohnung aufräumen. Oder zur Abwechslung mal alles liegen zu lassen.

Ich habe mir Duftkerzen gekauft. Ich hatte sie immer an andere verschenkt und wußte genau, welche am besten riechen. Ich selbst hatte aber keine einzige zu Hause. Kerzen habe ich nur angezündet, wenn ein Mann in meiner Wohnung war. Für mich allein habe ich es nie getan. Als mir das bewußt wurde, kaufte ich mir die größte, am besten duftende Kerze, die ich finden konnte. Jedesmal wenn ich sie anzünde, gönne ich mir etwas Gutes und fühle mich aufgehoben.

Sich selbst zu verwöhnen wirkt sehr bestärkend. Es soll dir klar machen, wie wichtig du bist. Je mehr du dich verwöhnst, desto mehr glaubst du es auch.

Zehn Dinge zum Verwöhnen:

1. Kauf dir ein besonderes Schaumbad und *tauche unter.*
2. Erinnerst du dich an Café Einsam? Suche dir ein Café aus und bestelle dir deinen Lieblings-Cappuccino mit doppeltem Sahnehäubchen und Schokoladensplitter.
3. Laß dir einen Termin bei der Kosmetikerin geben.
4. Oder gönne dir eine Massage.
5. Kaufe dir ein Paar warme, weiche Socken.
6. Zünde einige Duftkerzen an. Nur für dich.
7. Kauf dir eine Flasche Champagner, geräucherten Lachs und Foie Gras.
8. Buche eine Urlaubsreise oder einen Wochenendtrip.
9. Ja, genau, ein paar neue Klamotten (eine schöne Schmeichelei ist neue Unterwäsche, wenn sie nur für deine Augen bestimmt ist).
10. Kauf dir ein Plüschtier zum Schmusen – und schmuse mit ihm!

5

Von der Seelenpein zum Seelenfrieden – die sieben Stufen eines erfolgreichen Singles

Hier sind sie, die unterschiedlichen Landschaften, die du auf deiner Reise zurück zum Glücklichsein durchwandern wirst, bevor du dich im Single-Dasein niederläßt und es genießen kannst.

Denk dran, dieses ist kein ausgefeilter Plan. Es gibt keine strengen Regeln. Es ist nur ein Leitfaden, keine Bauanleitung.

Auch wenn diese Stufen typisch sind, dauern sie doch bei jedem Menschen unterschiedlich lang und werden noch dazu in unterschiedlicher Reihenfolge durchlebt. Es werden auch nicht immer alle sieben durchgemacht. Wenn die letzte Beziehung nicht von Dauer war oder sehr tief gegangen ist, wirst du wahrscheinlich nicht im großen Elend versinken. Wenn du ein sehr vernünftiger Mensch bist und nicht völlig durchdrehst, wirst du Stufe 2 überspringen können.

Es ist auch möglich, daß du zwischen den einzelnen Stufen hin und her pendelst. Du machst vielleicht gerade Stufe 3 durch, spielst dann plötzlich verrückt und landest wieder in Stufe 2. Kurz bevor du deine Tage bekommst, kann es passieren, daß du alle sieben Stufen innerhalb von 24 Stunden durchmachst.

Wie auch immer, es ist nützlich zu wissen, daß alle Stufen Teil des natürlichen Prozesses sind, den ich »zurück zum Glücklichsein« nenne.

(Ich möchte dich noch daran erinnern, daß deine emotionale Wetterlage sich von einem Tag zum nächsten ändern kann, je nach dem, was gerade hochkommt.)

Stufe 1: Warum ich?

Hauptmerkmale: Schock, Abwehr, bis hin zur Verleugnung, Verzweiflung oder Lähmung.

Dauer: Von ein paar Stunden bis hin zu einigen Wochen.

Zuerst kannst du es kaum fassen. Du fühlst dich wie gelähmt. Du läufst herum wie in Trance. Du denkst an nichts anderes, ohne jedoch einen klaren Gedanken fassen zu können. Du brichst immer wieder in heiße Tränen aus, jedesmal wenn dich die bittere Wahrheit wieder trifft.

Diese Stufe läuft etwas abgemildert ab, wenn du die Trennung eingefädelt hast oder wenn sie sich langsam abgezeichnet hat und du dich geistig-seelisch darauf vorbereiten konntest. Auch wenn du es warst, die diese gewaltigen Worte »Es ist aus« gesprochen hat, kann dich dennoch ein Gefühl von »Oh Gott, das *war's* wohl« überkommen.

Wenn jedoch er dich verlassen hat und du die Verlassene bist, kann diese Stufe sehr traumatisch sein – und wochenlang andauern. Dein Verstand wird überschwemmt von Fragen – über die Zukunft, die Vergangenheit. Die Antworten aber bleiben aus.

Eine typische Erfahrung: Direkt nachdem Selinas Freund ihr sagte, er habe eine Affäre gehabt, seine Sachen packte und ging, mußte sie »das Haus verlassen und einen Spaziergang machen. Ich war völlig benommen, und bis heute weiß ich nicht, wohin ich gegangen bin. Ich erinnere mich noch, daß ich auf einer Parkbank saß und sich tausend Fragen in meinem Kopf drehten: Wo? Wann? Wie? *Warum?* Man versucht, das erste Stück vom Puzzle zu finden«.

Was dir guttut: Reden, reden und nochmals reden. Freunde besuchen dich, und du kannst mit ihnen immer wieder alles bis ins kleinste Detail durchkauen, bis dein aufgeweichtes Gehirn allmählich begreift, was passiert ist.

Was zu vermeiden ist: Verleugnung. Manche nehmen die Vogel-strauß-Haltung ein – jenes »das-kann-nicht-wahr-sein-also-ignoriere-ich-es«-Syndrom. Verleugnung ist ganz schlecht. Damit krallst du dich an eine Beziehung, die vorbei ist. Deine Pein wird unnötig verlängert, und Freunde ziehen sich möglicherweise zurück.

Stufe 2: Durchdrehen

Hauptmerkmale: Zuviel Alkohol, plötzliche Anwandlungen von wahllosem Gelegenheitssex, verrückte Entscheidungen, emotionale Achterbahnfahrten.

Dauer: Könnte ein Tag sein, ein einsames Wochenende, einige Wochen oder Monate.

Du erlebst einen Adrenalinstoß an Freiheit und schnappst über. Das Überschnappen äußert sich, je nach Charakter, auf unterschiedliche Art. Du schläfst mit jedem Mann oder du streichst die Wände deines Schlafzimmers schwarz-metallic, aus dem einzigen Grund, weil du es kannst.

Eine Woche nachdem mein zweiter Ehemann ausgezogen war, wollte ich unbedingt nach Brighton ziehen – eine mir unbekannte Stadt, in der ich keine Freunde hatte. Es wäre der helle Wahnsinn gewesen, ausgerechnet zu einem Zeitpunkt, wo ich am meisten darauf angewiesen war, mein soziales Netz aufzugeben und alles zusammenzupacken, um dorthin zu ziehen. Nichtsdestotrotz erschien mir der Gedanke völlig plausibel, als ich durch die Straßen schlenderte und mir die Grundstücke anschaute. Meine irrationale Logik sagte mir: Beinahe mein gesamtes Leben hat sich jetzt verändert, also kann ich gleich *alles* umschmeißen. Zum Glück hatten fast alle Häuser in Brighton einen zu kleinen Garten, so daß mir ein ungeheurer Streß und ein umwälzender Schritt, den ich sicherlich bereut hätte, erspart blieben.

Eine typische Erfahrung: Ella, 26, erzählt über ihre Trennung nach einer sechsjährigen Beziehung: »Ich bin erst mal ausgeflippt und habe all die Dinge getan, die mein Freund alles andere als toll gefunden hätte. Ich lernte Menschen kennen, die ein sehr aufregendes Leben führten. Einer war sehr hedonistisch und führte mich in einen Lebensstil ein, der darin bestand, auf ausgeflippte Partys zu gehen, sich zu amüsieren, zu trinken und sich nicht um die Meinung anderer zu scheren. Es war anstrengend, hat aber eine Zeitlang Spaß gemacht. Ich fühlte mich ausgelassen und glücklich.«

Was dir guttut: Hinter dem Verrücktspielen stecken im Grunde tiefer Schmerz und Verzweiflung. Du kommst dir vor wie im Berlin der zwanziger Jahre: Du weißt, daß etwas Schreckliches auf dich zukommt, also haust du noch mal ordentlich auf den Putz. Wenn du ausgeglichener sein möchtest, mußt du dieser Verzweiflung mehr Raum und Zuwendung entgegenbringen. Dadurch entweicht etwas Luft aus deinem Dampfkochtopf.

Was zu vermeiden ist: *Zu sehr* auszurasten. Genieß das Leben, aber paß auf, daß es nicht schwieriger und komplizierter wird. Also, kauf dir nicht das Haus; geh nicht mit diesem Typen, den du eigentlich für indiskutabel hältst, ohne Kondom ins Bett.

Stufe 3: Auf der Suche

Hauptmerkmal: Der Versuch, die verlorene Beziehung wieder aufzubauen, entweder mit ihm oder einem anderen.

Dauer: Alles von Tagen bis hin zu Jahren!

Nachdem der Schock vorüber ist und die Phase des Verrücktspielens ausgelebt ist, fängt normalerweise die Sehnsucht nach dem an, was du hattest. Auch wenn es nicht unbedingt das Gelbe vom Ei war. Du hast womöglich schlechte Erfahrungen gemacht nach der Trennung oder du hast dich einsam gefühlt, vielleicht hat er eine andere und du ärgerst dich, vielleicht leiden die Kinder. Dann wirst du anfällig für diese leise Stimme in dir, die sagt: »Mensch, geh zurück!« Der weibliche Selbsthilfe-Guru Harriet Lerner aus den Vereinigten Staaten spricht von der »Zurück zu«-Reaktion. Dein Leben hat sich dramatisch verändert, und nach einer Weile schreit etwas in dir: »Geh zurück!« Es war bequem, so wie es vorher war. Die Welt dort draußen ist hart! Auch wenn du diejenige warst, die die Trennung wollte, kannst du es plötzlich bereuen und dich nach den gemütlichen Abenden mit Pizza und *ihm* zurücksehnen.

Du gibst entweder vor deinem Ex-Partner klein bei, oder du verliebst dich hoffnungslos in einen anderen, den du zu dem Menschen zu machen versuchst, den du vorher hattest.

Eine typische Erfahrung: Die dreißigjährige Louise war schon lange nicht mehr in ihren Mann verliebt, als er ihr eine Affäre mit einer Kollegin gestand und sie verließ. Fünf Monate später wollte sie ihn unbedingt zurückgewinnen: »Die Kinder vermißten ihren Vater. Sie sahen ihn an den Wochenenden, wollten ihn aber auch unter der Woche sehen. Obwohl er mich verlassen hatte, fühlte ich mich sehr schuldig. Ich nahm ein paar Mal an Single-Treffen in einer Kneipe teil, fand sie aber so deprimierend und dachte mir, daß er doch nicht so ein Mistkerl gewesen ist. Also schmiß ich mich eines Abends, als ich wußte, daß sie nicht da war, in Schale und fuhr zu ihm mit der Absicht, ihn zu verführen. Ich war selbst überrascht, als ich statt dessen in Tränen ausbrach und ihn anflehte zurückzukommen. Er war sehr liebevoll und sagte: Lou, sei vernünftig. Dann brachte er mich nach Hause. Die Wochen danach konnte ich ihm kaum in die Augen sehen. Aber es war wohl nötig gewesen, um endgültig zu kapieren, daß es wirklich vorbei war.«

Was dir guttut: Um es knallhart zu sagen: Diese Stufe hat es in sich. Kaum jemand kann ihr irgend etwas Positives abgewinnen.

Frag dich, wogegen du Widerstand leistest. Sprich mit Freunden darüber und laß sie dir helfen, eine andere Sichtweise zu entwickeln. In dieser Phase zahlt es sich aus, deine Gefühle auszuhalten und anzunehmen.

Was zu vermeiden ist: 1. Dich selbst erniedrigen. 2. Etwas tun, was du später bereust. 3. *Jede* Handlung, die unter dem Einfluß von Alkohol steht!
(Mehr über Ersatzbeziehungen im 7. Kapitel)

Stufe 4: Sich selbst entdecken

Hauptmerkmale: Neue Frisur, neues Outfit, unerwartete Tränenausbrüche, sich nach einem Tobsuchtsanfall wieder beruhigen.

Dauer: Alles ist möglich, kurze sowie lange Phasen. Die Abwehr hat nachgelassen, das Durchdrehen hat seinen Reiz verloren und die Versuche, zurückzukehren haben sich als überflüssig erwiesen. Du stehst schlagartig vor der Erkenntnis, daß du dein Leben tatsächlich allein auf die Reihe bekommen mußt. Du schwankst zwischen zwei Gemütsverfassungen hin und her: der Partnerschaft hinterherzutrauern oder dir selbst ein neues Leben aufzubauen. Du spürst den Verlust – nicht nur er, sondern auch das Zuhause, das Familienleben, die (seine) Freunde und das beruhigende Gefühl, die andere Hälfte zu sein, sind plötzlich verschwunden. Und jetzt bist du ein Single. Aber wer bist du *wirklich*?

Eine typische Erfahrung: Elaine, 26, lebte lange mit einem DJ zusammen. Nachdem Schluß war, wollte sie sich zehn CDs als Trost kaufen. Sie stöberte durch die Regale, aber schon nach zwei Minuten brach sie in Tränen aus. »Ich konnte keine zehn finden. Ich wußte gar nicht, welche Musik mir gefiel. Der Verkäufer, ein ganz süßer Junge, fragte mich: ›Alles in Ordnung?‹ und ich antwortete heulend: ›Ich weiß nicht, was mir gefällt!‹ Das erschien mir so grauenhaft symbolisch dafür, wie sehr ich mich selbst aus den Augen verloren hatte.«

Was dir guttut: Du solltest alle Gefühle zulassen und all das machen, womit es dir wirklich gutgeht (siehe S. 80).

Was zu vermeiden ist: Wenn schmerzhafte Gefühle aufsteigen, ist es wichtig, dich auf sie einzulassen. Beachte die Tips über den Umgang mit Gefühlen aus dem vorherigen Kapitel.

Stufe 5: Männer müssen draußen bleiben!

Hauptmerkmale: Wut, Wut und nochmals Wut.

Dauer: Meistens nie länger als ein paar Wochen. (Keine Panik, du wirst nicht für den Rest deines Lebens verbittert sein.) Du wachst eines morgens auf und denkst: »Alle Männer können mich mal. Ich werde mich nie wieder verlieben. Ich lege mir zwölf Katzen zu und werde zu einer alten exzentrischen Frau mit einem lila Hut, die ihre jungen Kätzchen in einer Tasche herumträgt.« Oder so ähnlich. Heiß deine Wut willkommen! Sie ist eine lebenswichtige Reaktion in deinem Heilungsprozeß.

Natürlich kann sich der ganze Groll gegen deinen Verflossenen richten. Vielleicht möchtest du lieber ihn in einer Tasche mit dir herumtragen, vorzugsweise in einzelne Teile zerlegt. Kein Problem, solange du es nicht wirklich tust. Psychologen und Seelsorger stimmen darin überein, daß Zorn eine gesunde und wichtige Möglichkeit ist, um Trauer oder Verlust zu verarbeiten. Wenn jemand stirbt, empfinden die Angehörigen meist ebenfalls Wut darüber, daß derjenige sich davongemacht hat. Wenn dein Liebster also einfach mit irgendeiner Schlampe abhaut, sollte dich deine Wut nicht überraschen.

Eine typische Erfahrung: Am Neujahrstag verkündete Marions Mann, daß er mit einer anderen Frau leben würde und war innerhalb von zehn Minuten verschwunden. Wochenlang erzählte Marion ihren Freunden: »Ich trage ihm nichts nach.« Eines Tages bekam sie von seinem Rechtsanwalt einen Brief, in dem auf die Hälfte ihrer Wohnung Anspruch erhoben wurde. Sie rastete aus. »Ich war endlich so nachtragend, wie ich nur konnte. Die Tatsache, daß er so ein Arsch sein konnte, machte mich rasend. Letztendlich tat es mir gut – es heilte mich von allen Illusionen, die ich mir über ihn gemacht hatte.«

Was dir guttut: Wer weint, vergießt dabei Tränen. Genauso braucht Wut eine angemessene Ausdrucksform. Renn wütend durch den Wald. Tritt gegen ein paar Bäume. Ruf deinen Ex an und erzähl ihm, was Sache ist. Schwelge in rachelüsternen Phantasien. Psychologen meinen, daß aggressive Phantasien äußerst sinnvoll sind. Du solltest sie nur nicht unbedingt ausleben – außer du willst die letzten Stufen deines Single-Daseins im Knast verbringen.

Was zu vermeiden ist: Gewalttätig werden, zu weit gehen, alles, was du bereuen würdest oder wo du dich vor dem Gesetz verantworten müßtest. Aber richte den Ärger auf keinen Fall gegen dich selbst. Das endet nur in kräftezehrenden Depressionen und geringer Selbstachtung, noch dazu wenn du dich mit Vorwürfen verrückt machst, was du alles hättest tun sollen.

Stufe 6: Trauer

Hauptmerkmale: Reue, Schuldgefühle, Verzweiflung, viel Schmerz und Leid.

Dauer: Höchstens ein paar Wochen, obwohl sich jede Stunde wie eine Ewigkeit hinzieht.

Dein Herz leidet. Es leidet wirklich! Dein Leben erscheint

plötzlich sinnlos. Du fühlst dich vollkommen durch den Wind. Andere Menschen kommen dir unglaublich oberflächlich vor mit ihrem ach so entzückenden Leben, während du dich mit einer Eiterbeule aus Verzweiflung herumschlägst. Diese Phase tritt häufig ein halbes Jahr nach der Trennung auf, wenn du andere Phasen wie Schock oder Verrücktwerden bereits ausgestanden hast; übrig bleibt dieser unsägliche Schmerz. Die abgemilderte Variante besteht aus Trauer und Reue. Manch Glückliche übergeht diese Phase komplett. Sie ist wahrscheinlicher, wenn eine bedeutende Beziehung ihren Abgesang findet, als nach einem kurzfristigen Geplänkel.

In dieser Phase trauerst du deinem Verlust nach. Um so mehr, wenn du bereits schon einige Verluste in deinem Leben hinnehmen mußtest. Oder du hattest eine Ersatzbeziehung mit einem völlig indiskutablen Kerl, mit dem es sowieso nicht funktionierte, und die dich noch mehr verzweifeln läßt. Das Ganze kann ziemlich schwierig werden, noch dazu wenn deine Freunde der Meinung sind, daß du es *mittlerweile wirklich überwunden haben solltest.*

Du machst dich völlig verrückt, weil dir ständig unsinnige Gedanken durch den Kopf gehen, in denen du alles mögliche bedauerst: Vielleicht habe ich mich der Beziehung nicht genug gewidmet. Vielleicht war er ja doch nicht so übel. Was ist, wenn ich nie wieder einem begegne? Das alles ist Gift für die eigene Selbstachtung, die eher ein Aufputschmittel gebrauchen könnte, als eine Überdosis Strychnin.

Eine typische Erfahrung: Rosa erzählt: »Ich bin morgens aufgewacht und wollte einfach nicht aus dem Bett. Bis zur letzten Minute bin ich liegen geblieben. Auf dem Weg zur Arbeit hatte ich das Gefühl, als ob ein riesiges Loch in meiner Brust war, das jeder sehen konnte. Die Arbeit erschien mir sinnlos. Ich konnte nur ein Zehntel meines sonstigen Pensums erfüllen. Sobald ich zu Hause war und die Tür ins Schloß fiel, brach ich in Tränen aus. Zusammengekauert und völlig verzweifelt heulte ich vor mich hin. So ging es wochenlang.«

Was dir guttut: Du mußt erst am Nullpunkt ankommen, bevor es wieder bergauf gehen kann; erst nach der dunkelsten Stunde kommt die Morgenröte. Du brauchst Unterstützung – erzähl Freunden, was du gerade durchmachst; sich zu verkriechen verschlimmert das Ganze nur.

Was zu vermeiden ist: Diese Stufe umgehen zu wollen, indem du dich etwa durch eine Beziehung, Drogen, Sex versuchst abzulenken. Es funktioniert nicht. Schmerz hat die Angewohnheit, dich immer wieder einzuholen.

Stufe 7: Single – und das gern!

Hauptmerkmale: Du fühlst dich stark, ausgeglichen und solo; du könntest mit der ganzen Welt flirten, da sich deine Ausstrahlung und deine »joie de vivre« (Lebensfreude) entfalten.

Dauer: So lange du möchtest!

Bevor du in dieser Stufe völlig aufgehst, kann es noch eine Übergangsphase geben: Entmutigung macht sich breit, nachdem der Schmerz nachgelassen hat, die Lebensfreude aber noch auf sich warten läßt. Dann wachst du eines morgens auf, und dein erster Gedanke ist nicht ein betrübtes, mürrisches »Oje«, sondern ein leichtes, vibrierendes »Oja«!

Oder deine Stimmung bessert sich allmählich, und du bemerkst, daß du schon seit einigen Wochen nicht mehr an deinen Verflossenen gedacht und ihm auch keine Träne mehr nachgeweint hast.

Auch wenn du dich bereits in der zweiten Woche neu verliebst, kann es passieren, daß du trotzdem noch alle Stufen durchmachst. Du wirst dich am Ende sehr zufrieden mit dir selbst und deinem neuen Partner fühlen, da du entspannter und offener geworden bist.

Eine typische Erfahrung: Sue wurde bewußt, daß sie sich während ihres Urlaubs endlich besser fühlte: »Ich bin mit meiner Freundin verreist, obwohl mir nicht danach zumute war. Ich war viel zu frustriert. Ich habe noch nie soviel gelacht, und nach den zwei Wochen fiel mir auf, daß ich kaum an Steve gedacht hatte. Meine Freundin Sarah sagte mir, ich sähe um einiges besser aus. Und es stimmte. Ich kam völlig verändert nach Hause zurück.«

Was dir guttut: In den Gefühlen der Erleichterung und der Freude schwelgen.

Was zu vermeiden ist: Dich erneut in eine schwierige, auslaugende Beziehung zu verstricken. Eine lebensbejahende, erotische Beziehung ist wunderbar, aber bitte keine anstrengende mehr.

Und wenn ich nicht weiterkomme?

Wenn du in einer der ersten sechs Phasen festhängst und dies bereits länger als drei Monate dauert, such dir Hilfe. Geh zu deinem Arzt oder Therapeuten. Unternimm etwas. Du mußt dich nicht allein durchkämpfen!

Übung

Notiere deine Erfahrungen in dein Tagebuch oder erzähl einer Freundin von den durchgemachten Phasen und an welchem Punkt du dich gerade befindest.

Wo immer du gerade stehst, beglückwünsche dich dazu!

6

Sex mit dem Ex . . .
und andere Ex-Geschichten

Wenn du Single bist, ist es besser, deinen Ex nicht mehr zu sehen. Es erleichtert die Sache. Du machst nicht nur dir selbst etwas vor, wenn du versuchst, dich mit ihm zu treffen. Es gibt Leute, die sagen: »Wir können doch Freunde bleiben.« Wenn du aber in deinem Leben weiterkommen willst, nachdem du alle Unklarheiten beseitigt hast, ist es besser, keinen Kontakt zu haben. Zumindest eine Zeitlang.

Jacqui, *die aus Erfahrung spricht.*

Sich treffen oder nicht treffen, das ist hier die Frage. Ist es sinnvoller, deinem Ex zu begegnen und sich nach der guten alten Zeit zu sehnen, oder ist es besser, einen klaren Schlußstrich zu ziehen?

Alle Frauen, die ich dazu befragt habe, sind der Meinung, daß eine Pause guttut – zumindest für eine Weile.

Wenn ich an meine eigenen Erfahrungen mit Ex-Partnern denke, gab es welche, bei denen ich ein Wiedersehen unerträglich gefunden hätte; andere hingegen sind sehr gute Freunde geworden. Einer von ihnen, den ich mindestens sechs Wochen lang nach unserer Trennung nicht sehen konnte, ist jetzt zu meinem engsten Freund geworden. Ich brauchte eine Verschnaufpause. Eine Umfrage bei den von mir interviewten Frauen ergab, daß die meisten mit ein paar ausgewählten Ex-Partnern Freundschaften aufbauen konnten. Jede Frau konnte mindestens von einem Ex erzählen, den sie auf keinen Fall hätte sehen wollen, und zwar bis in alle Ewigkeit.

Wie es aber bei Herzensangelegenheiten nun mal ist, erleben wir sie alle auf völlig unterschiedliche Weise. Die einen müssen sich langsam an das Abnabeln gewöhnen und dafür ihren Verflossenen ab und zu treffen, andere wollen ihn noch nicht mal aus der Ferne zu Gesicht bekommen.

Auf jeden Fall ist es wichtig, nicht verhaftet zu bleiben, wenn die Beziehung vorbei ist.

Anzeichen dafür, daß du noch an ihm hängst:

- Andauernd an ihn denken/auf ihn fixiert sein.
- Sex mit ihm haben.
- Auf Feten mit ihm den ganzen Abend verbringen.
- Ihn immer wieder anrufen, um seinen Rat zu hören (»Er kennt meine finanzielle Situation am besten, und ich vertraue ihm.«).
- Er ruft dich an, um deinen Rat/deine Hilfe zu bekommen. Es ist das »Keiner-versteht-mich-so-gut-wie-du«-Syndrom.
- Es besteht noch eine finanzielle Abhängigkeit – er bezahlt noch deine Telefonrechnung oder schuldet dir Geld.
- Einige Ungeklärtheiten, die sich leicht bereinigen ließen – seine CDs sind noch in deiner Wohnung, deine Sommerkleider hängen bei ihm noch auf dem Dachboden.
- Der Drang, ihm alles über dein neues Liebesleben zu erzählen (willst du ihn eifersüchtig machen?).
- An ihn denken, während du mit deinem neuen Partner schläfst.
- Er ist immer noch der einzige Mann in deinem Leben – du hast keine anderen männlichen Freunde, mit denen du dich austauschst.

Alles wird komplizierter, wenn Kinder mit im Spiel sind. In diesem Bereich wird die Bindung immer bestehen bleiben: Den Kindern zuliebe müßt ihr euch immer wieder sehen. Dennoch ist es möglich, dich emotional vom Vater deiner Kinder zu lösen.

Wenn du immer noch mit ihm schläfst, hast du garantiert noch nicht losgelassen. Durch die Sexualität werden Gefühle der Bindung hervorgerufen. Es gibt eine Theorie, die besagt, daß Sex bei

Frauen ein Hormon stimuliert, das das Bindungsgefühl verstärkt. Eine andere Theorie aus dem spirituellen Bereich lautet, daß der Mann der Frau beim Liebesakt seine Energie überträgt, die sie danach umgibt. Wie auch immer, Sex schafft ein emotionales Band. Dadurch vergrößerst du den Schmerz und verlängerst das Martyrium. Steig aus diesem Sumpf heraus und streife den Dreck ab. Du wirst dich besser fühlen, glaub es mir.

Ich hatte eine katastrophale Beziehung zu einem sagenhaften Mann. Obwohl wir überhaupt nicht miteinander auskamen, war der Sex umwerfend. Vielleicht gerade deshalb. Nachdem wir Schluß gemacht hatten, trafen wir uns, um gute Freunde zu werden. Aber jedesmal landeten wir nur wieder im Bett. Ich konnte nichts dagegen tun, mein Körper hat verrückt gespielt, immer wenn ich in seiner Nähe war. Und jedesmal, nachdem meine Lust gestillt war, dachte ich: Oh nein! Ich fühlte mich wieder völlig mit ihm verstrickt. Er rief mich wieder an, und das ganze Spielchen ging von vorn los. Eines Tages rief ich ihn an und sagte ihm, ich würde nicht mehr mit ihm schlafen. Er war außer sich. Die Erleichterung, die ich verspürte, war es aber wert. Erst dann begann ich, mich von ihm zu lösen.

Rosa

Natürlich kann der Ex zu einem wichtigen Freund werden, aber du solltest prüfen, ob er das tatsächlich ist oder ob er nicht nur eine Krücke ist, auf die du dich stützt, damit du keine Verantwortung für dein eigenes Leben zu übernehmen brauchst.

Den Ex loslassen

Du kannst einiges tun, um dich von ihm zu lösen:
Reden ist immer gut.
    Das wichtigste ist die Kommunikation. Sag ihm: »Dich so oft zu sehen fällt mir schwer.«

Oder ...

»Es ist nicht gut für mich, immer wieder mit dir zu schlafen. Dadurch bleibe ich mit dir verbunden und komme nicht weiter. Obwohl ich dich mag, werde ich mich zurückziehen. Bitte unterstütze mich darin, indem du mich in Ruhe läßt.«

Oder ...

»Ich finde, daß ich dich zu oft sehe; einmal im Monat wäre besser für mich.«

Oder was auch immer.

Dies sind nur einige Beispiele. Wichtig dabei ist, daß du nicht für sein Leben oder seine Empfindungen verantwortlich bist. Du hast das Recht, dein Leben so zu leben, wie du es dir vorstellst. Auch wenn du die Beziehung abgebrochen hast und er verletzt ist, bist du ihm gegenüber zu nichts verpflichtet.

Bekräftigende Rituale

Irgendwo auf dem schlammigen Grund der Themse in der Nähe der Blackfriar's Bridge liegt mein Ehering. Er gehörte einst meiner Großmutter, und ich hatte ihn kleiner machen lassen für meine erste Heirat. Ihn wegzuschmeißen war eine große Befreiung für mich.

Ich warf ihn von der Brücke in einer Neumondnacht, kurz bevor ich zum zweiten Mal heiratete. Für mich war das eine Art, mich vom Alten zu verabschieden, um das Neue in mein Leben zu lassen.

Ich hatte schon einiges getan, um mich von meinem ersten Mann zu lösen – den Kontakt zu ihm abgebrochen, alle Fotos von ihm aussortiert, eine »Scheidungszeremonie« mit meinen Freundinnen gefeiert. Dennoch hatte ich das Gefühl, daß noch etwas fehlte. Ich wollte noch einen bewußten Abschied.

Das alles mag lächerlicher erscheinen, als es in Wirklichkeit ist. In unserer Gesellschaft gibt es unzählige Rituale für die Hochzeit, aber nichts für eine Scheidung. Paare haben keine Möglichkeit, sich gegenseitig in die Augen zu schauen und zu sagen »Ich will nicht«, so wie sie »Ich will« flüstern. Genauso wie man bei einer Beerdigung seine Trauer über den Verstorbenen zum Ausdruck bringen kann, wäre es hilfreich, ein Ritual des Loslassens durchzuführen, um das Ende einer Partnerschaft zu manifestieren.

(In Amerika gibt es einen Ort, wo Geschiedene ihre Eheringe in einer Schmiede weichklopfen können, um daraus ein anderes goldenes Schmuckstück zu machen. Es soll angeblich eine transformierende und läuternde Erfahrung sein.)

Wenn es kein Band der Ehe gab, hast du nichts, was diese vergängliche, sehr entscheidende Phase in deinem Leben markiert. Ihr habt unter Umständen sieben Jahre zusammengelebt, und nach der Trennung sagt deine Oma: »Tja, ihr wart ja auch nicht verheiratet.« Es liegt an dir, irgendeinen bewußten Schritt zu unternehmen, der dieses »Das wär's dann« zum Ausdruck bringt.

Einige Vorschläge:

- Organisiere ein Fest nur für Frauen. Versammle alle deine Freundinnen um dich, besorge Champagner und feiere. Rosa erzählt: »Wir waren etwa sieben Frauen, und der Höhepunkt war das Verbrennen eines Fotos, auf dem ich mit ihm abgebildet war. Wir brachen alle in kreischendes Gelächter aus, als es sich in Rauch auflöste und den Kamin hochstieg.«
- Ein kraftvolles Ritual besteht darin, ihm einen Brief zu schreiben, in dem du deinen Groll und deine Wut ausdrückst. Dann verbrenne ihn. Oder schreibe einfach auf, wie du dich in der Beziehung gefühlt hast – und zünde den Brief an. Beobachte, wie deine vergangene Beziehung in Rauch aufgeht.

- Laß dich noch einmal ganz auf die Gefühle ein und geh an einen Ort, wo ihr beide gerne wart, und verabschiede dich dort. Leah erzählt: »Ich bin nach Hastings gefahren, wo wir an unserem ersten Wochenende zusammen waren. Auf dem Weg dorthin hörte ich die Musik, die mich an ihn erinnerte – und heulte wie ein Schloßhund. Als ich endlich an der Küste ankam, warf ich unsere gemeinsamen Fotos, seine Briefe an mich, einfach alles, ins Meer. Ich fühlte mich unglaublich erleichtert und ging in ein Café, um einen Tee mit Milch zu genießen. Danach ging es mir sehr viel besser.

- Rituale dieser Art haben ihre Wirkung, auch wenn es nur ein Gespräch mit deinem Ex ist, in dem ihr euch gegenseitig mitteilt, was schön war und was ihr vermißt habt. Viele Beziehungen werden mit Schmerzen und Betroffenheit beendet. Wenn ihr ein »Schluß«-Gespräch führt, in dem ihr euch bewußt zu Wort kommen laßt, hilft es euch, voranzukommen. Ella erzählt: »Wir haben uns getroffen und abwechselnd darüber gesprochen, warum wir Schluß gemacht hatten, wie wir uns dabei fühlten, welche schönen Momente wir zusammen hatten und was uns jetzt fehlen würde. Ich bin felsenfest davon überzeugt, daß wir heute nicht so gute Freunde wären , wenn wir uns damals anders verhalten hätten.«

Ein Wort über Freunde

Ach, der. Er hatte sowieso so große Ohren.

Der unvermeidliche Kommentar von Rosas bester Freundin, wenn sie mal wieder Schluß gemacht hat.

Als meine erste Ehe in die Brüche ging, war ich das »unschuldige Opfer« einer Affäre, von der ich keine Ahnung hatte. Freunde besuchten mich ständig. An dem Tag, an dem es geschah, holte mich meine Freundin Ginny ab und ließ mich sechs Monate in ihrem Haus wohnen – eine unglaubliche Geste der Großzügigkeit, die bei weitem das übertrifft, was man sich von einer guten Freundschaft erhofft.

Ich wurde überschüttet mit Mitgefühl und bedingungsloser Unterstützung. Und mein Mann brach fast alle Kontakte zu unseren Freunden ab, so daß es zumindest an dieser Front etwas leichter war.

Als meine zweite Ehe zu Bruch ging, war die Situation eine völlig andere. Unendlich komplizierter. Meine Freundschaften veränderten sich oder lösten sich auf. Es war sehr beängstigend. Für mich sind Freunde wie der Fels in der Brandung.

Es war deshalb so problematisch, weil ich diejenige war, die sich trennen wollte, nach nur einem Jahr.

Ich bemerkte, daß es unsere Freunde, die wirklich große Hoffnungen in uns gesetzt hatten, sehr erschütterte. Sie hatten sich an den wunderbaren Traum geklammert, den wir an unserem Hochzeitstag gesponnen hatten, und wollten es nicht wahrhaben, daß er sich schon zerschlagen hatte. Weil sie uns liebten, wollten sie, daß er Wirklichkeit wurde. Sie hatten unseren täglichen Kleinkrieg nicht miterlebt und konnten es einfach nicht fassen, daß es nicht funktionierte. *Bist du sicher? Wie kannst du nur? Laßt euch Zeit.* Jeder hatte eine Bemerkung, eine Theorie, einen Vorschlag. Ich wurde mit Ratschlägen und Fragen überflutet, gerade zu einer Zeit, wo ich genug Schwierigkeiten damit hatte, meine eigenen Überzeugungen klar zu definieren und zu ihnen zu stehen.

Aber was soll's, Freunde sind halt so.

Dann gab es da meinen Ex. Er wollte sich, ganz im Gegensatz zu Ex Nr. Eins, ausführlich und feierlich von meinen engsten Freunden verabschieden. Okay, dachte ich, einige waren eben seine Freunde geworden und wollten es auch bleiben. Einer bemerkte: »Vor 18 Monaten wolltest du, daß wir ihn alle lieben. Du kannst jetzt nicht erwarten, daß wir ihn einfach fallen lassen, nur weil du es getan hast.«

Aber nichts kann dieses empörte, weinerliche »Aber er/sie war zuerst mein/meine Freund/Freundin!« verhindern, als ob man Freunde wie eine CD-Sammlung aussortieren könnte.

Außerdem hatte ich teilweise ein schlechtes Gewissen, wodurch ich gegenüber Kritik äußerst empfindlich wurde. Ich hatte erwartet, daß einige mich verurteilten, was auch geschah. Unvernünftigerweise – wo bleibt schon die Vernunft bei einer Trennung? – wollte ich von allen anerkannt, geliebt, verstanden werden. Aber einige konnten es nicht. Auch wenn sie mich liebten, konnten sie mich nicht verstehen oder mir zustimmen. Ich mußte lernen, mit dieser Ablehnung und ihrer Bestürzung zu leben.

Ich sah mich mit harten Entscheidungen konfrontiert, wie beispielsweise: Kann ich diese Frau noch mögen, obwohl ich wütend auf sie bin für das, was sie letzten Mittwoch zu mir gesagt hat? Die Antwort lautete meistens: Ja. Ich erfuhr, was es heißt, wenn dich für Momente der ganze New-Age-Kram von Vergebung und bedingungslose Liebe überkommt.

Weil ich so viel Vergebung zu bieten hatte, weil ich begriff, daß das Leben weiterging, fühlte ich mich unglaublich erwachsen. Manchmal war es schmerzhafter als die Trennung – schließlich hatte ich darin mehr Übung. Streitereien mit Freunden hatte ich seit meinen Schultagen nicht mehr erlebt. Es war eine aufwühlende Zeit.

Ich lernte dabei, daß letzten Endes meine eigene Meinung die einzig wirklich wichtige ist, denn – wie George Michael in seinem Song »Jesus To A Child« singt – »I'm the only one/Living in my life«. Ich begriff, daß man es nicht allen Menschen gleichzeitig recht machen kann. Von deinen engsten Freunden und Familienangehörigen abgelehnt zu werden ist eine ernüchternde und schmerzhafte Erfahrung. Begriffe wie »Verantwortung« und »Konsequenz« erhielten eine völlig andere Dimension; das waren keine leeren Worte mehr, sondern selbsterlebte Erfahrungen.

Ich hatte sogar Probleme mit meiner allerbesten Freundin, was mir sehr unter die Haut ging. Ihre schonungslose Offenheit mir gegenüber war manchmal schwer zu ertragen. Ich fühlte mich allein und hilflos. Es war, als drohten alle meine Freundschaften kaputtzugehen, ohne daß ich den blassesten Schimmer hatte, was von ihnen übrigbleiben würde.

Es war mir peinlich, Kontakt mit denjenigen aufzunehmen, die ich seit der Hochzeit nicht mehr gesehen hatte, um ihnen mitteilen zu müssen, daß alles wieder vorbei war. Ich hatte das Gefühl, nicht mehr allzuviel verkraften zu können.

Das Positive an der Geschichte war, zu entdecken, wer meine wahren Freunde sind. Diejenigen, die mich verstanden oder die mich zumindest nicht verließen, wenn sie mich auch nicht verstanden, waren mein wertvollster Schatz. Es gab einige davon. Unsere Freundschaft wurde intensiver, weil sie auf Offenheit beruhte. Wir haben das Schlimmste durchgemacht und überstanden. Wie es meine beste Freundin formulierte: »Ehrlichkeit ist sicherlich besser in einer Freundschaft, als sich gegenseitig etwas vorzumachen.« Wenn du spürst, daß die anderen dein Verhalten zwar ablehnen, dich aber immer noch lieben, ist das sehr bereichernd.

Am Ende, wenn deine Kräfte und dein Selbstvertrauen in punkto Beziehungen am absoluten Nullpunkt angelangt sind, tut es gut – unendlich gut – zu wissen, daß du Freunde hast.

Das ist im Umgang mit Freunden wichtig

- Nimm es nicht zu sehr persönlich. Jede Handlung hat Konsequenzen, die manchmal unangenehm sein können.
- Denke daran, daß du zur Zeit sehr verletzbar bist; du brauchst dich nicht um jeden Mist zu kümmern.
- Es beunruhigt andere, eine Trennung mitzuerleben. Sie stellen ihre eigene Partnerschaft in Frage und werden daran erinnert, daß es auch bei ihnen auseinandergehen könnte. Sie schauen sich das Ganze bei dir an und denken: »Das könnte mir auch passieren.« Das erschreckt und verunsichert sie.
- Oder deine Freunde stecken selbst in einer furchtbaren Beziehung fest. Dein plötzliches Single-Leben weckt bei ihnen unbewußte Neidgefühle, die sie dann subtil an dir auslassen. Sie

wollen auch gar nicht hören, wie gut es dir geht oder wie großartig dein One-Night-Stand letzten Donnerstag war. Bei diesen Leuten kannst du dir nur sagen: »Das ist deren Problem.« Du mußt für dich selbst sorgen und sie in Ruhe lassen.

- Es gibt Leute, die mit deinen heftigen Gefühlen wie Ärger und Schmerz nicht umgehen können. Es erinnert sie an eigene leidvolle Erfahrungen oder unverarbeitete Emotionen, die sie lieber verdrängen möchten. Sie fühlen sich unangenehm berührt und sagen dir, du sollst dich zusammenreißen.
- Wieder andere sind einfach nicht sonderlich mitfühlend. Sie können dein ewiges »Bewältigungs-Drama« nicht mehr hören, und du kommst dir wie ein neurotisches Wrack vor.
- Am schlimmsten sind jene Freundinnen, die sich bedroht fühlen. Sie fürchten, daß du dich an ihren Mann heranmachst. Oder sie kommen nur mit anderen Paaren zurecht. Dir wird klar, daß du keine alleinstehenden Freunde hast, und deine Paar-Bekanntschaften ziehen sich zurück. In den meisten Fällen trifft dies jedoch eher auf Männer zu.

Übung

Schaffe dir bewußt ein Netz, das dich auffängt. Erstell eine Liste von Freunden, die auf deiner Seite sind und dich unterstützen. Wisse, wer dich bestärkt und wer nicht. Verschwende keine Zeit und Energie auf diejenigen, für die das nicht gilt. Schütze dich und halte dich fern von negativ gestimmten Menschen, die dir Selbstzweifel einflößen.

Bitte um Hilfe. Bitte um eine fünfzehnminütige Jammer-Runde. Dann laß sie reden und hör zu. Werde nicht zu egozentrisch. Es ist nicht gut für dich und kann deine Freunde abschrecken, wenn du immer nur nehmen, aber nichts geben willst.

Deine engsten Freunde sollten wissen, was dir fehlt und wie es dir geht. Das sind die Menschen, die du anrufen kannst, um ihnen anzuvertrauen, in welcher Verfassung du gerade bist.

Diejenigen, die dir nicht wohlgesonnen sind, brauchst du nicht mehr anzurufen.

Vielleicht möchtest du mehr Zeit mit anderen Leuten verbringen. Jetzt ist der Zeitpunkt, um neue Freunde zu gewinnen. Sieh dich um. Wenn du jemanden nicht so oft sehen willst, dann laß es einfach.

Zur Erinnerung:

- Du mußt dich nicht ständig rechtfertigen. Die einzige Meinung und Zustimmung, die wirklich zählt, ist deine eigene. Die anderen leben nicht dein Leben.
- Du mußt dich nicht mit Leuten treffen, die du nicht magst. Du hast das Recht, deine kostbare Zeit sinnvoll zu nutzen, mit Menschen, die dich schätzen und ermutigen und denen dein Wohlergehen am Herzen liegt.
- Jetzt kannst du üben, egoistischer zu sein. Sag einfach: »Ich brauche momentan viel Zeit für mich, ich will nicht so oft ausgehen oder irgend etwas unternehmen.« Die Botschaft wird wahrscheinlich bei ihnen ankommen. Wenn nicht, mußt du dich ihnen gegenüber klarer äußern.

Das Vergnügen einer »One-Night-Stand-Brandmauer«

Nachdem ich sechs oder acht Wochen lang Single war, sagte mir mein Freund Pete, mir würde eine Bettgeschichte guttun. Ich erwiderte, ich wüßte überhaupt nicht, wie man zu einem One-Night-Stand kommt. Ich solle mir keine Gedanken machen, er würde alles einfädeln. Er wollte eine Fete für seinen besten Freund geben und sagte mir, ich solle höchstens eine Single-Freundin mitbringen. Ich ging also zu dem Restaurant – ob ihr es glaubt oder nicht –, es saßen 26 Männer um den Tisch versammelt. Keinem war es erlaubt gewesen, seine Freundin mitzubringen, sofern er eine hatte. Nach dem ersten Wodka Tonic rutschte Pete zu mir herüber und sagte: »Du brauchst mir nur zu sagen, welcher dir gefällt, und ich sorge dafür, das es funktioniert. Alle Männer sind hier, um dir zu dienen. Du bist eine attraktive Frau, jeder wäre glücklich, dich zu haben.«

Ich entschied mich für einen, den ich schon kannte. Pete sagte ihm: »Bring sie in einem Taxi nach Hause und verwöhn sie.« Weil wir beide betrunken waren, war es wohl der schlimmste Sex meines Lebens, aber die Sache war es wert. Netterweise ließ er die Bemerkung fallen, wie phantastisch ich im Bett sei. Das war genau das, was mein Ego brauchte. In den letzten zwei Jahren meiner Partnerschaft hatte ich überhaupt keinen Sex gehabt und dabei mein ganzes Selbstvertrauen verloren. Dieser One-Night-Stand hat es mir voll und ganz zurückgegeben.

Ella, 26, zum Thema »Wie man die Zügel
wieder in die Hand nimmt«

So etwas kann viel mehr Spaß machen, als ständig zu jammern. Die »One-Night-Stand-Brandmauer« heißt deshalb so, weil dieses einmalige sexuelle Abenteuer eine Brandmauer zwischen dir und der Erinnerung an deinen Verflossenen errichtet. Auch wenn, wie bei Ella, der Sex nicht weltberühmt war, kann er dir dennoch das Gefühl zurückgeben, begehrenswert zu sein.

Oft leidet das sexuelle Selbstbild sehr unter einem langsamen Beziehungsverfall. Du spürst möglicherweise Ablehnung und zweifelst an deinem Sex-Appeal; oder die Leidenschaft ist in der Beziehung längst verflogen, und du bist ganz außer Übung. Wie eine andere Frau, die diese »One-Night-Stand-Brandmauer« erlebte, es formuliert:

Als ich mich von John trennte, hatte ich große Sehnsucht nach Sex, fühlte mich aber wegen meines Körpers sehr unsicher. Er hatte mich immer kritisiert – ich sei zu dick usw. Jemand sagte mir dann, daß es stets einen Mr. oder Mrs. Interim gebe. Wenn man sich erst einmal sexuell auf diesen Menschen eingelassen habe, könne man die alte Beziehung in einem ganz anderen Licht sehen. Also nahm ich mir bewußt vor, meinen Ex-Ehemann aufzusuchen – den Mann, mit dem ich den besten Sex meines Lebens gehabt hatte. Ich wußte, falls er gerade Single war, würde ich ihn ins Bett bekommen. Ich schickte ihm 25 Sonnenblumen zu seinem Geburtstag und wußte, daß sie zwei Dinge bewirken würden: Erstens würde er sich darüber freuen, und zweitens würde er mich anrufen. Was auch geschah.

Wir waren zusammen einen trinken und haben uns anschließend die ganze Nacht geliebt. Es war aus verschiedenen Gründen genau das Richtige für mich. Mit John zu schlafen machte mir keinen Spaß, mit meinem Ex-Ehemann war es wunderbar. Mir wurde bewußt, wie wichtig guter Sex in meinem Leben ist und daß ich sexy und begehrenswert sein konnte, besonders nach den Erschütterungen, die mein Selbstbild durch John erlitten hatte. Und das Ganze verhalf mir zu einer »Scher-dich-doch-zum-Teufel«-Einstellung, was symptomatisch für das Machtspiel war, das John und ich zu der Zeit gerade austrugen. Nach diesem Wochenende spürte ich, daß er mir irgend etwas ansah. Er wußte zwar nicht, was das genau war, aber ich! Ich hatte das Gefühl, als ob auf meiner Stirn in großen Neon-Buchstaben der Satz »Ich habe mit jemandem gevögelt« geschrieben stand, und nur er konnte es sehen.

Therese, 28

Der Nachteil der »One-Night-Stand-Brandmauer« besteht darin, daß dieses Abenteuer – wie jeder Gelegenheitssex – zu Schwierigkeiten führen kann. Du könntest wieder verletzt werden. Oder du verletzt jemanden. Du mußt die Risiken abwägen, tief Luft holen und von neuem anfangen.

Ein paar Tips

- Verlieb dich möglichst nicht in ihn, besonders dann, wenn es für ihn unverbindlich ist.
- Halte dich von denjenigen fern, die dich verletzen könnten.
- Mache keine Dummheiten – denke an die *Kondome.*

7

Die Ups und Downs einer Ersatzbeziehung

Als ich gerade dabei war, mich von Robin zu trennen, lernte ich einen Mann kennen, der, wenn ich jetzt so darüber nachdenke, all das verkörperte, was Robin nicht war. Er war lustig, während Robin bitterernst war; er war groß, wohingegen Robin eher gedrungen war; er war spontan, wo Robin beherrscht war. Wir stürzten uns kopfüber in eine wilde Liebesaffäre. Der Sex war wahnsinnig intensiv, und wir hatten unheimlich viel Spaß miteinander. Ich war mit Haut und Haaren in ihn verliebt und wollte sehr schnell mehr. Mir ist inzwischen klar, daß ihn das abgeschreckt hat. Wenn ich mir doch nur etwas mehr Zeit gelassen hätte. Ich glaube, es war ein verzweifelter Versuch, mir eine andere Beziehung an Land zu ziehen, um mir selbst zu beweisen, daß mit mir alles stimmte. Wenn du dringend nach einem Ersatz suchst, machst du manchmal seltsame Dinge . . .

Therese, über die Stolpersteine der Liebe

Eines der Hauptmerkmale der Ersatzbeziehung ist, daß dein neuer Lover das genaue Gegenteil deines Verflossenen ist. Wenn deine letzte Beziehung daran scheiterte, daß dein Ex dich wie ein verstaubtes Möbelstück behandelt hat, auf dem er seine Zeitungen stapelte, dann wird Mr. Ersatz dich so mit Aufmerksamkeit überschütten, daß es dir bald zuviel wird. Wenn der letzte dich mit seiner Liebe erstickt hat, wird der Nächste ein mieser, launischer, gefühlskalter Typ sein, der dich ständig im Regen stehen läßt.

Das zweite Merkmal ist, daß er im falschen Augenblick auftaucht, also dann, wenn du weißt, daß du noch nicht bereit bist für eine neue Beziehung. Aber was soll's, du läßt dich trotzdem drauf ein.

Ersatzbeziehungen erblühen normalerweise etwa drei bis sechs Monate nach dem großen Knall – in einem heiklen Augenblick, wo die Erleichterung, noch einmal davon gekommen zu sein, verflogen ist und sich die große Panik-Frage »Was ist, wenn ich nie wieder einen finde?« aufdrängt. In Wirklichkeit bist du einfach noch nicht reif für eine neue Beziehung und dementsprechend ist dein Urteilsvermögen *getrübt*, um es milde auszudrücken.

Kein Wunder also, daß Ersatzbeziehungen bestenfalls unbefriedigend sind und schlimmstenfalls ein Trauma über das nächste schichten wie eine Alptraum-Lasagne. Aber dieses Wissen hält uns natürlich nicht davon ab.

Mein zweiter Ehemann war ein netter jüdischer Junge. Aber Mr. Next hatte absolut nichts Nettes. Er sah nicht gut aus und er roch förmlich nach Ärger. Er hatte keinen Job und schien mir meinen nicht zu gönnen. Er verhielt sich ausweichend, zwiespältig und verkörperte alles, vor dem meine Mutter mich gewarnt hatte, als ich 15 war. Es war ein Rückfall in eine frühere Form des Protests.

Und ich tat es trotzdem.

Einer meiner Freunde hat mir in einem Lichtblick literarischer Inspiration William Blake zitiert. Sinngemäß: Es ist manchmal besser, das Baby gleich in der Wiege zu ermorden, als einen unerfüllten Wunsch jahrelang zu hegen und zu pflegen. Das erschien mir etwas hart, aber nicht ganz unwahr. Ich fühlte mich von einem uralten Muster angetrieben. *Ich brauche einen Mann in meinem Leben oder es knallt. Ich brauche einen Mann in meinem Leben oder es knallt.* Ein paar Monate später, zum Ende der Beziehung, stellte ich fest, daß der Spruch sich geändert hatte: »Ich brauche einen Mann, sonst könnte ich ja glücklich und gesund sein und mich selbst erkennen – wie bedrohlich wäre das wohl?« Nach einiger Zeit kam ich zu dem Schluß: So bedrohlich kann es nicht sein, also ist es den Versuch wert.

Die Beziehung tat mir nicht gut – sie war anstrengend und ermüdend; ich habe ihm nicht viel eingebracht, außer zweifellos seine persönlichen Leidenserfahrungen zu bereichern. Ich bereute es aber keineswegs. Ich habe eine Menge daraus gelernt. Ich habe gelernt, daß man aus allen Erfahrungen lernen kann. Ich habe gelernt, daß ich wirklich nicht reif war für eine neue Beziehung und daß ich nicht mehr bereit war, mich selbst zu betrügen – und dabei anderen Menschen weh zu tun. Ich habe gelernt, daß ich nicht mehr jede Schwierigkeit in Kauf nehmen wollte, nur um nicht allein zu sein. Ich habe gelernt, daß ich mehr als Krümel vom Tisch eines gefühlskalten Mannes verdiene. Mittlerweile bin ich sogar felsenfest davon überzeugt.

Es gab jedoch wunderbare Entschädigungen. Romantische Spaziergänge durch London bei Sonnenuntergang, bei denen ich meine Heimatstadt im wahrsten Sinne des Wortes in einem anderen Licht sah. Schokoladen-Eis im Bett essen, ohne sich darum zu scheren, ob die Laken verschmiert wurden. Ganze Tage in den Federn verbringen, miteinander plaudern, miteinander schlafen und nur zu oben erwähnten Spaziergängen das Bett verlassen. Gemütliche Abende zu zweit auf dem Sofa, um sich »Glücksrad« anzusehen und dem Bildschirm die richtigen Antworten zuzurufen. Und traumhaften, wahrlich traumhaften Sex. (Wozu sonst sollte eine Ersatzbeziehung dienen, wenn nicht zu traumhaftem Sex?) Es war eine wichtige Zeit und – um ein Klischee zu bemühen – ein kleiner Teil von mir wird ihn immer lieben.

Es gab jedoch reichlich Probleme – nicht zuletzt mein eigenes launenhaftes Verhalten. Ich hätte die Hauptdarstellerin des Films *Lover oder Loser* sein können, die mit einem Mann ins Bett springt und sagt: »Ich bin gerade auf der Suche nach Ersatz, also setz kein Vertrauen in mich.« So suchte mich nach dem sexuellen Hochgenuß der Ersatzbeziehung ein böser Geist heim: das Schuldgefühl. Wenn Mr. Ersatz irgend etwas für dich empfindet – und nach Murphys Gesetz wird er das –, dann fühlst du dich schlecht, weil du dich wie ein Ekel verhältst. Oder, wie es eine meiner Freundinnen ausdrückte, du benimmst dich wie ein Mann.

Und als alles vorbei war, hatte ich zumindest eine neue Gewißheit gewonnen: Wenn das alles ist, was ich zur Zeit zustande bringe, dann sorge ich lieber dafür, nichts mehr zustande zu bringen.

So. Wenn du also gerade eine Ersatzbeziehung hast oder kurz davor stehst, eine einzugehen, kannst du die ganze Angelegenheit abkürzen, indem du dir folgende Fragen stellst:

Lohnt sich das Ganze, wenn ich Vorteile und Nachteile gegeneinander abwäge?

Verkörpert er das genaue Gegenteil meines Verflossenen, lebe ich nur eine Art Rebellion aus?

Geht es mit dem Ganzen überhaupt gut?

Bin ich noch bei Verstand?

Zusammenfassung von Teil Eins

Um deine letzte Beziehung erfolgreich abzuschließen, ist es wichtig, daß du . . .

- aufhörst, ihn für alles verantwortlich zu machen, was in deinem Leben nicht stimmt;
- an deiner Selbsterkenntnis arbeitest;
- dich deinen Gefühlen stellst, anstatt vor ihnen zu flüchten;
- eine positive Einstellung entwickelst, die dir weiterhilft;
- es dir bewußt gutgehen läßt;
- dich mit den Stufen des Single-Daseins auseinandersetzt und erkennst, wo du stehst;
- eine klare Trennung von deinem Verflossenen vollziehst;
- dir ein Netz von Freunden schaffst, die dich unterstützen;
- dich eventuell auf einen One-Night-Stand oder eine Ersatzbeziehung einläßt!

Teil Zwei

Eine Liebesaffäre
mit dir selbst

Jetzt ist es an der Zeit, dich auf den Menschen zu konzentrieren, der wirklich wichtig ist: *dich selbst.*

Anmerkung: Auch wenn du gerade ein Verhältnis oder eine Ersatzbeziehung hast oder bis über beide Ohren verliebt bist, wirst du trotzdem davon profitieren, die nächsten Kapitel von Teil Zwei durchzugehen.

Zehn Frauen erzählen, wie das Singletum die Selbstachtung steigert

Meine erste Beziehung ging in die Brüche, als ich von der Uni ging. Er kam mich einfach nicht mehr besuchen. Als Reaktion darauf verfiel ich in eine heftige Depression. Ich wurde rücksichtslos und sehr selbstzerstörerisch. Ich fing mit One-Night-Stands an und angelte mir immer furchtbare Typen; wenigstens ein Trost blieb mir dadurch: Nur gut, daß mich meine erste Liebe verlassen hat, wenn alle Männer so sind. Es war grauenhaft, und ich ließ es mir noch schlechter gehen. Ich war am tiefsten Punkt angelangt, als ich mit einem Typen zusammen war, der das Faß endgültig zum Überlaufen brachte. Ich erfuhr, daß er die ganze Zeit, die er mit mir zusammen war, auch noch etwas mit seiner Ex-Freundin am Laufen hatte. Da bin ich richtig abgestürzt. Ich mußte sogar Prozac nehmen. So mies mußte es erst kommen, bevor ich entdeckte, daß das Single-Leben besser war.

Wenn ich mein Verhältnis zum Single-Dasein in einer Grafik ausdrücke, dann war der unterste Punkt das Elend und der höchste Punkt das Glück. Indem ich mich um mich selbst kümmerte und allein lebte, lernte ich, mich selbst anzunehmen und meine eigene Gesellschaft zu genießen. Es hat verdammt lang gedauert, bis ich 25 war, aber ich bin angekommen.

Ariana, 29

Ich erinnere mich daran, daß ich, als ich mit meinem Ex noch zusammen war, immer das Gefühl hatte, jemand müßte mir mit Rat und Tat zur Seite stehen, mich unterstützen, sogar für mich bezahlen. Ich konnte mir nicht vorstellen, vollkommen selbständig zu sein; ich brauchte jemanden, um überleben zu können, auch finanziell. Ich brauchte die Abhängigkeit von einem Mann. Auch wenn ich wußte, daß diese Einstellung ziemlich daneben war, wollte ich es dennoch nicht so empfinden.

Jetzt erlebe ich mich völlig anders. Ich kann für mich selbst sorgen. Das heißt nicht, daß ich keinen Mann möchte, aber wenn einer auftaucht, wird es eine gleichwertige Beziehung sein, weil ich weiß, daß ich ihn nicht *brauche*.

Jacqui

In meiner Single-Phase bin ich innerlich gewachsen. Ich arbeitete bei einer Zeitung, als eine neue Redakteurin eingestellt wurde, die mich überhaupt nicht leiden konnte. Ich erhielt die Kündigung. Ich konnte mich nur auf mich berufen. Ich war noch nie so zum Durchhalten entschlossen gewesen wie zu diesem Zeitpunkt. Und ich hatte Erfolg damit. Zum Ende der Kündigungsfrist fragte man mich, ob ich nicht doch noch einen Monat bleiben könne – ich lehnte ab! Ich machte mich selbständig. Es gab keinen, der mich versorgte, also mußte ich mich selbst versorgen. Das verschaffte mir eine unglaubliche Befriedigung. Ich war sehr stolz auf mich. Ich fühlte mich glücklicher und selbstbewußter. Da war es auch kein Wunder, daß ich dann einen wirklich netten Mann traf. Ich befand mich wahrscheinlich gerade in der richtigen Gemütsverfassung, um ihn kennenzulernen.

Rachel

Nachdem ich mich von meinem Freund getrennt hatte, begann ich mich langsam so gut zu fühlen, wie schon seit Jahren nicht mehr. Ich verlor viele Pfund, die all den emotionalen Ballast darstellten, den ich mit mir herumgetragen hatte. Die Leute sagten mir, daß ich mich sehr verändert hätte; ich stellte mir vor, wie ich mich neu erfinde! Das war sehr aufregend. Es hieß nicht mehr Elaine und Robert, sondern Elaine und Elaine. Ich fühlte mich richtig sexy damit.

Elaine

Es ist schwer, die richtigen Worte zu finden, aber ich glaube, daß ich mehr an Substanz gewonnen habe.

Sarah

Als ich vor Jahren nach Israel ging, um in einem Kibbuz zu arbeiten, dachte ich mir, daß mich dort keiner kennt, daß ich keinen Partner oder keine Freunde habe. Wenn man mich mochte, dann einfach nur um meiner selbst willen. So in etwa ist das Single-Dasein. Ich kann großspurig und laut und auffallend sein. Wenn du einen Partner hast, weißt du, daß die anderen das akzeptieren. Wenn ich jetzt großspurig und laut und auffallend bin, muß es nur für mich in Ordnung sein. Also lebe ich mein eigenes Leben und bin nicht von der Ablehnung oder Zustimmung anderer abhängig.

Ria

Ich kann mich viel stärker für andere öffnen, ohne mich jedoch so sehr zu fixieren. In einer Beziehung sind alle Gefühle meist nur auf einen Menschen ausgerichtet, aber jetzt kann ich mit viel mehr Menschen liebevoller umgehen – sogar bei der Arbeit, wo ich oft mit den über 60jährigen zu tun habe. Vorher dachte ich, daß ich nur liebevolle Gefühle anderen gegenüber empfand, weil ich verliebt war. Jedenfalls habe ich irgendwie das Gefühl, mehr ich selbst zu sein.

Louise

Durch das Single-Dasein habe ich ein anderes Bild von mir selbst, meinem Verhalten, meiner Arbeit bekommen. Es war die Gelegenheit, zu erfahren, wie wertvoll ich bin. Früher bin ich immer hinter dem Unerreichbaren hergerannt. Jetzt will ich jemanden, der mich zu schätzen weiß und durch den ich mich selbst wertschätze.

Sarah

Durch mein Single-Leben habe ich viel über mich selbst gelernt, besonders über meine Bedürftigkeit und wie sie mich in Gegenwart von Männern immer angespannt werden ließ. Was ich gerade lerne, ist, lockerer zu sein. Es gibt eine ganze Menge Dinge, die ich an meiner Soloexistenz genieße, wie etwa keine Kompromisse mehr machen zu müssen. Teilweise habe ich die vielen verschiedenen Facetten meines Selbst, meines Lebens und das, was das Leben mir zu bieten hat, noch gar nicht richtig entdeckt. In einer Partnerschaft konnte ich das nie ausleben, aber jetzt geht es. Ich habe gemerkt, daß der Zeitpunkt, um Single zu sein, für jeden völlig individuell und einmalig ist und daß es keinen bestimmten Moment gibt, in dem man allein sein sollte. Von manchen Menschen denke ich, daß sie nie allein sein werden. Ich möchte jedoch meinen Single-Status nicht so schnell aufgeben. Jetzt, nachdem ich allein gelebt habe, würde ich eine Beziehung ganz anders angehen. Ich würde mir meine Freiräume weiterhin erhalten, etwa die gemeinsamen Abende mit meinen Single-Freunden oder einfach Zeit für mich allein. Ich habe auch eine klarere Vorstellung davon, was ich eigentlich will. Ich will nicht nur einen Mann. Ich will geschätzt werden für das, was ich bin. Darum geht es für mich in einer Partnerschaft. Für andere mag es etwas vollkommen anderes sein.

Therese

Ich möchte am liebsten so manche bekehren. Das Singletum hat einen dermaßen schlechten Ruf. Dabei ist das die pure Berechnung der Männer, die sicherlich großes Interesse daran haben, daß Frauen verzweifelt sind. Eine verzweifelte Frau ist viel eher bereit, ihnen die schmutzige Wäsche zu waschen als eine, die es nicht ist. Als ich Single war, hatte ich eine wundervolle Zeit und lernte, völlig selbständig zu sein, so daß mich dieses traditionelle Mann/Frau-Palaver mittlerweile anwidert. Eine Frau erzählte mir letztens, wie sie Kaffee und Kuchen vorbereitet hatte für ein Kricketspiel. Mir ist fast schlecht geworden! Ich fragte mich, warum sie so etwas für einen verschwitzten Mann an einem Samstag nachmittag macht. Außerdem würde ein Mann einen Kuchen für ein Frauen-Plauderstündchen backen!?!

Maria

8

Ein-fach wunderbar!

Eine Trennung läßt bei vielen das Gefühl mangelnden Halts und Geborgenheit aufkommen sowie die Tatsache, daß sie nicht wissen, wie es weitergeht. Ich hingegen fühle mich sicherer, wenn ich solo bin. Ich weiß, wie es weitergeht, weil ich diejenige bin, die darüber bestimmen kann. Dieses Selbstbewußtsein entsteht, wenn man nicht mehr gegen sein Single-Dasein kämpft. Es hat ein Jahr gedauert, um an diesen Punkt zu kommen und mich wirklich als Single zu fühlen; jetzt finde ich es wunderbar.

Ich weiß, daß ich mein Leben auf die Reihe kriege und es richtig genießen kann – sehr viel mehr als beim ersten Ausflug ins Single-Dasein. Wenn ein Mann in dein Leben tritt, entsteht erhebliche Unruhe. Wichtig ist, dir den Glauben zu bewahren, daß du dir die Sicherheit selbst geben kannst und nicht auf jemanden angewiesen bist. Wenn dir das gelingt, fühlst du dich gut und voller Lebenskraft. Was auch immer geschieht, inzwischen weiß ich, daß ich es überstehen werde, auch wenn es Dinge gibt, die mich möglicherweise zurückwerfen. Es ist ein tiefes Vertrauen in mir, und ich genieße es. Ich empfinde dieses Gefühl nicht als Hindernis, es hat mich auch nicht hart gemacht. Du gelangst nur zu deiner Kraft, indem du Dinge erlebst und sie auch durchstehst.

Jacqui, *vier Jahre Single (mit Unterbrechungen)*
»seit der großen Liebe«

Also, du bist Single. Gratuliere. Ob nur vorübergehend oder dauerhaft, ist nicht von Bedeutung. Auf jeden Fall ist jetzt die beste Zeit, solo zu sein. Wie im 1. Kapitel bereits erwähnt, ist es heutzutage leichter und schöner, ein Single zu sein, da Frauen mehr finanzielle Freiheiten genießen als je zuvor; sie haben viel mehr Entfaltungsmöglichkeiten und weitaus mehr Spaß dabei.

Jetzt kannst du deine gesamte Energie und Willenskraft in diese eine Beziehung stecken, die am bedeutendsten in deinem Leben ist: die zu dir selbst.

Die Konsequenzen können äußerst verblüffend sein.

Ein wunderbarer, erheiternder Aspekt des Single-Daseins ist, daß du nichts mehr tun mußt, zu dem du keine Lust hast. Eine Einladung zum Mittagessen mit einem Paar kannst du getrost absagen; du kannst den ganzen Tag im Bett bleiben und Kekse futtern. Du brauchst nicht mehr höflich zu Leuten zu sein, die *seine* Freunde sind. Du brauchst dir nicht den ganzen Abend das Thema Fußball reinzuziehen, *außer natürlich, du findest Fußball großartig.*

Dein Leben und deine Zeit gehören ganz allein dir. Anfangs ist es etwas ungewohnt, aber diese Freiheit ist unschätzbar. Sie öffnet neue Türen; neue Menschen, neue Orte, neue Aktivitäten können dein Leben bereichern.

Nach einer Weile verschwindet die dunkle, schwere Stimmung. Die Zeit und die Energie, die dir zur Verfügung stehen, läßt dich folgendes erkennen:

Da stehe ich nun; ich, der Single und kann machen, was ich will. Was sofort die Frage aufwirft:

Was will ich eigentlich?

Beziehungen als Ablenkungsmanöver

Eine Beziehung ist eine einzige stille Übereinkunft. Von der Sekunde an, in der du morgens aufwachst, bist du mit deinen Gedanken schon halb bei ihm: Ist er noch im Bad? Hat er immer noch schlechte Laune? Was hat er nur mit dieser seltsamen Bemerkung gestern abend gemeint? Dieses Fixieren auf den anderen raubt sehr viel Energie.

Wie sehr wir uns auf unseren Partner konzentrieren ist von Mensch zu Mensch verschieden. Manche betreiben es exzessiv. Wie beispielsweise Leah:

Während meiner Uni-Zeit hatte ich genausoviel zu tun wie er, aber als wir zusammen waren, bügelte ich seine Hemden und Hosen, stand um zwei Uhr morgens auf, um einen Rhabarber-Streuselkuchen – seinen allerliebsten – zu backen, damit er ihn essen konnte, wenn er nach seiner Kneipentour spät nach Hause kam. Ich stand morgens extra früh auf, um mich abzuschminken, mich wieder neu zu schminken, so daß ich ihn, wenn er aufwachte, mit einem verdammten Doris-Day-Gesicht anstrahlen konnte.

Andere Frauen wählen eher eine andere Methode, wenn es um Anpassung geht: Er muß uns auch völlig ungeschminkt ertragen, es interessiert uns nicht die Bohne. Wie auch immer, das Zusammenleben mit anderen Menschen bewirkt, daß wir von der Beziehung zu uns selbst abgelenkt werden. Sich mit dem Gegenüber auseinanderzusetzen erfordert Zeit und Energie. Du kannst dich so sehr darin verlieren, was deine andere Hälfte will oder was ihr als Paar wollt, daß du nicht den blassesten Schimmer darüber hast, was *du* willst. Und brauchst. Du gehst völlig darin auf, ihn genau verstehen zu wollen – was hat er denn *jetzt* gemacht, wie hat er es gemeint, was würde ihn glücklich machen, mag er mich überhaupt richtig? Du vergißt dabei völlig, dich zu fragen, ob *du* ihn eigentlich magst. Oder ob diese Fixierung auf den anderen tatsächlich das ist, was du willst und was dir guttut.

Als Isabel sich in Charles verliebte, zog sie nach Schottland, um bei ihm zu leben. Sechs Monate später verließ er sie. Sie erzählt:

Ich heulte einen ganzen Tag. Dann dachte ich: Okay, ich muß mich jetzt um mich selbst kümmern und mir überlegen, was ich vom Leben will. Zuerst fiel mir auf, daß mein Job mir nicht gefiel. Ich hatte ihn angenommen, um nach Schottland ziehen zu können. Auch das Leben mitten in den Highlands erschien mir als

Single-Frau unvorstellbar. Ich überlegte, was ich am liebsten ma-
chen wollte. Mir fiel ein, daß ich schon immer gerne in London
gelebt hätte. Also warum nicht jetzt? Ich fing an, Bewerbungen zu
schreiben, und als ich schließlich einen Job in London hatte, kam
ich mir wie ein kleines Kind mit einem nagelneuen Spielzeug vor.
Ich war so begeistert davon, London auf eigene Faust zu entdek-
ken. An den Wochenenden nahm ich mir Zeit, um Touristin zu
spielen. Ich fand es großartig. *Ich entdeckte dabei einen Unab-*
hängigkeitsdrang in mir, den ich nie für möglich gehalten hätte.

Wer auch immer solche Märchen wie Aschenputtel und Dornrös-
chen verbrochen hat, hat eine Menge zu verantworten. Wir sind
zwar die erotischen und schlauen Frauen des neuen Millenniums,
haben aber diese unglückliche, vorsintflutliche Eigenschaft, unser
Leben in der Warteschleife zu verbringen – wenn dann ein Mann
auftaucht, wird alles gut, und wir leben glücklich bis ans Ende
unserer Tage. Dieser Märchenglaube hält uns nicht nur in der
Abhängigkeit gefangen, er bürdet auch dem armen alten Traummann die ganze Verantwortung auf. Die Hoffnung auf deinen
Ritter in der schimmernden Rüstung ist noch weiter überzogen
als deine Lieblings-Kreditkarte. Dreh doch mal den Spieß um.
Suchst du wirklich einen Mann, der genau auf die Frau wartet, die
die Erfüllung *seines* Lebens ist? Das glaube ich nicht. Du mußt für
dein eigenes Leben sorgen, hier und jetzt.

Gerade ist keiner – oder fast keiner – da, der dich ablenken
könnte. Du kannst also daran arbeiten, dich selbst zu verstehen,
was eine weitaus faszinierendere und erfüllendere Beschäftigung
ist. Du wirst reich belohnt, wenn du dich selbst kennst, liebst und
dir vertraust: Auf magische Art und Weise hast du nicht mehr das
Bedürfnis, dich auf andere Menschen zu stürzen. Es verliert an
Bedeutung. Dein Respekt vor dir selbst hat sich so weit entwik-
kelt, daß du dich nicht ständig darum kümmerst, wie es *ihm* wohl
gerade geht.

Wer bist *du*? Ohne einen Partner? Ohne die Rolle der Freundin, Ehefrau, »besseren Hälfte« zu spielen? Du bist jetzt die eine

Hälfte vom Nichts, du bist das Ganze vom Ganzen. Wie sieht dieses Ganze aus? Welche Farbe hat es? Was macht es gerne? Nach welcher Musik tanzt es gerne?

Du kannst zu keinem eine wirklich befriedigende Beziehung aufbauen, wenn du sie nicht zu dir selbst entwickelst. Jetzt hast du die Gelegenheit, dich selbst zu entdecken. Nutz die Chance, dich von dem Menschen begeistern zu lassen, auf den es ankommt. Geh eine verbindliche Beziehung mit der Person ein, die dir ein Leben lang dankbar dafür sein wird.

Mit dir selbst.

US-Beziehungsexperte Stan Charnofsky zitiert in seinem Buch *When Women Leave Men* den berühmten Psychologen Erik Erikson, der von bestimmten psychologischen Aufgaben spricht, die wir in jeder Lebensphase zu bewältigen haben. Als Teenager ist es die Phase der Identitätsfindung – sich befreien vom Diktat der Eltern, Lehrer, Freunde und herausfinden, wer wir sind. Danach steht die Aufgabe an, als Erwachsener die Intimität zu meistern. Wir müssen lernen, wie man eine intime Beziehung zustande bringt. Wenn nicht, verbringen wir ein Leben lang in Isolation. Für Erikson ist die Reihenfolge immer Identität vor Intimität – wie kannst du sonst eine intime Partnerschaft eingehen, wenn du nicht weißt, wer du bist? Dazu Charnofsky: »Ich glaube, diese Formel gilt *an jedem Punkt im Leben, an dem es eine bedeutende Krise gibt.* Nach einem Todesfall, dem Verlust eines Arbeitsplatzes oder dem Ende einer Partnerschaft muß man sich in der neuen Lebenssituation wieder neu definieren. Die Formel lautet: Identität vor Intimität.«

Du warst womöglich früher schon einmal Single und meinst, du hast das alles schon hinter dir. Dennoch geht es jetzt erneut darum, dein neues Single-Selbst zu entdecken. Es wird anders sein als dein vorheriges Single-Selbst. Du hast dich zwischenzeitlich weiterentwickelt und verändert.

Auf mich persönlich trifft genau dies zu. Als meine zweite Ehe in Trümmern lag und sich damit auch meine Wünsche, Hoffnungen und Träume, die ich mit dem Mann hatte, mit dem ich den

Rest meines Lebens verbringen und Kinder bekommen wollte, in Luft auflösten, mußte ich mich fragen: Wie soll mein Leben denn aussehen, wenn ich es nun allein verbringe? Und wenn ich keine Kinder bekomme? Eine Lösung lag darin, mir unbedingt eine neue berufliche Herausforderung zu suchen. Meine Arbeit war nicht sehr befriedigend, was mir aber egal war, da sich meine Tätigkeit als freiberufliche Journalistin gut hätte verbinden lassen mit der Rolle einer werdenden Mutter. Da sich dieser Traum zerschlagen hatte, brauchte ich etwas Neues – meine Arbeit wurde mir wieder wichtig. Außerdem brauchte meine Kreativität andere Ausdrucksmöglichkeiten. Ich mußte also mit irgend etwas anderem schwanger gehen, wenn schon nicht mit einem Kind. Ich mußte mir die grundlegende Frage stellen, was ich momentan eigentlich wollte, wer ich war und was mein langfristiges Lebensziel sein sollte.

(Nachtrag zu dieser Geschichte: Ich wollte schon immer mal ein Buch schreiben. Witzigerweise war ich gerade Single geworden und hatte eine Verabredung zum Mittagessen mit Mandi Norwood, der Herausgeberin von *Cosmopolitan*. Wir sprachen darüber, und hier ist nun das Buch. Wie durch ein Wunder ergab sich die Gelegenheit, die ich brauchte. Du hältst gerade das in Händen, wovon ich geträumt hatte, und ich war mutig genug, danach zu fragen.)

Ich will doch keinen Partner haben, der noch nie ein Single war. Ich respektiere einen Mann, der auch allein etwas unternehmen kann. Ich will nicht mit einem zusammensein, der seine eigene Gesellschaft nicht ertragen kann.

Maria

Es ist vollkommen normal, uns mehr auf unseren Beruf zu konzentrieren, wenn wir nicht in einer Beziehung stecken. Aber es muß nicht nur die Arbeit sein. Wenn dir gerade kein Spielgefährte zur Verfügung steht, kannst du dir überlegen, was du gern allein spielen möchtest.

|

Jetzt ist der ideale Zeitpunkt, all das zu tun, was du dir fest vorgenommen hattest, »wenn ich doch nur die Zeit dazu hätte«. Beispielsweise: Wenn ich die Zeit hätte, würde ich abends einen Töpferkurs besuchen; wenn ich die Zeit hätte, würde ich Klavierunterricht nehmen; oder ich würde nach Indien reisen; oder Trapezkünstlerin werden. Da jetzt die gemeinsamen Träume, Sehnsüchte und Ziele begraben sind, muß ich mir überlegen, was meine eigenen sind. Was möchte ich heute gerne machen? Oder morgen abend? Oder für den Rest meines Lebens?

Es ist höchste Zeit, dein Leben selbst in die Hand zu nehmen. Wenn ein Mann auftaucht, wird er eine wunderbare Zugabe sein, aber nicht der einzige Sinn und Zweck deines Lebens.

Als Leah ein Single wurde, verwirklichte sie sich ihren lebenslangen Traum, die Kunstakademie zu absolvieren. Ihr Leben veränderte sich völlig. Sie erzählt:

Ich stehe jetzt mit beiden Beinen auf der Erde. Ich weiß, wer ich bin und was ich zu tun habe, d. h., ich brauche nicht mehr verzweifelt danach zu suchen. Ich wollte schon immer Kunst studieren; indem ich es in die Tat umsetze, fühlte ich mich unglaublich bestätigt. Ich hatte das Gefühl, als hätte ich mein ganzes Leben lang nur darauf gewartet. Es hat mir geholfen, meine fixe Vorstellung loszulassen, daß ich nur mit einem Mann meine wahre Bestimmung finden konnte. An meinem ersten Tag an der Akademie war ich total aufgeregt. Ich fühlte mich sogar richtig sexy und erkannte dabei, daß diese erotische Spannung eigentlich etwas damit zu tun hat, wie gut man sich selbst fühlt. Es muß gar kein Mann in der Nähe sein, der dieses Gefühl in dir weckt. Sogar mein Zimmernachbar meinte einmal, daß ich, obwohl ich meinen jetzigen Freund sehr liebe, trotz allem eine eigenständige Persönlichkeit mit einem eigenen Leben sein kann. Wie gesagt, diese Einstellung war sehr neu für mich. Die Kunst hat dabei eine große Rolle gespielt. Man sagt, daß Kinder die Einstellung zu Partnerschaften sehr verändern, weil sie den gleichen Stellenwert einnehmen. So geht es mir mit der Kunst. Ich bin mir nicht sicher, ob ich so leicht dazu gekommen wäre, wenn ich eine Beziehung gehabt hätte. Ich entdeckte meine Leidenschaft zur Kunst, gerade weil ich nicht in einer Beziehung steckte.

Just do it!

Was willst du verwirklichen; jetzt, da du frei bist?

Werde aktiv! Unternimm etwas. Lerne Salsa tanzen. Lerne, richtig zu schwimmen. Besorg dir ein Visum und arbeite im Ausland. Lerne Französisch. Wechsel deinen Beruf. Werde Therapeutin. Was auch immer.

Übung

Fang an zu träumen

Du brauchst einen Traum. »Ein Ziel ist im Grunde ein ernstgenommener Traum«, sagte die Schriftstellerin Esther Roberton. Nimm dein Tagebuch und schreib all deine Träume, Sehnsüchte und Hoffnungen auf. Bewerte sie nicht, sondern schreibe einfach alles nieder, wie es dir gerade in den Sinn kommt.

Einschneidende Erlebnisse wie der Einstieg ins Single-Dasein können Tür und Tor für weitere Veränderungen öffnen. Du kannst dich dem Beruf widmen, den du schon lange ergreifen wolltest, ohne daß dir dein Mann sagt, wie verrückt das sei, weil du die Hypothek so nie bezahlen könntest. In deiner Freizeit kannst du das tun, wovon du ständig geträumt hast – wie etwa ein Buch schreiben oder eine Ausbildung zur Therapeutin anfangen.

Konzentriere dich auf die Zukunft

Zünde eine Kerze an und erlaube dir zu träumen.

Erinnere dich daran, was du als Kind am liebsten gemacht hättest, welche Träume hattest du damals? Laß deine Gedanken schweifen. Und vergiß die Angst. Vielleicht hast du deine Träume nicht verwirklicht, weil du ein wenig zuviel Angst hattest. Stell dir eine Sekunde lang vor, daß du so kaltblütig bist wie Arnold Schwarzenegger, der gerade zuschlägt.

Was ich insgeheim am liebsten machen würde ...

Schreibe mindestens fünf Dinge auf:

_____

_____

_____

_____

_____

_____

Nachdem du dich deinen Träumereien überlassen hast, betrachte deine Liste realistisch. Ist es tatsächlich so unmöglich, diese Dinge umzusetzen? Suche dir einen Stichpunkt aus und unternimm in dieser Woche den ersten Schritt zu dessen Verwirklichung. Wenn du erst mal damit anfängst, spürst du dieses wunderbare Kribbeln, weil »ich etwas nur für mich tue, weil es mein Wunsch ist«.

Manchmal besteht zwischen Angst und Aufregung kein großer Unterschied.

Wer bin ich?

Diese Übung hilft dir, mal so richtig mit dir selbst zu prahlen. Einfach aus Spaß an der Freude.

Was sind meine Stärken?

Was sind meine Schwächen?
Was liebe ich an mir?
Was möchte ich an mir verändern?
Wofür erhalte ich Komplimente?
Wofür würde ich gerne gelobt werden?
Welche Vorstellungen und Visionen habe ich? Was möchte ich in den nächsten fünf Jahren verwirklichen?

Du bist es, die zählt

Jeder denkt, daß er irgendwie etwas Besonderes ist. Sonst würde ja keiner versuchen, gut bei der Arbeit oder in der Liebe sein zu wollen. Warum denken wir Frauen nur, daß es etwas Schlechtes ist, uns selbst zu verwöhnen? Warum ist es immer ein Thema, wenn wir etwas nur für uns tun, wie etwa in irgendein blödes Restaurant zu gehen? Es steht überhaupt nicht zur Debatte, wenn du es mit jemandem zusammen machst, weil du dich dann sicherer fühlst. Aber es sollte auch einfach ausschließlich für dich möglich sein. Ich könnte wetten, daß viel mehr Frauen sich selbst befriedigen, als allein in einem Restaurant essen zu gehen.

Ariana, 29, seit fünf Jahren Single

Übung

Vereinbare ein romantisches Date mit dir selbst. Verwöhne dich in einem Schaumbad, zieh frische Unterwäsche an, style und schminke dich, als ob du mit einem Mann verabredet wärst. Geh in ein nobles Restaurant, mach einen Spaziergang durch den Park. Rede mit dir selbst, wie dein Lover es sonst tun würde: »Du siehst wunderbar aus«, »Es ist so schön mit dir«, »Du bist sehr aufregend« und so weiter. Wenn du das volle Programm willst, könntest du den Abend damit abrunden, dich mit dir selbst im Bett zu vergnügen. Danach sagst du dir, daß du heißer warst als Sharon Stone an einem ihrer guten Tage.

Egal, was du unternimmst, genieß es! Laß dich auf deine Gefühle ein, sei verrückt, nervös, verletzbar. Freu dich einfach.

Weitere Tricks, um dein Single-Selbst aufzupeppen

Der ganze Sinn dieser Übungen ist, deinem Single-Selbst mehr Energie zu verschaffen.

- Errichte eine Art Altar, entweder auf einem kleinen Tisch, einem Regal oder auf dem Fensterbrett in deiner Wohnung. Dekoriere ihn mit deinen Lieblingsobjekten oder Dingen, die eine Bedeutung für dich als Single haben. Zum Beispiel: Ein Foto, auf dem du wunderschön und selbstbewußt bist; Fotos von deinen besten Freunden; frische Blumen, Bilder, Zitate, Krimskrams; Steine, Blätter – was immer dich anspricht.
- Durchforste einen Haufen Zeitschriften nach Imagebeschreibungen/Sprüchen/Zitaten, die dir gefallen. Mach daraus eine Kollage, indem du alles auf ein Blatt Papier klebst. Rahme sie ein oder hefte sie an die Wand, damit du immer vor Augen hast, wie du dich fühlen möchtest und was du in dein Single-Leben einladen willst.
- Erstell eine magische Einkaufsliste! Notiere alle Wünsche, Sehnsüchte und Ziele aus der vorherigen Übung auf und steck sie in eine besondere Vase oder klemm sie hinter dein Lieblingsbild oder hefte sie an die Wand. Du wirst sehen, sie werden Wirklichkeit! Geri Halliwell hat es auch so gemacht, bevor sie zu einem der *Spice Girls* wurde. Ihre Wünsche realisierten sich alle bis auf die Heirat mit George Michael. Sexuell gesehen, wäre daraus sowieso nichts geworden, dennoch wurden sie zumindest Freunde.
- Frag deine Freunde, was sie an dir schätzen, und notiere alles in dein Tagebuch.

- Jetzt wird es auch allmählich Zeit, um in deinem Tagebuch zurückzublättern und festzustellen, wie du dich bereits verändert und weiterentwickelt hast.

Selbstwert kommt durch Selbsthilfe!

21 Dinge, die du als Single endlich verwirklichen kannst

1. Schmücke deine Wohnung.
2. Kauf dir eine Wohnung.
3. Unternimm eine Weltreise.
4. Mach diesen bestimmten Abendkurs.
5. Lerne eine Sprache.
6. Übe dich in Yoga oder Meditation.
7. Werde Mitglied in dem Fitneß-Studio, an dem du jeden Morgen vorbeiläufst.
8. Bring dir bei, ein wirklich besonderes Gericht zu kochen.
9. Lerne, mit einem Schlagbohrer umzugehen.
10. Verwirkliche einen langgehegten Traum.
11. Absolviere ein Fernstudium.
12. Ergreife einen neuen Beruf.
13. Leg dir ein Haustier zu.
14. Ändere dein Image. Verpaß dir einen neuen Haarschnitt oder blondgefärbte Haare.
15. Schmeiß deine alten Klamotten weg und kleide dich neu ein.
16. Geh abends wieder aus.
17. Mach eine Therapie.
18. Such dir ein Hobby.
19. Lies *Krieg und Frieden* oder *Auf der Suche nach der verlorenen Zeit* oder *Eine gute Partie* oder ackere dich durch andere Klassiker.
20. Mach mit einer Freundin zusammen Urlaub.
21. Zieh in die Stadt um, zieh aufs Land oder gleich ins Ausland!

9

In vollen Zügen genießen

Single zu sein ist harte Arbeit. Es heißt, daß man an einer Beziehung arbeiten müsse, aber auch die Beziehung zu dir selbst will erarbeitet sein. Es heißt, einen Mann zu haben sei selbstverständlich. Du aber bist genauso selbstverständlich. Wenn du die Zeit mit dir selbst wie mit einem interessanten und netten Menschen empfindest, dann ist es gut. Bist du allerdings der Meinung, daß die Zeit mit dir selbst als Zeit gilt, die du mit niemandem verbringst, dann hältst du dich auch für einen Niemand.

Maira, Verfechterin des Single-Daseins

Ja, ein Single zu sein ist nicht einfach. Es kann aber auch aufregend, belebend und höchst unterhaltsam sein. Besonders wenn du es in vollen Zügen genießt und Dinge unternimmst, die du dir nie zugetraut hättest oder einfach nicht machen konntest, weil du in deiner kuscheligen Zweierbeziehung feststecktest.

Je mehr du die Freuden des Single-Daseins ausnutzt, von einer Nacht allein zu Hause bis hin zu einer Reise um den Globus, desto mehr versöhnst du dich mit deinem Single-Leben. Du erkennst, daß diese Phase keine Lücke in deinem Leben ist, sondern daß sie Spaß macht und du als Single außergewöhnliche Momente erleben kannst.

Du lernst eine Menge über dich und entwickelst Unabhängigkeit und Selbstverantwortung. Außerdem wirst du selbstbewußter, wenn du bemerkst, daß du mit jeder Situation, die dir das Leben vor die Füße wirft, irgendwie fertig wirst. Ob es darum geht, dich zu wehren, wenn man im Restaurant dir den Tisch in der hintersten Ecke anbieten will, nur weil du allein bist; oder damit umzugehen, wenn man dir mitten in New York den Geldbeutel klaut. Es geht um dieses »Ich-schaffe-es«-Gefühl, das dich nie verläßt. Ja, du kannst es. Du brauchst nicht unbedingt einen Mann, der alles für dich regelt.

Es kommen jetzt einige Frauen zu Wort, die Qualitäten in ihrem Leben entdeckten, nur weil sie mal Single waren.

Solo Freiflug

Irgendwann ließ der Wunsch nach, einen Partner zu haben. Und zwar deshalb, weil ich Dinge unternahm, die mir Freude bereiteten. Nachdem ich eine berufliche Fortbildung in den USA beendet hatte, mietete ich mir einen Kleinbus und fuhr durchs Land. Ich reise unwahrscheinlich gern. Mit meinem ersten Freund war ich damals im Fernen Osten. Der Plan, allein durch Amerika zu fahren, ließ in mir den Wunsch aufkommen, doch *lieber* mit einem Partner zu verreisen. Da aber keiner zur Verfügung stand, tat ich es trotzdem. Für mich war das eine wichtige Erfahrung. Ich war anfangs ziemlich nervös, weil ich Angst davor hatte, in Amerika mit einem großen Wagen auf fremden Straßen im Verkehr nicht zurechtzukommen. Sobald ich jedoch hinterm Steuer saß, war die Begeisterung sofort da. Ich war noch nicht mal richtig aus der Garage gefahren und merkte schon, *oh jaaaa*, das ist großartig. Während des Fahrens dachte ich mir, wie hervorragend es sich anfühlt, ob allein oder nicht.

Da erst wurde mir so richtig bewußt, daß ich Single war. Ich vermißte gar keinen Partner. Ich dachte nur: »Mensch, ich tue etwas, das ich normalerweise nur mit einem Partner machen würde.« Mein Selbstverständnis als Single wurde dadurch auf konstruktive Weise aufgebaut. Es war unglaublich!

Sarah

Während meiner Single-Zeit arbeitete ich bei einem Reiseveranstalter und konnte zu den unterschiedlichsten Zielen fliegen, was ich mir sonst nie hätte finanziell leisten können. Ich konnte alles stehen und liegen lassen, wenn gerade eine preiswerte Reise angeboten wurde. Mit einem Partner geht das nicht. Du mußt dich mit ihm absprechen, du mußt dir deinen Urlaub einteilen, damit du auch genügend Zeit mit ihm verbringst. Als ich auf Bali in meiner kleinen Hütte am Strand saß, dachte ich, daß ich hier nie gelandet wäre, wenn ich eine Beziehung gehabt hätte. Es war völlig in Ordnung so.

Jacqui

Der schönste Tag meines Lebens war ein Tag, den ich ganz allein als Single verbrachte. Es war sehr aufregend. Bis dahin hatte ich immer die Vorstellung gehabt, daß ich aufregende Sachen nur mit einem anderen erleben könnte.

Ich war in Malaysia unterwegs und hatte mich mit einem anderen Paar verabredet, um einen Nationalpark zu besuchen. Ich wartete vergeblich. Da ich aber die Tour gebucht hatte, machte ich sie allein. Ich hatte keine Ahnung, wo ich schließlich landen würde. Es war eine absolut außergewöhnliche und spannende Reise, da ich nie wußte, was hinter der nächsten Ecke auf mich warten würde.

Mit einem Bus wurde ich zum Boot gebracht, allerdings zum falschen, wie sich herausstellte; es entpuppte sich aber als das beste Boot, da es ganz langsam fuhr. So konnte man in aller Ruhe die vorbeiziehende Landschaft genießen. Ich saß also nun in diesem Motorboot mit einem Mann, der es im Zickzack ganz gemächlich über den breiten Fluß steuerte. Es war richtig dramatisch, ich kam mir vor wie im Film. Vor uns lag eine Insel, und ich dachte, wir würden dort haltmachen. Aber nichts dergleichen. Wir glitten weiter durch Mangrovensümpfe. Ab und zu fuhren kleine Fischerboote vorbei, und die Menschen winkten uns zu. Ich dachte nur: Mein Gott, das ist Wahnsinn! Mir kam der Gedanke, daß die Situation ganz schön riskant sei. Der Mann könnte mit mir sonstwo hinfahren und mich vergewaltigen. Dann aber sagte ich mir: Ach was, das glaube ich nicht.

Die Schönheit der Natur war überwältigend. In meinem Kopf lief ein ewiger Dialog ab. Ein Teil versuchte sich vorzustellen, wie ich alles meinen Freunden beschreiben würde. Das lenkte mich aber davon ab, die Landschaft hier und jetzt zu genießen, also sagte ich mir, koste den Moment aus. Mir wurde bewußt, wie die Suche nach Worten mich davon abhielt, mich dem Augenblick voll und ganz hinzugeben.

Ich saß da, versuchte mir nicht allzu viele Gedanken zu machen und genoß einfach die Schönheit um mich herum. Wir glitten durch einen weiteren Mangrovensumpf und waren schließlich am Ziel.

Louise

Ich ging allein zelten, was für mich eine große Sache war. Bis zu diesem Zeitpunkt hatte ich solche Ausflüge immer mit einem Partner unternommen, was für mich auch das Schönste daran gewesen war. Zu Beginn hatte ich ziemliche Angst, weil es nur ein kleiner Campingplatz und kein Mensch außer mir dort war. Ich war nervös, da es dunkel wurde und ich mich erst noch verfahren hatte. Früher war ich oft mit einem Ex-Freund, einem Pfadfinder, hier gewesen. Jetzt mußte ich mein Zelt allein im Dunkeln aufbauen und meine Luftmatratze aufblasen – für mich ein riesiger Schritt in Richtung Selbständigkeit. Als das Zelt endlich stand, heulte ich drei Stunden lang. Am nächsten Morgen war alles mit frischem Tau bedeckt, es war wunderschön. Ich lief zum Meer hinunter und verbrachte den ganzen Tag dort, allein. Es war eine Wonne.

Leah

Ich hatte ein Aha-Erlebnis, als ich mich dazu aufraffte, im Winter allein für einen Tag ans Meer zu fahren. Ich liebe das Meer, bin aber viel zu selten dort, weil ich in der Stadt lebe. Bisher hatte ich meine Partner immer dazu überredet, mit mir zu fahren. Aber dieses Mal, als frischgebackener Single, dachte ich, warum nicht auch allein? Ich packte die Thermoskanne und den Hund ein, was mir das Gefühl gab, daß jemand mitfahren würde. Mit dem Hund dann am Strand entlangzulaufen und meinen Tee mit Milch zu schlürfen, ließ die Gegend so viel weiter und mächtiger erscheinen. Ich weiß jetzt, daß es Erlebnisse gibt, die viel tiefer gehen, wenn man allein ist. Vorher hätte ich es mir nie vorstellen können, ohne Begleiter im Winter irgendwo in die Landschaft zu fahren. Der Lover sollte dabei sein, weil es romantischer war. Aber dieser Kick, so etwas allein zu erleben, verlieh mir ein enormes Gefühl.

Rachel

Ich erinnere mich an eine Zeit vor Weihnachten, in der ich an unzählig vielen geschäftlichen Weihnachtsfeiern teilnahm. Einen Tag vor Heiligabend wollte ich um 18 Uhr auf die letzte gehen. Ich stylte mich, nahm den 38er Bus nach London, hatte dann aber plötzlich das Gefühl, daß ich es nicht mehr ertragen konnte, schon wieder all die vielen Leute zu sehen. Ich fragte mich, was ich eigentlich am liebsten tun würde. Der Bus bog gerade um die Ecke und fuhr an einem Kino vorbei; ich stieg aus, ging hinein und sah mir den Film *101 Dalmatiner* an. Ich saß zwischen einem Haufen Kinder als einzige Nicht-Mutter. Es war phantastisch. Es war irgendwie frech, verrückt und witzig.

Maria

Das spannendste für mich als Single war, in eine eigene Wohnung zu ziehen. Was für eine enorme Leistung, mich für eine Wohnung zu entscheiden, sie zu finanzieren und dann allein einzuziehen! Ich hatte die Freiheit, beim Renovieren einen Overall aus Kunstfell – den ich mir finanziell leisten konnte – anzuziehen. Es war keiner da, der mich daran hinderte. Das Wohnzimmer strich ich hellrot an. Einfach weil ich Lust dazu hatte. Und weil ich es konnte.

Rosa

Wie genieße ich das Single-Dasein in vollen Zügen?

• Damit du in deinem Single-Leben aus dem vollen schöpfen kannst, mußt du gut organisiert sein. Maria drückt es so aus: »Als Single wirst du, was das Planen betrifft, sehr effektiv, weil es um Ideen und Unternehmungen geht, die dir Spaß machen. Ich habe sehr wohl dafür gesorgt, daß ich aufregende Dinge unternahm, denn ein Wochenende ist unglaublich kostbar. Du brauchst nur zum Telefon zu greifen und etwas auszumachen. Ich verstehe mich sehr gut mit meiner Familie, und wenn ich mal am Wochenende nichts mit Freunden vorhatte, verbrachte ich die Zeit mit meiner Schwester, ihren beiden Katzen und ihrem Freund. Unfreiwillig war ich nie allein, sondern immer nur aus freien Stücken.
Wenn ich allein zu Hause blieb, habe ich gemalt oder irgend etwas getan, bei dem ich das Gefühl hatte, meine Zeit sinnvoll zu verbringen. Einmal saß ich hier frustriert und stocksauer herum, weil ich ein Date hatte und der Typ nicht gekommen war. Wenn ich nicht auf diesen Mann gewartet hätte, wäre mir bestimmt etwas viel Spannenderes eingefallen!«

• Raff dich auf. Wenn du etwas allein unternimmst, mußt du dich sogar noch mehr aufraffen. Anfangs ist es vielleicht nicht so aufregend, weil dir der Partner dazu fehlt. Langsam stellt sich aber das Gefühl ein, daß es guttut, *allein* etwas in Bewegung zu setzen; etwas, wofür *du* dich entschieden hast, das nur für *dich* ist. Du kommst dir verwegen vor und denkst, daß keiner außer dir weiß, was du eigentlich treibst. Probiere es aus!

|

- Vergiß nicht, daß es eine Weile dauern kann, bevor du deinen Single-Status wirklich wertschätzen kannst – gib nur nicht auf! Therese meint dazu: »Ich stieg nach meinem Salsa-Unterricht ins Auto und dachte immer wieder, was für ein armes Schwein ich doch war, allein nach Hause fahren zu müssen. Eines Abends nach dem Unterricht habe ich mir das Ganze noch mal überlegt: ›Eigentlich hat es echt Spaß gemacht.‹ Als ich zu Hause ankam, halb verhungert, machte ich mir einen Vollkorntoast mit Marmelade, aß ihn im Bett und dachte dabei: ›Wie köstlich.‹«
- Dein Single-Dasein in vollen Zügen auszukosten hat auch viel damit zu tun, inwieweit du dich ernst nimmst. Wenn du etwas geplant hast, dann aber keine Lust mehr dazu hast, verschieb es um eine Woche. Sei nett zu dir. Es geht darum, die Beziehung zu dir selbst zu pflegen und nicht darum, dich wie ein Feldwebel aufzuführen und dich selbst herumzukommandieren.

Koste deine Zeit voll und ganz aus – sag auch mal »Nein«!

Wenn du Single bist, werden dich alle möglichen Leute zu allen möglichen Aktivitäten einladen wollen. Es interessiert dich vielleicht gar nicht, du kannst aber nicht ablehnen. Diese Fähigkeit ist jedoch entscheidend in einer Beziehung; wenn du nicht nein sagen kannst, schlitterst du vielleicht in eine Situation, die schlimmer sein kann als ein langweiliger Sonntag mit einem Kollegen im Garten bei einem Glas warmem Weißwein.

Es ist eine gute Übung, wenigstens zu Sonntagen mal nein zu sagen, von denen du ziemlich sicher weißt, daß sie dich zu Tode langweilen.

Willst du dein Durchsetzungsvermögen, die Kunst des Neinsagens, trainieren, solltest du zwei Grundsätze beachten:

- Zum einen solltest du dir über deine Rechte im klaren sein. Das Recht, deine Bedürfnisse und Prioritäten als eigenständige Person wahrzunehmen, unabhängig von irgendwelchen Rollenerwartungen, mit denen du im täglichen Leben konfrontiert wirst. (Zum Beispiel hast du das Recht, dich an einem Sonntag auszuruhen, anstatt dich in den Garten deines Chefs zu setzen, nur weil er der Boß ist.)

  Im übrigen hast du immer das Recht, nein zu sagen. Zu allem.

  Und du hast das Recht, dich nicht von der Anerkennung durch andere abhängig zu machen. Wenn es deine Freunde stört, daß du abends keine Lust hast, durch die Kneipen zu ziehen, ist das nicht dein Problem.
- Zum anderen solltest du beim Neinsagen bleiben und deine Entschlossenheit zum Ausdruck bringen. Laß dich nicht in Diskussionen verwickeln, sag einfach immer wieder nein, bis der andere es nicht mehr hören kann. »Danke für die Einladung heute abend, aber ich will dieses Wochenende wirklich mal entspannen.« Im Durchsetzungstraining wird das als »Sprung-in-der-Platte«-Technik bezeichnet.

Es wird sicherlich Situationen geben, in denen du schwerer nein sagen kannst, aber du brauchst deine wertvolle Zeit nicht zu verschwenden, wenn du dein Single-Dasein wirklich in vollen Zügen genießen willst.

Was tun?

Verabrede dich für einen ganzen Tag mit dir selbst. Verbring den Tag am Meer oder besuche eine Kunstgalerie, zu der du schon längst wolltest.

Gibt es einen Ort, von dem du dir im stillen schon oft gedacht hast, daß du ihn sehen möchtest? Hör dich ein bißchen um. Finde heraus, was an den Wochenenden in deiner Gegend los ist. Plane eine Reise allein. Je herausfordernder und »angsteinflößender«, desto besser. Denk an den Satz »Spüre die Angst ...«: Was auch immer geschieht, ich schaffe es.

Versuche es mal mit einem »ernsthaften« Tag: Kauf dir eine seriöse Tageszeitung und informier dich gründlich über das Weltgeschehen. Oder genieß einen sinnlichen Tag, an dem du dir eine Massage oder eine Gesichtsbehandlung gönnst oder schwimmen gehst.

Beginne sanft, experimentiere damit, allein in ein Restaurant zu gehen, um dir einfach eine Tasse Kaffee zu Gemüte zu führen.

Wenn du noch allergisch gegen das Alleinsein bist, kannst du einen Freund oder eine Freundin überreden mitzugehen. Oder ihr überlegt euch etwas anderes und malt euch all die Dinge aus, die ihr gerne erleben möchtet.

Wenn du an dem Punkt in deinem Single-Leben ankommst, wo du nur mit Chips und Salzstangen vorm Fernseher liegen willst – auch wenn du es eigentlich verachtest –, bist du dir dessen wenigsten bewußt und hast es *für dich selbst* erkannt.

10

Freundschaften in der Welt der Singles – fünf Gründe, warum sich Freundschaften verändern

Du fühlst dich wohler, wenn du dich mit Menschen umgibst, die in der gleichen Situation sind wie du, nämlich solo. Du mußt ein Gleichgewicht finden für die Zeit, die du mit deinen Freunden – Paaren wie Singles – verbringst. Du willst sie nicht einfach aufgeben. Ich verbringe sehr viel mehr Zeit mit Single-Frauen, und wir sind inzwischen eine Art Gruppe geworden. Sie sind etwas jünger als ich, aber wir haben viel Spaß zusammen. Es geht um dieses Zusammengehörigkeitsgefühl – so zu sein, wie viele andere. Wenn ich mit ihnen unterwegs bin, denke ich mir: Es ist großartig, und das ist mein Leben! Wenn ich mit Freunden und ihren Kindern zusammen bin und es kommt zu einer Auseinandersetzung zwischen den Partnern, denke ich nur: »Um nichts in der Welt würde ich mit ihnen tauschen wollen.«

Jacqui, über die Bedeutung von Gleichgesinnten

Im ersten Teil wurde beschrieben, wie Freundschaften sich verändern, wenn du dich gerade getrennt hast. Jetzt geht es darum, wie es Freundschaften beeinflußt, wenn du dich in deinem Single-Dasein eingerichtet hast.

Wenn du ein Single wirst, wechselst du die Seiten. Du hast mehr gemeinsam mit anderen Singles als mit Paaren. Deine befreundeten Paare wissen das auch. Sie stellen fest, daß sie auch mit dir weniger gemeinsam haben. Die dadurch aufgewühlten Gefühle können Unruhe stiften, die mit Vorsicht zu genießen ist.

Beide Male, als ich nach meinen Ehen ein Single wurde, hatte ich das Gefühl, einige Rückschritte in meinem Leben zu machen. Die anderen lebten wie Erwachsene, waren verheiratet, lebten zusammen, zogen Kinder groß. Und ich landete wieder beim »Dating«, fing wieder an zu Knutschen, überlegte mir, was ich anziehen sollte und genoß meine Freiheit. Egal wie alt du bist, du kommst dir dabei wie ein Teenager vor.

Es gibt zwei Aspekte, die bei Freundschaften in der Welt der Singles eine Rolle spielen: wie Freunde sich einerseits dir gegenüber verhalten und wie du andererseits mit ihnen umgehst. Hier einige Hinweise:

Gemischte Gefühle

Du und deine verheirateten Freunde betrachtet euch mit ein wenig bittersüßem Neid und Mitleid. Lia, eine Haarstylistin, meint: »Ich finde, daß einige meiner verheirateten Freunde sehr anmaßend und arrogant sein können. Als ich letztens mit einem Paar abends in der Kneipe war und aufstand, um mir einen Drink zu holen, hörte ich die Frau sagen: ›Ist es nicht schrecklich, keinen Ehemann zu haben, zu dem man abends nach Hause kommen kann?‹ Ich war wahnsinnig wütend, ich hätte sie schlagen können.«

Paare können dich sehr wohl bemitleiden. Ebensogut können sie dich um dein herrliches, aufregendes, unbekümmertes Dasein beneiden. Das Problem liegt darin, daß ihr euch gegenseitig das vor Augen führt, was ihr jeweils nicht habt, wonach ihr euch aber sehnt. Deine gebundenen Freunde können nicht einfach abends tanzen gehen und sich wie eine Schlampe benehmen, mit vier verschiedenen Männern am gleichen Abend herumschmusen und dann um vier Uhr morgens nach Hause wanken. Zumindest nicht ohne zu Hause die heilige Inquisition zu erleben. Im Gegenzug dazu kannst du es dir nicht mit einem Partner Freitagabend auf dem Sofa gemütlich machen.

Lia hat sich das Single-Leben nicht selbst ausgesucht, deshalb war sie aus Neid wütend über die Bemerkung ihrer Freundin. Genau aus diesem Grund kann es für dich als Single unangenehm sein, mit Paaren auszugehen. Sie erinnern dich an das, was du momentan nicht hast oder bist.

Eine 34jährige Single-Frau beschreibt es so:

Letztens bin ich mit einigen Paaren ausgegangen. Es war ein toller Abend, aber ich war doch etwas ernüchtert, als ich allein nach Hause ging und alle anderen zu zweit. Zum einen dachte ich, daß ich mir auch einen Ehepartner wünsche, aber keinen habe, und ich mich frage warum; zum anderen fühlte ich mich ausgeschlossen und nicht der Norm entsprechend für mein Alter. Ich versuche, solche Abende zu vermeiden, da es mir nicht gut damit geht. Ich bin dann mit Menschen zusammen, die durch ihre Kinder einen völlig anderen Lebensstil haben; ich passe da nicht so richtig dazu. Ich möchte den Kontakt zu ihnen nicht abbrechen, aber ich muß mich mit Dingen beschäftigen, die mir mehr entsprechen, die mich als »normal« erscheinen lassen und nicht wie eine ausgeflippte Aussteigerin.

Das, was tatsächlich eine Brücke schafft zwischen dir und den Paaren sind Kinder und die überwältigende Auswirkung, die sie auf das Leben der Beteiligten haben. Wenn du diese kleinen Menschen um dich herum hast, kann es schmerzhafte Empfindungen in dir hervorrufen, wenn deine biologische Uhr auf Hochtouren läuft. Louise, seit sieben Jahren solo, sagt dazu: »Ich hatte Schwierigkeiten damit, die Babys meiner Freunde zu erleben. Für mich ist das ein Zeichen höchster gegenseitiger Verpflichtung. Der Mann liebt die Frau genug, um mit ihr ein Kind haben zu wollen, und jetzt ist es da, der lebendige, wundersame Beweis dafür. Und ich bekomme noch nicht einmal ein Date zustande, geschweige denn eine Befruchtung. Mir ist zum Heulen zumute, wenn ich Babys sehe. Aus diesem Grund fällt es mir schwer, manche Paare zu besuchen.«

Wirklich gute Freunde sollten mit deinen Neidgefühlen umgehen können und sie verstehen. Das wird dir dabei helfen, deine negativen Empfindungen loszulassen. Keinen wird es kaltlassen, wenn du offen und ehrlich darüber sprichst, wie kleine Kinder dich traurig stimmen, weil du keine eigenen hast.

Das Helfer-Syndrom

Keine hört gerne, daß sie ihr Leben nicht »richtig« lebt. Eine weitere Herausforderung ist, dich mit dem Versuch deiner befreundeten Paare, dich wieder in ihr eigenes Lager zu ziehen, auseinanderzusetzen. Louise dazu: »Einige meiner vergangenen Partner sind gut Freunde von mir – wir pflegen einen liebevollen Kontakt miteinander. Aber es wird etwas schwierig, sobald sie eine Ehefrau haben. Ich kann es nicht leiden, wenn Leute meinen, sich um mich sorgen zu müssen. Ich ertrage es nicht, mich mit einem alten Freund und seiner Frau zu treffen, denn sie wollen mir immer helfen. Sie denken: Arme alte Louise, was können wir nur für sie tun? Ich würde ihnen am liebsten sagen, sie sollen sich einfach an mir freuen, wenn sie mich zum Abendessen einladen, und mir nicht ständig mit irgendwelchen Lösungsvorschlägen kommen. Das könnten sie für mich tun.«

Wahlweise kann dein Single-Status auch zur Unterhaltung für jene Paare dienen, die durch dich die eigenen Höhen und Tiefen ihrer vergangenen Single-Jahre ausleben. Das stellt eine weitere Herausforderung dar. Sie fragen dich dann: »Ooooh, erzähl mal, was es bei dir Neues gibt!« Das kann lästig werden. Wenn du ihnen Einzelheiten erzählst, ziehen sie dich damit auf und lachen darüber, auch wenn dir eher zum Heulen zumute ist.

Emily hat ähnliche Erfahrungen gemacht: »Manche können wirklich ungemütlich werden; sie versuchen dich zu verkuppeln. Für einen Single ist das sehr unangenehm. Als ob du ein Niemand bist, wenn du allein lebst. Es ist einfach der pure Neid.«

Du bist in keinerlei Weise für die Unterhaltung deiner gebundenen Freunde zuständig, brauchst ihnen also nicht unbedingt die Einzelheiten deiner Single-Freiheiten zu verraten.

Wenn du ausgegrenzt wirst

Manche Paare sind dermaßen miteinander verbunden, daß sie ihre Single-Freunde wie Ausgestoßene behandeln. Leah meint dazu: »Als Single wurde ich von den Verheirateten völlig anders behandelt. Eine langjährige Freundin lud mich nicht mehr zu ihren Dinnerpartys ein, statt dessen kamen irgendwelche Leute, die sie nur flüchtig kannte. Das hat mich verletzt. Als ob es diese verdammte Arche Noah noch heute gibt. Ich glaube, daß wir Singles es in unserer Gesellschaft nicht leicht haben.«

Du wirst also entweder nicht eingeladen, wenn andere Paare dabei sind, oder falls doch, dann fühlst du dich wie das fünfte Rad am Wagen. Oder man versucht dich mit einem hoffnungslosen Fall zu verkuppeln, und alle belauern dich den ganzen Abend wie die Geier, ob nicht doch der Funke überspringt.

Das Allerschlimmste ist jedoch, wenn einer deiner Single-Freunde das Lager vertauscht und sich genau so verhält wie ein hochdotierter Fußballer, der den Verein wechselt und so tut, als ob er nie etwas mit der alten Mannschaft zu schaffen gehabt hätte. Emily meint dazu:

Meine allerbeste Freundin, die ich seit 18 Jahren kannte, ließ mich fallen, als sie einen Mann kennenlernte. Es war verblüffend. Erst hatten wir täglich miteinander telefoniert und dann überhaupt nicht mehr. Das ging an die Substanz. Ich bemitleidete mich sehr. Es war ein doppelter Verlust, den ich zu bewältigen hatte: Nicht nur, daß ich keinen Partner hatte, nun hatte ich auch sie verloren. Als sie mir ihre Verlobung mitteilte, fing ich an zu weinen. Ihre Reaktion: »Emily, man heiratet eben, wenn man in den Zwanzigern ist.« Es war sehr egoistisch und herablassend von ihr, so etwas zu sagen, und traf ziemlich genau meinen wunden Punkt.

Wenn Frauen sich mies verhalten

Es sind nicht nur Paare, die sich verletzend benehmen. Auch Singles können das gut.

Nach der obigen Erfahrung hatte Emily eine Gelegenheit, selbst ein wenig widerborstig zu sein:

Als eine sehr gute Freundin von mir einen Typen an der Uni traf, hatten wir eine ungeheuere Szene. Weil sie eine Beziehung hatte und ich nicht, verhielt ich mich so, als ob sie mir emotional etwas schuldete. Weil sie glücklich war, dachte ich, daß ich mich wie ein verzogenes Kleinkind aufführen könnte, um Mitleid zu erwecken. Ich kenne viele, die sich so verhalten. Ich kenne eine Single, die nicht mehr mit ihrer besten Freundin zusammen ist, da diese jetzt einen Freund hat. Sie hatte erwartet, daß sie immer abgeholt und irgendwo hingebracht wurde. Ihre Einstellung war: »Sie hat alles und ich nichts, deshalb ist sie mir etwas schuldig.«

So passiert es natürlich nicht jeder. Ich bin mit einem Paar befreundet, das ich sehr schätze, und ich freue mich jedesmal unglaublich, sie zu sehen.

Wenn es um Freundschaften geht, können seltsame Dinge geschehen, und es gilt, achtsam zu sein. Gerade wenn du allein bist, können Probleme mit Freunden sehr stark das Gefühl der Isolation in dir aufkommen lassen. Es hilft, zu wissen, daß das eine allgemeine Erfahrung ist und es nicht nur bei dir so läuft.

Wird deine beste Freundin zu deinem Beziehungsersatz?

Unter Umständen lenkst du deine gesamte Energie für eine Beziehung auf die nächstbeste Person in deinem Leben, nämlich deine beste Freundin. Du regst dich womöglich unheimlich auf, wenn sie sich nicht wie dein Freund verhält oder wenn sie selbst einen kennenlernt. Wenn eure Bezie-

---

Eine Liebesaffäre mit dir selbst

hung schwierig wird – durch Wutanfälle, Kämpfe, Konflikte –, frage dich, ob du nicht zuviel von ihr erwartest. Vergiß aber nicht, daß es in Ordnung ist, Konflikte auszutragen. Sie sind eine Übung für *alle* zwischenmenschlichen Beziehungen, wie du sie täglich erleben kannst, angefangen vom Milchmann bis zu deiner Mutter. Außerdem solltest du nicht außer acht lassen, daß du deine beste Freundin eigentlich nicht verlieren willst.

Einen Kreis von Gleichgesinnten schaffen

Wenn deine Beziehungen zu verheirateten Freunden immer schwieriger werden, kannst du einen Ausgleich schaffen. Werde Mitglied in einem »Single-Club«, der sich zur Aufnahmebedingung Spaß an der Leichtigkeit des Single-Seins gemacht hat.

Du baust dir also eine Gruppe aus Gleichgesinnten auf.

Du hast dir hoffentlich bis jetzt ein Netzwerk geschaffen, daß dich auffängt. Du weißt, wer dich unterstützt und wer nicht. Es sollten auch gleichgesinnte Singles dabei sein. Auch wenn ihr nur zu zweit seid. Aber je mehr, desto lebhafter. Single-Frauen jagen im Rudel.

Entweder schließt du dich einer bestehenden Gruppe an oder du gründest deine eigene.

Gegebenenfalls mußt du dir sogar ein neues soziales Leben aufbauen, das die Samstagabende auf dem Sofa ersetzt.

Gut ist es, wenn du dich mit anderen Singles austauschst. Wenn du kaum welche kennst, dann geh zu Single-Abenden, und zwar nicht nur um Männer kennenzulernen, sondern um *Freunde* zu finden. Je weniger Freunde du hast, desto eher neigst du dazu, in die »Ich brauche einen Mann, damit mein Leben stimmt«-Falle zu tappen.

Als Single verbringst du automatisch mehr Zeit mit deinen Freundinnen. Für viele Single-Frauen hat dieser Umstand erfreuliche Nebeneffekte. Rachel berichtet dazu:

Es war ein Wendepunkt in meinem Leben, als ich erkannte, wie wichtig Freundinnen sein können. Die Beziehung zu einem Mann hatte ich bis dahin isoliert betrachtet, als ob sie die einzige Beziehung ist, die mir das gibt, was ich brauche. Der Kontakt zu Frauen war für mich nicht sonderlich befriedigend, denn ich brauchte einen Mann, damit es interessant wurde. Jetzt erlebe ich eine Beziehung zu einer Frau als etwas sehr Schönes, da wir auf der gleichen Wellenlänge sind. Wir können über unsere Weiblichkeit sprechen und wie wir miteinander auskommen, ohne um einen Mann zu konkurrieren. Ich habe dadurch ein neues Identitätsgefühl entwickelt und weiß, wo ich hingehöre. In der Welt der Männer fühlen sich Frauen häufig nur dazugehörig, wenn sie zu einem Mann gehören. In der Welt der Frauen kann die Frau Frau sein. Ich habe sehr viel emotionale Unterstützung und Nähe, die ich sonst in einer Partnerschaft suche, von Frauen erhalten. Wenn du ein soziales Netz an Frauen hast, fühlst du dich dem Mann gegenüber nicht so bedürftig. Du fühlst dich stärker in der Beziehung zu einem Mann.

Die Vorzüge einer Freundin, der es noch mieser geht

Ein letztes Wort über Freundschaften in der Welt der Singles muß von Ella kommen, die in den höchsten Tönen darüber spricht, wie wertvoll eine Freundin ist, deren Leben noch mehr auseinanderfällt als dein eigenes. Sie sagt:

Es ist wichtig, eine Freundin zu haben, deren Liebesleben noch chaotischer ist. Egal, auf wie viele beschissene Typen du dich einläßt, bei ihr sind es noch mehr. Egal, wie viele Kilo du zulegst, bei ihr sind es mehr. Der Vergleich gibt dir den Trost, daß dein eigenes Leben doch nicht so furchtbar ist.

Wenn du der Ansicht bist, daß du andere brauchst, denen es noch schlechter geht, um mit dir selbst zufrieden zu sein, dann bist du nicht gerade ein Single – und das gern! Es sieht vielmehr so aus, als ob du ein Single und ganz schön frustriert bist . . .

Wie kann ich Freundschaften verbessern?

- Verändere deine innere Einstellung, wenn du mit Paaren zusammen bist. Fühlst du dich ausgestoßen, denke daran, daß es nur für einen Abend ist. Jacqui empfiehlt: »Es ist vielleicht nur die Sehnsucht nach ›das möchte ich auch haben‹, die dich runterzieht. Ich erlaube es mir nicht mehr, so zu denken, denn was bringt es, dich auf etwas zu fixieren, was du nicht hast? Es ist nur frustrierend. Konzentriere dich lieber auf das, was du hast.«

- Du brauchst nichts zu tun, was dir nicht paßt, oder nirgendwo hinzugehen, wo du nicht sein willst. Eine Freundin hatte mich mal zur Taufe ihres Babys eingeladen, als ich gerade eine ziemlich dunkle Phase durchmachte. Ich fühlte mich sehr unwohl dabei, also tat ich etwas ganz anderes: Ich rief meine Freunde an, erklärte genau, wie mir bei der Sache zumute war, und fragte sie, ob ich nicht lediglich zur Feier nach der Taufe kommen könnte. Sosehr ich sie auch mochte, hätte ich eine geballte Ladung von Paaren bei dieser Feierlichkeit nicht ertragen können. Meine Freunde hatten vollstes Verständnis, und ich fühlte mich hundertmal besser. Es ist eine gute Übung, um die Beziehung zu seinen Mitmenschen zu verbessern, wenn du nach dem fragst, was dir wichtig ist und es auch bekommst.

- Deine Zeit mit Kindern zu verbringen ist eine hervorragende Methode, deinen verzweifelten Kinderwunsch zu heilen. Stell dir vor, wie eine genervte Mutter sich fühlt, wenn auf dich ein schönes heißes Bad oder ein heißes Date wartet und sie einen heißen Kopf hat und noch ein heißes Essen vorbereiten muß.

- Du mußt gelassen damit umgehen und dir sagen, daß deine Zeit noch kommen wird. In diesen Phasen wird dein positives Denken auf die Probe gestellt.

- Finde neue Freunde. Werde Mitglied in einem Fitneß-Studio. Oder in einem Single-Club. Der Mythos, daß alte Freunde die besten Freunde sind und neue es nie werden können, ist eben genau das: ein Mythos. Wir verändern uns alle und dementsprechend ändern sich auch die Menschen, die in unser Leben treten, die sich von den neuen Aspekten unserer Persönlichkeit angesprochen fühlen.

- Es ist gut, bestimmte Dinge regelmäßig zu machen. Beispielsweise den Sonntagabend mit Freundinnen zu verbringen und *Tatort* anzuschauen. Du bist dann nicht die ganze Woche allein.
- Sei aktiv. Schlag deinen Freundinnen vor, etwas zu unternehmen.
- Sei ehrlich zu anderen. Sag ihnen, was du brauchst. Übertreibe ruhig dabei, damit es etwas leichter und witziger beim anderen ankommt. »Mensch, ich *brauche* es unbedingt!« (die Gesellschaft von jemandem, eine Umarmung, Hilfe beim Umzug), »Ich *verzweifle* sonst!«

Übung

Male einen Kreis in dein Tagebuch. Notiere außerhalb des Kreises die Namen von Freunden, die dein Single-Selbst nicht unterstützen. Innerhalb des Kreises sollten die Namen von Freunden stehen, die auf deiner Seite sind.

Wen willst du jetzt anrufen?

Ignoriere Ratschläge
Hör nicht auf das, was dir deine Freunde raten. Vieles von dem ist wirklich ihr eigenes Ding.
»Du brauchst keinen Mann« oder . . .
»Wann findest du endlich einen, der dich glücklich macht?«
»Wie bitte? Du hast mit ihm Schluß gemacht? Aber er war doch großartig.«
Lerne, deiner eigenen Weisheit zu vertrauen. Auch wenn du Fehler machst, na und? Dann hast du eben einen Fehler gemacht, und aus Fehlern lernen wir schließlich.

Harry und Sally – die Freuden, einen Mann als besten Freund zu haben

Ich kann nur empfehlen, einen männlichen Freund zu haben. Pete war wie ein Ersatz-Freund. Er war die treibende Kraft dahinter, mich zum Ausgehen zu animieren, Spaß zu haben und mir keine Gedanken über die Meinungen anderer zu machen. Er hatte unglaublich gute Connections und vermittelte uns immer die heißesten Feten, die gerade irgendwo stattfanden. Er war ein absoluter Hedonist und kannte entsprechend viele andere amüsierfreudige Männer, die beeindruckt von meinem Alter und meiner Erfahrung waren (ich war etwas älter als die meisten von ihnen). So verbrachten wir die nächsten zwei Jahre damit, uns jeweils mit den Freunden des anderen zu vergnügen.

Ella, 26

Um deine Beziehungsfähigkeiten zu trainieren, während du selbst in keiner steckst, bieten männliche Freunde eine hervorragende Arena. Für manche Frauen ist es selbstverständlich, viele Männer als Freunde zu haben. Für andere Frauen sind Männer lediglich entweder Autoritätsfiguren, Arbeitskollegen oder ihr sexueller Gegenpol – weshalb sie keine Freunde sind.

Dennoch verhältst du dich vermutlich mit deinen Freunden anders als mit deinen Freundinnen. Bei Männern gibst du dich eher lustig, rational und zum Flirten aufgelegt; die großen Gefühle sparst du dir für das Zusammensein mit deinen Freundinnen auf.

Aber auch Männer haben ein Seelenleben. Dich auch auf emotionaler Ebene mit einem Mann auszutauschen, in den du nicht verliebt bist, ist eine sehr gute Übung. Dabei kannst du auf weniger bedrohliche Weise lernen, authentisch in Beziehungen zu sein.

Vorteile

- Aus seiner männlichen Perspektive kann er dir sagen, was seiner Meinung nach schiefgelaufen ist in deiner letzten Beziehung, warum sich dein jetziger Partner nicht meldet oder wie du auf Männer wirkst: attraktiv, zurückhaltend, dogmatisch usw. . . .
- Du erfährst, wie Männer denken und fühlen. Er erzählt dir möglicherweise Dinge, die ein Partner in einer Beziehung nicht preisgeben würde.
- Du übst dich darin, mit einem Mann in einer anderen, nicht-sexuellen Art zu kommunizieren. Das kann helfen, diejenigen Muster aufzulösen, durch die du dich verstellst und dich Männern gegenüber verkrampft verhältst, weil du zu sehr auf das Sexuelle fixiert bist.

Für Leah war ihre männliche »beste Freundin« sehr nützlich.

Wir besuchten beide einen Zeichenkurs. Anfangs war er kein besonderer Freund, ich hatte nur erwähnt, daß ich diesen Kurs belegt hatte, an dem er auch sehr interessiert war. Wir sahen uns dort jede Woche. Er trennte sich dann von seiner Freundin, und ich war sowieso allein, also fingen wir an, gemeinsam etwas zu unternehmen. Was mir an männlichen Freunden gefällt, ist, daß sie gerne aktiv sind. Wenn ich mit meinen Freundinnen zusammen bin, sitzen wir entweder bei ihnen oder bei mir Zuhause herum und klönen. Er hingegen schlägt eine Segeltour mit dem Boot seines Freundes vor.

Wir wurden wirklich gute Freunde. Früher, als ich allein war, füllte ich die Lücken, die der Partner hinterlassen hatte, mit einem »besonderen« Mann – wie meinem Zimmernachbarn; oder irgendeinem Typen, mit dem ich ständig zusammen war. Sie waren der Ersatz für einen Freund. So holte ich mir das, was ich sonst in einer Beziehung bekommen hätte. Mit Jeremy war es jedoch anders. Ich weiß noch, daß ich dachte: »Ihn kann ich wie einen

Mann behandeln.« Was für mich bedeutete, daß ich mich nicht so wie mit einer Frau verhalten konnte, ich fiel eher in die weibliche Rolle. Er war ein Mann, noch dazu verfügbar. Ich wollte mich immer als die perfekte Frau vor ihm darstellen, auch wenn er mich nicht interessierte. Es fiel mir schwer, dieses Verhaltensmuster loszulassen. Die Wende kam, als wir zusammen zelten gingen. Ich ging ohne Makeup, mit ungewaschenen Haaren, und ich pinkelte sogar vor seinen Augen! Alles Dinge, die mit einer Freundin selbstverständlich sind. Damit hatte ich einen großen Schritt in die Richtung getan, Männer nicht als diese andersartigen, speziellen menschlichen Wesen zu betrachten, vor denen »frau« immer eine besondere Show abziehen muß. Meine Freundschaft mit Jeremy war wichtig, um in der Gegenwart von Männern zu lernen, authentischer und unverkrampfter zu sein.

Ähnliches erzählt Therese von ihrer »besten Freundin« Sam: »Er ist wunderbar. Ich habe viel mit ihm über meine Männergeschichten geredet, und es war sehr hilfreich, die männliche Perspektive zu hören.«

Natürlich kann die Sexualität unvermittelt wieder mit ins Spiel kommen. Unter Umständen verliebst du dich in ihn (dann siehe Seite 222), oder er verliebt sich in dich. Therese, die es so erlebt hat, erzählt: »Sam und ich waren viele Jahre befreundet gewesen, und als ich Single wurde, fing er an, ein wenig besitzergreifend zu werden. Er nahm mich zu einer Familienfeier mit, auf der er mich ganz eindeutig als seine Freundin vorgestellt hatte. Also sagte ich ihm ganz klar: ›Du bist wunderbar. Du weißt, daß ich dich wirklich gern habe. Aber wir haben keine gemeinsame Zukunft.‹«

Und – wer weiß – eines Tages entdeckst du, wie in *Harry und Sally*, daß ihr beide doch zusammengehört.

Oder vielleicht auch nicht, aber du wirst trotzdem sehr viel gewonnen haben.

11

Deine Glaubensmuster entlarven

Als ich mir meine Familiengeschichte und die Botschaften, mit denen ich aufgewachsen bin, vor Augen führte, wurde mir klar, daß bei uns eine Frau ohne Mann als Aussätzige galt. Sie wurde abgestempelt als eine, die keiner haben wollte. Ich wuchs also mit dem Glauben auf, daß eine Frau einen Mann braucht.

Ich war die jüngste Tochter, und anstatt mir das Heiraten mit 18 auszureden, sagte mir mein Vater damals, er könne sich nun auf seinen Lorbeeren ausruhen, seine Arbeit sei erledigt.

Mir fiel außerdem auf, daß die Frauen in unserer Familie zu allererst die Rolle der Fürsorgerin einnahmen. Sie gaben ihren Job auf, da sie jemanden hatten, um den sie sich kümmern konnten. Logischerweise suchte ich mir nach jeder Beziehung immer wieder einen neuen, um den ich mich kümmern konnte. Durch dieses Muster zog ich immer wieder Männer an, in die ich viel investieren mußte und die mir nichts zurückgeben konnten. Sie waren selbst zu bedürftig. Inzwischen achte ich darauf, daß derjenige auch für mich da ist, wenn ich ihn brauche. Mit weniger gebe ich mich nicht mehr zufrieden.

Therese, *über ihre Erkenntnisse zu den eigenen Glaubensmustern*

Willst du wirklich von einer gescheiterten Beziehung lernen und dein Single-Leben voll und ganz genießen, ist es entscheidend, dir klar darüber zu werden, was das Problem deiner vergangenen Beziehungen war. Vielleicht hast du noch keine Beziehung gehabt oder schon einige hinter dich gebracht. Wie dem auch sei, selbst wenn eine glückliche, gutfunktionierende Beziehung gerade im Sand verlaufen ist, können wir eine Menge über uns selbst erfahren, facettenreich und faszinierend, wie wir nun mal sind.

Gerade in Beziehungen lernen wir am meisten über uns. Sie sind das Spiegelbild unserer Einstellungen zu uns selbst und zum anderen, unserer Stärken und Schwächen, für unser Maß an Selbstachtung. Und Wissen ist Macht. Wenn du erst einmal die Verhaltensmuster in deinem Leben erkannt hast, ist das die beste Gelegenheit, sie zu verändern. Eine ehrliche und distanzierte Haltung unseren Mustern gegenüber ermöglicht es uns, die Verantwortung für uns selbst und unsere treibende Rolle in einer Beziehung zu übernehmen. Dadurch beleuchten wir unsere Schattenseiten und können lernen, unseren Ex-Partnern zu vergeben und weiterzugehen. Du sparst dir unter Umständen eine Menge Geld für Therapie-Sitzungen, da du dir selbst hilfst.

Eine Trennung ist sicherlich keine leichte Angelegenheit. Freiwillig würde sich keiner dieser Disziplin in der Olympiade des Lebens unterziehen wollen. Ich bin sicher, daß du dich das nächste Mal eher für den Beziehungsmarathon entscheiden würdest (vorzugsweise einen, der erst endet, wenn einer der Teilnehmer 103 Jahre alt geworden ist und nicht vorher schon auf halber Strecke schlapp macht), als für einen kurzen Sprint, der eine weitere Dosis Schmerz nach sich zieht.

Glücklicherweise gibt es etwas, was du sofort umsetzen kannst, um dem Traum von einer liebevollen, zufriedenen und dauerhaften Partnerschaft näher zu rücken. Zudem wirst du dich dabei viel wohler mit dir selbst fühlen.

Es braucht nur etwas Detektivarbeit, um herauszufinden, was schiefgelaufen ist, damit du diese Fehler in Zukunft vermeiden kannst. Die folgenden Fragen laufen auf die unumgängliche »Bewußtseinsarbeit« hinaus. Ohne diese geleistet zu haben, weißt du nicht, ob du deine Verhaltensmuster ablegen willst oder nicht. Ohne Selbsterkenntnis wirst du wie die silberne Kugel im Flipper-Automat hin und her geschleudert und von einem gummigepufferten Zusammenstoß zum nächsten katapultiert.

Checkliste für vergangene Beziehungen

Folgende Fragen sollen dir dabei helfen, die Qualität deiner verflossenen Beziehungen zu erkennen. Es hilft, die Antworten in deinem Tagebuch zu notieren. Wenn das Schreiben nicht so sehr deine Sache ist, denk darüber nach und tausche dich mit guten Freunden (oder generell jemandem, der dir nahesteht) aus.

Später werde ich darauf eingehen, was einige der Punkte *tatsächlich* bedeuten ...

Wie war mein Ex?
Was hat mich an ihm/ihr am meisten gereizt?
Was konnte ich überhaupt nicht ausstehen?

Haben meine Verflossenen irgend etwas gemeinsam?
Wenn ja, was ist es? Beachte:
positive Aspekte (charmant, gutaussehend, witzig, freundlich, großzügig, kreativ, intelligent);
negative Aspekte (unzuverlässig, unzugänglich, Workaholic, zuviel getrunken, kaltherzig, gefühllos, negativ, wütend, unentschlossen)

Warum ging es zu Ende?
Wer hat Schluß gemacht?
Aus welchem Grund?
Sind andere Beziehungen auf ähnliche Weise auseinandergegangen?
Hättest du sowieso Schluß gemacht?
Hast du eine Krise inszeniert, um insgeheim deinen Willen durchzusetzen?

Wie habe ich mich in der Beziehung verhalten?
Was habe ich zum Bruch beigetragen? (Diese Frage dient nur deiner Bewußtwerdung. Sie ist nicht als Waffe gegen dich selbst gedacht, um dich damit niederzumachen.)

Vielleicht habe ich mich folgendermaßen verhalten:

Meine Wut geschluckt, so daß sie zu Ablehnung wurde und meine Liebe damit erstickte;
meine Geduld verloren, so daß er sich abwandte;
mich angreifen, niedermachen oder kritisieren lassen (wegen meines Körpers, meiner Intelligenz, meiner Persönlichkeit, meines Lebensstils);
geglaubt, daß mein Partner immer recht hat – und mich entsprechend angepaßt;
Untreue toleriert;
selbst untreu gewesen;
Nähe vermieden, indem ich meine geheimsten Gedanken und Gefühle für mich behielt;
ständig nach dem einen Entscheidenden gesucht, mit dem die Beziehung funktioniert;
mich auf ihn und seine Wünsche fixiert auf Kosten meiner eigenen Bedürfnisse;
stets als erste Streicheleinheiten verteilt;
Anzeichen für Probleme ignoriert;
mich von Süchten hinreißen lassen, beispielsweise dem Essen oder dem Alkohol;
oder etwas anderes, das weder mir noch ihm gutgetan hat.

Der Sinn dieser Übung ist folgender:
Hör auf, dir weiterhin vorzumachen und davon zu schwärmen, was für eine phantastische Beziehung es doch war; dir soll bewußt werden, daß schließlich immer zwei dazu gehören. Aber du solltest auch begreifen, daß nur du dein Leben verändern kannst.

Was für einen Nutzen hatte ich von meiner letzten Beziehung oder allen vergangenen Beziehungen?
Konnte ich an der Beziehung festhalten, ohne mich verändern zu müssen?

Konnte ich ein Kind bleiben, versorgt werden und abhängig bleiben?

Konnte ich mein eigenes, unerfülltes Bedürfnis, gebraucht zu werden, dadurch ausleben, ihn zu bemuttern?

Wurde mein Überlegenheitsbedürfnis durch sein mangelndes Verantwortungsgefühl befriedigt?

Konnte ich meinen eigenen Problemen aus dem Weg gehen, indem ich mich vollkommen auf ihn fixierte?

Hatte ich jemanden, der mich/meine Kinder finanziell unterstützen konnte?

Wie urteilen meine Freunde/Familie über meine Beziehungen?

Erinnere dich an die Bemerkungen deiner Freunde oder Familie über deine letzten Beziehungen. Vergiß nicht, daß ihre Meinungen darüber, wie du dein Leben zu leben hast, durch eigene Glaubenssätze und Überzeugungen beeinflußt sind und deshalb in die Kategorie »Das ist deren Problem« fallen. Dennoch kennen dich diese Menschen nun mal sehr gut. Es wäre also unsinnig, die Augen vor Themen verschließen zu wollen, die euch gemeinsam betreffen. Hör bei den Bemerkungen, die dich am meisten nerven, genau hin – sie enthalten oft ein Körnchen Wahrheit, die du dir nicht eingestehen willst. (Keine Sorge, die anderen brauchen es nie erfahren, daß sie doch ein wenig recht hatten!)

War er wie Papa?

Oder Mama? Oder wie der Bruder, die Schwester, der Onkel, die Tante, dein Lieblings-Schullehrer oder deine erste große Liebe?

Dies ist der Punkt, an dem du dich ein wenig in Selbsttherapie üben solltest. Du kannst dir Stunden beim Therapeuten (und die ganzen Tausender in deinem Geldbeutel) sparen, wenn du die Muster deines Partners oder der Beziehung erkennst, die denen deiner Familie sehr ähnlich sind. (Darauf werde ich später noch eingehen.)

Wie war unser Sexleben?
Hat einer von euch keine Lust mehr auf Sex gehabt?
Gab es Probleme wie etwa Impotenz oder Frigidität?
Hatte der eine größere Lust als der andere?
Wann fingen die sexuellen Schwierigkeiten an, oder waren sie
von Anfang an da?

Oft gibt unser Sexleben die Stimmungsschwankungen in der Beziehung wie ein Seismograph wieder. Wenn es Konflikte gibt, zeigen sie sich normalerweise zu allererst im Bett. Andererseits kann gelegentlich auch großartiger Sex eine Möglichkeit sein, sich nahezukommen, wenn man ansonsten nicht zueinander findet.

Jetzt wird's ein wenig wissenschaftlich . . .

Beziehungs-Geschichte hat die Angewohnheit, sich zu wiederholen. Wir ziehen oft die gleichen Partner an, wieder und immer wieder. Das meine ich, wenn ich von Beziehungsmuster spreche.

Wenn es um Männer geht, stolpern Frauen manchmal in gewisse Fallen. Haben die Männer positive Eigenschaften – du wählst stets einen Mann aus, der dich liebt, verehrt und wie eine Prinzessin behandelt –, ist alles kein Problem. Es sind die negativen Muster, unter denen wir leiden.

Verbreitete negative Muster erkennt man an folgenden Merkmalen:

Emotional unerreichbare Männer: kühl, zurückhaltend, zu sehr mit ihrer Arbeit beschäftigt;
kleine Jungs: sie übernehmen keine Verantwortung, und du wirst schließlich zu ihrer Mutter;
Vaterfiguren: sind zu fürsorglich und können dich damit regelrecht ersticken;
eine Herausforderung: harte Arbeit, da er nicht zugänglich ist, du erschöpfst dich in dem Versuch, eine Beziehung zu ihm herzustellen;

Schreien nach Hilfe: hilflos, zu schüchtern, können nicht mit Geld umgehen;

große Retter: sind hervorragend, wenn du gerade in einer Krise steckst, wollen dir danach aber vorschreiben, wo es langgeht;

kontrollierende Männer: haben die Hosen an, sind bestimmend, lassen dich nicht dein eigenes Leben leben;

süchtige Männer: nach Alkohol, Drogen, Sex oder etwas anderem, manchmal sogar nach Arbeit;

Männer, die mißbrauchen: verbal, körperlich oder sexuell;

untreue Männer/Frauenhelden: muß ich noch mehr dazu sagen?

die Bindungsphobiker: himmeln Frauen an, suchen verzweifelt Kontakt, ziehen aber den Schwanz ein, sobald es ernst werden könnte;

gewalttätige Männer . . .

War er wie Papa?

Was hat *er* denn damit zu tun? Eine ganze Menge. Es gibt genügend Hinweise, daß Familienmuster sich wiederholen. Es war Freud, der zuerst behauptete, daß die frühkindliche Erziehung das restliche Leben maßgeblich beeinflußt. Seitdem sind sich Psychologen darüber einig, daß er zumindest in dem Punkt völlig recht hatte, wenn sie ihn ansonsten auch gern kritisieren.

Von klein auf lernen wir von unseren Eltern. Aus dieser ungünstigen Perspektive erscheinen uns die Eltern wie Götter – sie müssen recht haben, denken wir, da wir nichts anderes kennen und sie uns allmächtig vorkommen. Sie vermitteln uns also, was »Liebe« ist. Von unserem Vater lernen wir, wie Männer sind. Von unserer Mutter lernen wir, wie wir uns den Männern gegenüber verhalten sollen. Papa ist eventuell ein ziemlicher Mistkerl und Mama überhaupt kein Rollenmodell, aber das erkennen wir nicht. Es sickert alles in unser Unbewußtes und wird dort in einer Datei gespeichert, die das Wort »Liebe« trägt. Es ist tragisch, aber wahr:

Wenn wir die Liebe als etwas Rücksichtsloses und Gefühlskaltes erlebt haben, werden wir uns auch entsprechend rücksichtslose und gefühlskalte Lover aussuchen.

Glücklich sind diejenigen, die in einer fröhlichen, intakten Familie aufgewachsen sind, in der Liebe und Zuneigung zum Ausdruck gebracht wurden und die Kinder sich frei entwickeln konnten. Alle anderen haben mit dem zu kämpfen, was die Psychologen »Thema« nennen.

Mein eigenes Beispiel dient als gute Vorlage für ein solches »Thema«:

Während meiner Kindheit und Jugend wurde ich – ein Einzelkind – von meinem Vater völlig ignoriert.

Nicht ein einziges Mal fuhr er mit mir in die Ferien, spielte Ball oder ging in den Park mit mir; er half mir nie bei den Hausaufgaben oder brachte mich ins Bett. Er aß in einem anderen Zimmer, außer wenn es diese unerträglichen Familientreffen gab. Er saß dann beim Essen mit dem Rücken zu mir, als ob er unter der Aufsicht eines Gefängniswärters stand. Sobald er seine Mahlzeit beendet hatte, erhob er sich und ging. Ich seufzte vor Erleichterung. Ich entwickelte daraufhin den Abwehrmechanismus, ihn auch zu ignorieren. Es war grausam.

Jetzt bin ich älter und habe erkannt, daß er krankhaft depressiv war. Seine eigene Kindheit war brutal. Er wurde von seinem betrunkenen Vater geschlagen und in Schränke gesperrt. Er versuchte deshalb, das genaue Gegenteil seines Vaters zu sein. War er auch. Er trank nie. Und statt gewalttätig zu sein – eine destruktive Art, Anteilnahme zu zeigen –, strafte er mich mit Nichtachtung.

Als ich mit 17 Jahren von zu Hause auszog, dachte ich, ich hätte das Erwachsenenalter unbeschädigt erreicht. Von wegen.

Ich habe meine Verhaltensmuster analysiert und erkannt, daß die Auswirkungen von einem Vater, der dich einfach nicht wahrnimmt, gravierend sind. Auf fatale Art und Weise habe ich mich in Männer verliebt, die nicht zugänglich waren. Meistens waren sie

Workaholics – genau wie mein Vater. Es war oft mit Anstrengung verbunden, ich mußte darum kämpfen, die Aufmerksamkeit des Mannes zu erhalten. Oft erfolglos. Es ist noch nicht allzu lange her, daß die Vorstellung von einem liebevollen, netten, aufmerksamen Mann mir tödlich langweilig erschien. Der Mann in meiner Ersatzbeziehung war meinem Vater ähnlicher als alle bisher Dagewesenen. Als ob ich es mir zum Abschluß noch mal so richtig geben mußte mit einem Typen, der genau wie Papa war. Nur mit einem Unterschied: Es fühlte sich einfach nicht mehr richtig an. Ich wußte, daß ich Besseres verdient hatte, und ich konnte die Beziehung – und hoffentlich auch das dahintersteckende Muster – loslassen. Endlich, nachdem ich mich über 20 Jahre damit herumgeschlagen hatte.

Für ein Mädchen ist eine gesunde Beziehung zu ihrem Vater äußerst wichtig. Ohne diese erlebt zu haben sucht sie unter Umständen ewig nach dieser männlichen Figur und gerät immer an den Falschen.

Meine Geschichte ist ziemlich typisch für Frauen, die in irgendeiner Form eine unglückliche Kindheit hatten. Unsere Liebesbeziehungen als Erwachsene werden nicht von unseren problematischen Primärbeziehungen verschont:

Die Anziehung von Menschen, die unseren Eltern oder Geschwistern ähneln

Frag mich nicht warum, aber fast alle meiner bedeutenden Beziehungen hatte ich zu Männern mit dem Sternzeichen Waage. Dunkelhaarig, mit feinen Gesichtszügen. Vor etwa 20 Jahren hatte ich meine erste, ernstzunehmende Beziehung mit einer »Küß-mich-ich-bin-unwiderstehlich«-Waage mit rabenschwarzem Haar.

Diese Waagen hatten es aber nun mal an sich, daß sie emotional abweisend und unzugänglich waren. Genau wie mein Vater.

Psychologen sprechen von romantischen »Liebesentwürfen«,

die wir uns von klein auf erschaffen. Unsere vergangenen Erfahrungen mit jenen, die uns geliebt haben oder eben auch nicht, lassen in uns ein »Phantombild« über die Art Menschen entstehen, zu denen wir uns hingezogen fühlen. Unsere Liebesentwürfe enthalten nicht nur körperliche Merkmale dieser Personen, sondern auch emotionale und psychische.

In unserem Unbewußten sind diese Liebesentwürfe gespeichert. Wir *sagen* uns nicht bewußt: So, jetzt suche ich mir wieder einen gefühlskalten Mann mit behaarter Brust, der einen Volvo mit Spoilern fährt. Ist es nicht verrückt, wie wir einem Fremden aus hundert Metern Entfernung bereits ansehen können – später, bei genauer Betrachtung, erweist es sich als Tatsache –, daß er nicht nur Haare auf der Brust hat und gefühlskalt ist, sondern tatsächlich ein begeisterter Fan von Sportwagen mit Spoilern ist, Teufel noch mal! Wenn wir genau hinschauen und an unseren Vater, Bruder oder den Nachbarsjungen denken, können wir bestimmt irgendwelche Ähnlichkeiten entdecken. Vielleicht hat dein Vater auch für Spoiler und große schwedische Autos geschwärmt.

Natürlich sind das alles nur lächerliche Beispiele. Du hast bestimmt ein paar einfallsreichere auf Lager. Aber du verstehst, wo's langgeht. Analysiere deine psychische Struktur – was hat dir deine Beziehung gebracht? Es hilft dir, deine Bedürfnisse zu erkennen, mit denen du dich in deiner Single-Phase auseinandersetzen kannst.

In einem *Cosmopolitan*-Feature stand folgendes: »Dein Typ *ist* vielleicht gar nicht dein Typ. Der Mann, der dein Herz höher schlagen, deine Augen glänzen und deinen Körper beben läßt – der also genau deinem Liebesentwurf entspricht –, ist nicht unbedingt der, mit dem du glücklich und zufrieden den Rest deines Lebens verbringen könntest.«

Wir wiederholen Verhaltensmuster, um unsere alten Traumata zu heilen

Unser Unbewußtes scheint zu denken: »Wenn ich es schaffe, daß dieser tyrannisierende Mann mich liebt, dann werde ich dafür entschädigt, daß mein tyrannisierender Papa mich nie geliebt hat, und erhalte endlich das, wonach ich mich so lange gesehnt habe.« Das Problem ist nur, daß tyrannisierende Männer das bleiben, was sie sind – tyrannisierende Macker –, und wir sind erneut am Boden zerstört.

Das erklärt, warum Frauen aus Alkoholiker-Familien tragischerweise dazu neigen, sich Alkoholiker als Partner auszusuchen; warum Frauen, die als Kinder geschlagen wurden, sich von gewalttätigen Männern angezogen fühlen. Psychotherapeuten nennen dieses Verhalten, die gleiche, schwierige Erfahrung mit den Eltern später nochmals erleben zu wollen, »Wiederholungszwang«.

Es lohnt sich, dir folgende Fragen zu stellen:

Wie war die Beziehung zu meinem Vater?

Wie war die Beziehung zu meiner Mutter?

Die zu meinen Geschwistern?

Beeinflussen vergangene Erlebnisse meine derzeitige Beziehung auf negative Art und Weise?

Was halte ich von Männern?

Leide ich an einem Wiederholungszwang, und wenn ja, an welchem?

War deine letzte Beziehung eine Verbesserung gegenüber der vorherigen oder eher das Gegenteil? Wenn du auf süße Versager fliegst, war er ein besserer oder schlechterer Versager als der vorherige? Wenn er nicht eine ganz so große Niete war, dann laß dir gratulieren. Falls doch, na ja, »c'est la vie«. Das Leben hat die Angewohnheit, uns so lange mit der Nase auf Dinge zu stoßen, bis wir die Botschaft dahinter kapiert haben. Rappel dich wieder auf und fang von vorn an.

12

Die Glaubenssätze zertrümmern

Einer meiner Kernglaubenssätze war, daß ich dick, häßlich, weder begehrens- noch liebenswert sei. Diese Einstellung, sich selbst zu lieben, mußte ich mir mühsam erarbeiten. Erst als ich Schritt für Schritt anfing, an mich selbst zu glauben, konnte ich mich auch besser annehmen. Es ist ziemlich schwer, dich selbst zu lieben, wenn du nicht gleichzeitig weißt, was du mit deinem Leben anfangen willst. Es fällt nicht leicht, zum Wesentlichen vorzudringen. Das Kunststudium hat mir sehr geholfen, dieses Glaubensmuster aufzulösen. Ich suchte nicht mehr nur nach Bestätigung durch andere, ich konnte sie mir teilweise selbst geben. In der Kunst geht es sowieso darum, sein Innerstes auszudrücken.

Leah, über die Vorteile, negative Überzeugungen aufzugeben

Noch eine Frage, die du dir stellen solltest:

Mit welchen Botschaften über Liebe und Partnerschaft von seiten meiner Familie, dem Umfeld, der Gesellschaft und den Medien bin ich aufgewachsen?

Wie das Beispiel von Therese im letzten Kapitel zeigt, können Familienbotschaften sehr mächtig sein. Es ist nicht nur das Verhalten der Eltern, sondern auch das, was sie dir gesagt haben, was dich beeinflußt.

Meine Mutter verharrte ihr Leben lang in einer schwierigen, destruktiven, kräftezehrenden Ehe, bis mein Vater starb. Dann erst erblühte sie. Es war ihre Entscheidung und ihr Vorrecht. Und ich erhielt die unausgesprochene, unbewußte Nachricht, daß jede Beziehung besser als keine Beziehung ist. (Ich will meiner Mutter hier keine Schuld zuschreiben, sondern lediglich aufzeigen, wie wir im Leben Informationen aufnehmen, die uns dann eine glückliche Zukunft bescheren.)

Die Botschaft meiner Mutter hatte mannigfaltige Auswirkungen. Erstens habe ich einen Großteil meines Lebens in irgendwelchen Beziehungen verbracht; zweitens war es für mich sehr beängstigend, eine schlechte Beziehung aufzugeben; drittens ist es immer noch eine echte Herausforderung, allein zu sein, auch wenn ich mittlerweile weiß, daß es mir guttut. Ich bin nicht stolz darauf, aber es hilft mir, sanfter mit mir selbst umzugehen, wenn ich weiß, daß ich mit einem uralten, tiefsitzenden Familien-Glaubensmuster kämpfe.

Unsere »Liebes«-Datei in unserem Unbewußten wird tagtäglich mit jedem neuen Update voller und voller. Auf ihr werden schon in der Kindheit die Happy-End-Märchen gespeichert, die im krassen Gegensatz zu der Art Liebe, die bei unseren Eltern zur Scheidung führte, stehen. Gespeichert werden auch die Einstellungen unserer Großeltern und der Eltern unserer Freunde zum Thema »Liebe«. Auch der erste Kuß von einem Jungen, die vielen gebrochenen Herzen oder ein tragischer Liebesfilm – sie alle werden gespeichert.

Es gibt eine Übung, mit der man die Datei öffnen und einen Blick auf den Boden dieses Fasses werfen kann. Diese verstaubten, mit Eselsohren versehenen Papierfetzen, vor ewigen Zeiten abgelegt, diktieren möglicherweise immer noch unsere Herzensgefühle: Es sind unsere tiefsten Glaubenssätze.

Übung

Erstell eine Liste von Glaubenssätzen zum Thema Partnerschaften, mit denen du aufgewachsen bist. Verwende dafür einige Stichpunkte. Dein Glaubenssystem in punkto Beziehungen, das dich in deinem täglichen Leben beeinflußt, wird dir dadurch deutlich.

Ein paar Beispiele:

Alle Männer sind Schweine.
Anderen Frauen kann man nicht trauen.
Man kann keinem trauen.
Er läßt mich am Schluß sitzen.
Es ist wichtig, verheiratet zu sein.
Wenn ich verheiratet bin, werde ich glücklich sein.
Allein kann ich nicht glücklich werden.
Eine beschissene Beziehung ist besser, als Samstagabend allein zu Hause zu sein.
Der andere muß mir ständig seine volle Aufmerksamkeit schenken, damit ich weiß, daß ich geliebt werde.
Wenn mich jemand wirklich liebt, hat er keine Lust, mit anderen Leuten zusammenzusein.
Ich muß immer gut aussehen und nett sein, damit der Mann mich liebt.
Keiner wird mich lieben, wenn ich mich wirklich zeige.
Ich bin nur okay, wenn ich von jemandem geliebt werde.
Allein komme ich nicht zurecht.
Ich bin für die Gefühle der anderen verantwortlich.
Ohne Mann bin ich nichts.
Sex ist gleich Liebe.
Im Grunde bin ich unfähig und brauche jemanden, der sich um mich kümmert.
Männer sollten immer mehr Geld als Frauen verdienen.
Ich verdiene es nicht, so geliebt zu werden, wie ich es mir wünsche.
Ich bin beziehungsunfähig.

Ich muß immer gut sein und darf keine Fehler machen.

Das Verhalten anderer ist mir außerordentlich wichtig, und ich sollte mich darum bemühen, sie nach meinen Vorstellungen zu verändern.

Überleg dir zudem, welche Überzeugungen dem Verhalten deiner Eltern zugrunde lagen. Sprich mit ihnen – Menschen verraten ihre grundlegenden Glaubenssätze in ihren Äußerungen, ohne daß sie es merken. Bemerkungen wie »Typisch Mann, sie sind alle wie Kinder« verrät, daß Männer unreif, inkompetent und hoffnungslos und Frauen überlegen sind.

Einige deiner Glaubenssätze können völlig in Ordnung und äußerst lobenswert sein – beispielsweise, daß jeder mit Respekt behandelt werden sollte. Andere mögen vielleicht durchtrieben sein. Und wieder andere können völlig daneben sein.

Meine Glaubenssätze über Männer sind . . .

Meine Glaubenssätze über Frauen sind . . .

Die Botschaft, die mir meine Mutter über Männer vermittelte, war . . .

Die Botschaft, die mir mein Vater über Männer vermittelte, war . . .

Die Botschaft, die mir mein Vater über Frauen vermittelte, war . . .

Die Botschaft, die mir meine Mutter über Frauen vermittelte, war . . .

Die Botschaft, die mir meine Eltern über Sex vermittelten, war . . .

Die Botschaft, die mir meine Eltern über Liebe vermittelten, war . . .

Die Glaubenssätze aus meiner Kindheit über Männer/die Liebe sind . . .

Die Glaubenssätze aus meiner Jugendzeit über Männer/Liebe/Sex sind . . .

Meine Glaubenssätze als Erwachsene über Männer/Liebe/Sex sind . . .

Denk an deine Großeltern, Stiefeltern, Geschwister, Tanten und Onkels, Schullehrer, wichtige Freunde, Kindermädchen. Was haben sie dir über Liebe, Männer, Frauen und Beziehungen erzählt?

Versuche, den stärksten und entscheidensten Glaubenssatz, der alle anderen mit einschließt, herauszufiltern.

Stell dir dann die grundlegende Frage:

Was bringt mir dieser Glaubenssatz?

Um es an einem Beispiel zu verdeutlichen: Mary wuchs in einer Familie auf, in der nur abfällig über Sex gesprochen wurde – von beiden Elternteilen. Sie erhielt die Botschaft, daß Sex etwas Schmutziges und Verwerfliches ist. Das verwandelte sich zu dem Glaubenssatz: Sex ist schlecht; ich bin schlecht, wenn ich ihn möchte. Diese Überzeugung führte bei Mary dazu, daß sie nie eine langfristige, liebevolle Beziehung eingehen und sich der süßen, leidenschaftlichen Seite des Lebens hingeben konnte.

Es sei hier nochmals betont: Diese Erkenntnisse sollen dich nicht niedermachen, sondern dir helfen, dich selbst besser zu verstehen.

Sind die Überzeugungen erst einmal aufgedeckt, können sie auch verändert werden. Für jeden abwertenden Glaubenssatz kannst du dir einen positiven ausdenken. Zum Beispiel:

Alle Männer sind Schweine
Ich verwerfe diesen Glaubenssatz. Ich glaube jetzt daran, daß Männer im großen und ganzen in Ordnung sind.

Ich bin beziehungsunfähig
Ich verwerfe diesen Glaubenssatz. Ich bin überzeugt, daß meine Beziehungen immer besser und besser werden.

Und so weiter. Du setzt hiermit das wirkungsvolle Mittel der Affirmationen ein. Indem du sie andauernd wiederholst, können sie sich in deinem Leben manifestieren und die Veränderungen bewirken, die du dir vorstellst. Wiederhole deine Sätze im Bus, unter der Dusche, in der Mittagspause – bis sie in deine unbewußte Liebes-Datei durchgesickert sind und den alten überflüssigen Müll ersetzt haben.

Tips für Affirmationen:

- Formuliere sie in der Gegenwartsform, als wären sie schon jetzt Realität. Also nicht: »Eines Tages werde ich eine glückliche, liebevolle Partnerschaft haben«, sondern »Ich erschaffe mir jetzt eine glückliche, liebevolle Partnerschaft«.
- Betone das Positive; verwende keine negativen Formulierungen. Sag also nicht »Ich fühle mich nicht mehr angezogen von Männern, die nicht verfügbar sind«, sondern eher »Ich ziehe liebevolle und einfühlsame Männer an«.
- Wiederhole sie, so oft es geht, hänge sie an deine Schlafzimmerwand, zitiere sie im Bad, nimm sie auf Kassette auf und spiele sie beim Autofahren ab.
- Überleg dir unterstützende Affirmationen, die klar ausdrükken, daß du dich von deinen alten Mustern trennen willst: »Ich lasse alle negativen Glaubensmuster los.«

Die alles entscheidende Gewinn-Frage: Was erfahre ich dadurch über meine Selbstachtung?

Ich ging zu einem Therapeuten, um meine Selbstachtung, die mir in meinem Leben sehr stark fehlte, wieder aufzubauen. Ich hatte diesen Mangel gut versteckt, er äußerte sich jedoch durch seltsames Verhalten, wie mein übertriebenes Training, bei dem ich mir eine Knieverletzung zugezogen hatte. Oder durch mein hartes Schuften im Job, um ja die Anerkennung der Kollegen zu erhalten, obwohl ich mich dabei völlig überforderte. Und ich hatte andauernd Dates mit Männern, die sich überhaupt nicht um mich bemühten. Ich fühlte mich mehr und mehr am Rand eines Abgrunds. Es bröckelte ständig, so daß ich jede Minute hätte abstürzen können.

Als ich die Beziehungen zu meinen Geschwistern und Eltern in der Therapie analysierte, hörte ich auf, mich mit Männern zu treffen. In der Zeit davor, meiner Single-Phase, war ich kurz mit einem Typen zusammen, der Alkoholiker war – wie mein Vater; davor mit einem viel jüngeren Typen, der sogar aussah wie mein jüngerer Bruder; davor hatte ich ein paar One-Night-Stands mit einem Kerl, der mich schmerzhaft an meine Schwester erinnerte, die früher drogensüchtig war. Es ist seltsam, wie man andauernd versucht, in einer gegenwärtigen Beziehung die vergangene gescheiterte wiedergutzumachen. Sobald es mir jedoch bewußt wurde, traf ich wie durch ein Wunder einen Mann, der authentisch und liebevoll war.

Elaine, 26, über ihre »Dating«-Muster

Selbstachtung ist heutzutage ein bestimmendes Thema. Sie *ist* unglaublich wichtig. Es geht nicht nur um einen verkaufsstarken Trend, der nach fünf Jahren so überlebt ist wie die Top Ten von letzter Woche. Wie biologisches Gemüse und Kalziumtabletten ist Selbstachtung unerläßlich für unser Wohlbefinden, zu jeder Zeit. Selbstachtung führt zum Erfolg.

Wie sieht es bei dir aus? Könnte deine Selbstachtung eine Auffrischung vertragen?

Es geht hier darum, wieviel Wert wir uns selbst beimessen. Wenn du tief in deinem Inneren glaubst, daß du nichts Besonderes bist – nicht hübsch, nicht klug, irgendwie nicht liebenswert –, braucht deine Selbstachtung einen kräftigen Schub. Glaub bloß nicht, daß du allein da stehst. Jeder hat ein anderes Gefühl von Selbstwert. Sogar Menschen, die Erfolg, Ruhm und den ganzen verdammten Zirkus haben, fühlen sich im Grunde wie Heuchler und haben Angst davor, eines Tages enttarnt zu werden.

Außerdem können wir nicht von anderen erwarten, daß sie uns wertschätzen, wenn wir es nicht selbst tun. Du würdest sicherlich keine Cola von einer Firma kaufen, die sagt: »Diese Cola taugt nichts, wir stellen sie aus irgendeinem Gemisch her, uns ist gute Werbung vollkommen egal, wir verschenken sie an den erstbesten, der sie nimmt.« Du willst doch eine Cola von einem Unternehmen, das sie mit »This is it. The real thing« vermarktet.

Wie mit der Cola, so soll es auch bei dir sein.

Rate mal, was passiert, wenn wir uns geringschätzen? Klar, wir treffen auf Leute, die uns dementsprechend behandeln.

Selbstachtung ist etwas Merkwürdiges. In manchen Bereichen besitzt du sie im Überfluß, in anderen pfeifst du aus dem letzten Loch. Wie bei Therese, die schon mehrfach in diesem Kapitel zu Wort kam. Sie gehört zu den Top-Unternehmensberatern in England und kassiert ein Vermögen für ihre Arbeit. Aber ihre Unsicherheit, wenn es um das Thema Mann geht, ist enorm. Knallhart am Verhandlungstisch, butterweich im Bett. Seitdem sie ihren Ehemann mit 16 Jahren kennenlernte, hat sie sich ständig mit Männern eingelassen, die gefühlskalt und abweisend waren. Sie hatte in der Beziehung immer nur gegeben, um damit zu »beweisen«, daß sie doch liebenswert sei. Als sie 39 Jahre wurde, nach fast zwei Jahren Singletum, entdeckte sie einen Knoten in ihrer Brust. Dieses Erlebnis hatte tiefgreifende Auswirkungen. Sie sagt dazu: »Etwas an der Tatsache, daß ich diesen Knoten in meiner Brust habe, ließ mich klar erkennen, wie sehr ich es akzeptiert hatte, von Männern so wenig zu erhalten, und wie ich immer zu den Geberinnen gehört hatte. Ich bin jetzt entschlossen, so lange allein zu bleiben, bis ich einen Mann treffe, der mich genauso wertschätzt, wie ich es mittlerweile tue.«

Du hast was Besseres verdient!

Symptome geringer Selbstachtung in Partnerschaften:
    Sich fügen;
    hinnehmen;
    nicht fragen;
    Unmögliches verlangen;
    leugnen;
    Dinge entschuldigen/Ausreden suchen;
    ständiges Jammern (wenn es tatsächlich so schlimm war, und du der Meinung bist, du hast etwas Besseres verdient, wärst du längst abgehauen);

Und so weiter . . .

Jetzt frag dich:
Wenn ich mich wirklich selbst liebe, wenn ich mich tatsächlich wertschätze und respektiere, hätte ich mir das bieten lassen?
Wenn ich mein eigener bester Freund wäre, was würde ich mir raten?

Zur Stärkung der Selbstachtung

Affirmationen;
Sag nein zu schwächenden Beziehungen;
emotional etwas riskieren (das zu verlangen, was dir wichtig ist; Freunden mitteilen, was dir an ihrem Verhalten nicht paßt);
es dir gutgehen lassen;
Single sein und dabei dein Leben selbst meistern;
Unabhängigkeit und Selbstbestimmung, die das Single-Dasein bieten.

Die gute, nein, die wirklich *aufregende* Nachricht ist die: Alle Frauen, die mal allein gelebt haben, waren der Meinung, daß sich ihre Selbstachtung dadurch stärker entwickelte und alte, destruktive Glaubensmuster aufgelöst wurden. (Erinnerst du dich an die Zitate zu Beginn des 8. Kapitels?)

Warnung vor dem Kategorisieren

Bei den Übungen zum Thema »Verhaltensmuster« besteht die Gefahr, vorschnell zu kategorisieren. Man kann sich in das »Ich-falle-immer-auf-Schweine-herein«-Syndrom hineinsteigern. Nicht alle Männer sind Schweine. Nicht alle Schweine sind Schweine. Wie es Susan Jeffers sinngemäß in ihrem weisen Buch . . . *Aber lieb sind sie doch* beschreibt: Wir können es den Männern nicht vorwerfen, daß

---

sie auf uns herumtrampeln, sondern nur erkennen, daß wir ihnen nicht aus dem Weg gehen.

Es geht hier um Bewußtseinsarbeit und nicht darum, jemanden zu kritisieren. Du hast ihn nicht ohne Grund ausgewählt. Du hast in deiner letzten Beziehung sicherlich viele »Geschenke« erhalten. Auch wenn es eine entsetzliche Partnerschaft war, kam dir das »Entsetzliche« vielleicht irgendwie vertraut vor. Diese Erkenntnis ist wertvoll; beim nächsten Mal weißt du dann Bescheid!

Veränderungen hier und jetzt!

Das alles ist nur dummes Drumherumgerede, wenn du nicht zur Tat schreitest. Tust du es, kann es dein Leben grundlegend verändern. Man kann es üben, auch ohne Beziehung!

Verwende deine Erkenntnisse aus der Übung im 11. Kapitel über die Muster und fang mit kleinen Schritten an. Entscheide dich nicht für das andere Extrem, wie »Okay, ich laß mich jetzt von keinem mehr ausnutzen«. Niemand verändert seine Persönlichkeit über Nacht. Du kannst aber mit kleinen Dingen anfangen, beispielsweise zu einem Arbeitskollegen nein sagen, wenn er dich mal wieder ausnutzen will. Wenn du dich in deiner Beziehung schon nicht durchsetzen konntest, ist es sehr wahrscheinlich, daß es dir in anderen Beziehungen ebenso ergeht. Also fang an, dich in deiner Familie oder bei deinen besten Freunden zu behaupten. Wenn du zu nachgiebig bist, dann werde stur. Wenn du zu aufbrausend bist, halt das nächste Mal die Luft an und zähl bis zehn, wenn dich jemand auf die Palme bringt.

Ariana berichtet: »Nachdem mit John Schluß war, erzählten mir meine Freunde, daß er unglaublich bestimmend gewesen sei. Mir wurde klar, daß ich nie meine Wünsche geäußert hatte, sondern immer das tat, was er wollte. Ich glaube, er hat mich deshalb nicht respektiert und ist auf mir herumgetrampelt. Und ich ließ es zu. Als ich mit Freunden darüber sprach, fragte ich mich, was ich mir eigentlich wünsche. Die Antwort war: Ich will das und das machen. Und nicht: Es ist mir egal, entscheide du. Durch diese kleine Veränderung fühlte ich mich bereits so viel besser – besser mit mir selbst und zufriedener. Den Fehler werde ich nicht noch einmal in einer Beziehung begehen.«

Jede kleine Veränderung wird dich aufbauen und dich glücklicher mit dir selbst machen. Deine Selbstachtung wächst jeden Tag ein bißchen mehr, so daß du immer weniger bereit bist, eine Beziehung zu ertragen, die dich nicht weiterbringt, und statt dessen Ausschau hältst nach liebevollen Partnern.

13

Mit Frustphasen umgehen

Wenn ich viel Energie habe, geht es mir gut. Wenn ich aber keine habe, ist es ein Drama. Ich frage mich dann: Ist das alles im Leben? Du fühlst dich als Opfer und denkst »ich Arme«. Wenn ich frustriert bin, geht mir das Single-Dasein auf den Geist und ich überlege, was das Ganze eigentlich soll. Und warum gerade ich? Ist es jetzt zu spät, weil ich nun mal so alt bin, wie ich bin, und alle anderen unter Dach und Fach sind? Es sind ganze Jahre vergangen, in denen ich überhaupt keinen Mann getroffen habe. Es gibt einfach keine vernünftigen. Meine Freunde entschuldigen sich für ihre Artgenossen und meinen, sie würden gut verstehen, warum ich ein Single sei. Bei dem miesen Pack. Ich schaue mich um und kann ihnen nur zustimmen. Also wozu mich bemühen? Ich hatte nie das Gefühl, daß jemand an mir interessiert sei, man hat mich nur kurz wahrgenommen. Manchmal wünschte ich, lesbisch zu sein, weil Frauen viel aufregender sind. Bin ich aber nicht. Wenn ich in einer solchen Stimmung bin, liegt es entweder daran, daß ich kurz vor meiner Periode stehe oder daß es einen bestimmten Anlaß dazu gegeben hat. Aber meistens geht es rasch wieder vorüber.

Louise, *seit längerem Single*

Es holt mich meistens ein, wenn ich im Bett liege. Ich fluche und denke: Verdammter Mist! Ich könnte dann einfach losheulen. Klagen gehen mir durch den Kopf. Wenn ich manchmal eine schwierige Phase durchlebe, denke ich auch, daß ich keine Lust mehr habe, alles allein zu tragen.

Maria

Es gibt Momente, in denen ich mich erschöpft oder mißmutig fühle und mich am liebsten auf das Sofa kuscheln will, um mir ganz entspannt mit jemandem einen Film im Fernsehen anzusehen. Es ist mühsam, als Single neue Kontakte zu knüpfen. Außerdem vermisse ich den Sex, die Intimität mit einem Mann. Die Lust schläft mit der Zeit ein, aber es deprimiert mich.

Rachel

Als mein Liebesabenteuer mit einem Iren vorbei war, kam ich oft nach Hause und dachte: »Ich will überhaupt nichts mehr tun. Ich werde einfach dahinvegetieren, bis ich vertrockne.« Das gefiel mir gar nicht. Aber etwas anderes wollte ich auch nicht tun. Ich rief ihn ganz bewußt nicht an, fühlte mich aber einsam und verzweifelt. Diese Art Einsamkeit ist das Schlimmste. Im Moment komme ich mit dem Single-Dasein einigermaßen zurecht, es geht aber sehr auf und ab. Als ich vor kurzem bei Sainsbury zum Einkaufen war, hörte ich eine Frau schreien und sah einen Mann auf dem Boden liegen. Es hat mich sehr bedrückt, mitzuerleben, wie die Frau beruhigt werden mußte. Ich dachte nur: Mein Gott, wenn ich hier allein umkippe, wer würde es bemerken? Älter werden und womöglich auch noch krank dazu – die ganze Sache jagt mir Angst ein. Ich will nicht allein alt werden.

Lynsey

Du läßt dich so durchs Leben treiben und denkst, daß es eigentlich ganz schön ist, und plötzlich, *rums*, stürzt du ab. Du gehst mal wieder allein ins Bett und heulst das Kissen voll, weil deine Sehnsucht, dich an einen schönen warmen Körper (nicht den der Katze) zu schmiegen unermeßlich ist.

Der Auslöser kann ein bestimmtes Ereignis sein. Du läufst zufällig deinem Ex über den Weg, bist ganz verschnupft, er aber braungebrannt. Oder deine Freundin heiratet. Oder deine Oma fragt dich schon wieder: »Hast du immer noch keinen gefunden,

Liebes?« Oder das Wetter ist genau so, wie es damals war, als er dich verließ, und ein Teil deines Stammhirns läßt wieder alte Erinnerungen an die furchtbare Zeit hochkommen. Oder du wirst krank oder hast Probleme bei der Arbeit; die Vorstellung, allein damit kämpfen zu müssen, treibt dich zur Verzweiflung.

Fünf Monate nach der Trennung dachte ich, es ginge mir gut. Ich hatte viel zu tun mit meiner Arbeit, ging abends oft aus und meinte, das Schlimmste wäre vorbei. Bis zu dem Tag, an dem die Hochzeit meiner Freundin stattfinden sollte. Ich wachte schon aufgelöst auf und weinte stundenlang. Ich dachte, ich würde mich nicht zusammenreißen können bis dahin, aber es mußte sein, da ich ihr beim Ankleiden helfen sollte. Ihr Zukünftiger war ein wundervoller, zuverlässiger, geistreicher Mann, der den Boden, auf dem sie stand, küssen würde, so sehr vergötterte er sie.

So schön es auch war und sosehr ich mich auch für sie freute, so hatte ich trotzdem das Gefühl, als stieße man mir ein Messer ins Herz. Alle waren glücklich und strahlten vor Freude; ihr Ehemann, gewandt und gutaussehend; sie, leuchtend und verehrt. Irgendwie brachte ich den Tag herum, ging nach Hause und heulte weiter. Nach einigen verweinten Tagen war das Gefühl plötzlich verschwunden, genau so schnell, wie es gekommen war.

Du wirst vermutlich auch Phasen erleben, in denen du dich völlig down fühlst. Das kann für ein paar Stunden, einige Tage oder Wochen anhalten. In Janes Fall dauerte es ein Jahr. Sie berichtet:

Ich war nicht mehr erwünscht und igelte mich für ein ganzes Jahr ein. Ich saß nur in meiner Wohnung, hörte Radio, nahm Musik auf und stellte mir Kassetten mit meinen Lieblingssongs zusammen. Ich brauchte das.

Ich erkannte, daß einer meiner größten Ängste die vor dem Verlassenwerden war; durch das Alleinsein wurde mir bewußt, daß ich darauf programmiert war, es als Scheitern anzusehen. Ich dachte, ich wäre von der sozialen Leiter gefallen. Ich beschloß, mich damit auseinanderzusetzen, anstatt mich in oberflächliche soziale Kontakte zu flüchten, egal ob sie lohnend waren oder nicht. So erhielt ich meine Energie zurück, anstatt sie über verschiedene Kneipen in der Umgebung zu zerstreuen. Mit der Zeit verlief mein Leben wieder in geordneteren Bahnen, so wie jetzt. Und das ist hunderttausendmal besser.

Jane brauchte also ein Jahr. (Keine Panik! Das heißt nicht, daß du für zwölf Monate in der Versenkung verschwindest, falls dich eine Frustphase erwischt.)

Manchmal können es auch nur Momente sein. Wie Louise es im 10. Kapitel beschreibt, so bekomme auch ich gelegentlich weiche Knie, wenn ich eine schwangere Frau oder Frauen mit ihren Babys sehe und mir vorstelle, daß ein Mann sie genug liebt, um mit ihr Kinder haben zu wollen. Babys sind ein Symbol für allerhöchste Verbundenheit. Meine Freundin Laura sagt: »Ich sitze manchmal vor dem Fernseher und denke: Mein Leben ist gelaufen, ich bin eine alte Kuh und keiner liebt mich. Dann reiße ich mich aber zusammen, gehe abends weg, flirte herum und fühle mich gleich viel besser.«

In Frustphasen kommt gewöhnlich ein letzter Rest Verzweiflung auf, und wie meine Großmutter sagen würde: Laß es besser raus, als es runterzuschlucken.

Hinter all dem Frust steckt oft eine ganz bestimmte Angst.

Jacqui kämpfte wochenlang mit der »Was ist, wenn ich keinen mehr finde«-Panik. »Ich war so entsetzt über die Vorstellung, keine Chance mehr zu haben, Kinder in die Welt zu setzen, daß ich bereits beim Anblick von jungen Lämmern zu heulen anfing. Anscheinend müssen alle Ängste und Sorgen eine Zeitlang in deinem Kopf herumgeistern, bis dein Unbewußtes sie verarbeitet hat. Ich weiß gar nicht mehr, wann meine Panik, keine Kinder mehr zu bekommen oder keinen Mann zu finden, sich allmählich legte. Du mußt einfach damit leben. Sie hat sich von allein verflüchtigt, und irgendwann war es mir nicht mehr so wichtig.«

Diese Down-Phasen kommen auch, wenn du gerade die Schnauze voll hast vom Alleinsein. Louise beschreibt es so:

»Wenn ich die Schnauze so richtig voll habe, erlebe ich Zeiten, die ich ›schöpferische Erschöpfung‹ nenne. Ich erledige dann sehr viel im Haushalt – Regale aufräumen und ähnlichen Kram. Ich besuche sogar – du lieber Himmel! – meine Ex-Freunde und putze deren Regale gleich auch noch. Aber irgendwann reicht es mir mit meinem schöpferischen Aufräumen; ich frage mich dann, warum ich mich nicht einfach mal fallen und umsorgen lassen kann.

Tips

Sei nett zu dir selbst. Du brauchst vermutlich besonders viel Aufmerksamkeit, wenn du frustriert bist – dummerweise fällt es dir gerade dann besonders schwer, dich zu verwöhnen.

Sprich mit jemanden darüber, wie du dich fühlst. Sorg für deine emotionalen Stimmungen: Bleib nicht allein an besonders gefährlichen Tagen wie Jahrestagen, Weihnachten, Valentinstag. Sorg für die Unterstützung, die du brauchst.

Das gleiche gilt, wenn du allein lebst: Nimm dir für Feiertage genügend vor. Menschen sind nicht dafür geschaffen, isoliert zu leben. Du wirst nur noch verzweifelter werden.

Tage des Frusts sind unvermeidlich – das heißt aber nicht gleich, daß du in eine ewige Depression verfällst.

Wenn deine Gedanken dich zum Wahnsinn treiben, lies dir noch mal das 4. Kapitel durch.

Vermeide es, die Situation übertrieben zu dramatisieren. Normalerweise steckt Angst oder Schmerz dahinter. Versuche die Angst hinter dem Schmerz zu verstehen.

Wende deine Affirmationen an und bleib positiv in deinen Gedanken.

Laß dich berühren. Entweder durch eine Massage oder bitte einen Freund, dich zu umarmen.

Ist es Liebe? Ist es Sehnsucht?

Manchmal werden Single-Frauen von einem unstillbaren Verlangen überfallen. Du glaubst in solchen Fällen gern, daß sich dieses Gefühl auflösen würde, wenn du nur einen Mann hättest. Oder wenn du wieder so leben könntest wie mit Fred, würde diese Sehnsucht sofort verschwinden.

Oder eben auch nicht. Vielleicht ist es nicht Liebe, die du für Fred empfindest, sondern Sehnsucht. Die Sehnsucht nach etwas anderem, etwas, was du nicht haben kannst. Das ist verständlich, wenn du dich als Single gerade äußerst elend fühlst. Wir sehnen uns nach etwas, das uns von dem Schmerz befreit. Aber häufig verschwindet der Schmerz gerade dann, wenn du bereit bist, dich auf ihn einzulassen.

Ich bin oft von diesem Verlangen überwältigt worden; es ist außerordentlich stark. Als ich endlich den Job hatte, um den ich mich jahrelang bemüht hatte, fühlte ich mich einerseits sehr enthusiastisch, andererseits stellte ich mir jeden Tag auf dem Weg zur Arbeit die Frage: Warum bin ich denn immer noch unzufrieden? Warum fühlt es sich in meiner Brust so eng an? Dieses Schweregefühl im Magen? Ich war sehr erleichtert, als Bob Geldof's Buch *So war's* erschien. Sogar er mit all dem Ruhm, der weltweiten Bewunderung und der Heiligtuerei ist auch nicht besonders glücklich. Gott sei Dank. Ich bin also nicht die einzige.

Heute kann ich es als das annehmen, was es ist: Ein Verlangen nach etwas, das ich nicht habe. Das Sehnen nach einem Wunder, das mein Leben in Ordnung bringt. Das kann ein Gefühl der Liebe sein. Oder der Nostalgie. Oder das Gefühl, das ein sentimentaler Film bei dir auslöst.

Dem Verlangen liegt das Unbestimmbare zugrunde. Es ist entweder das Verlangen nach einer verlorenen Liebe oder einer Liebe, die wir niemals finden oder nach der himmlischen Verantwortungslosigkeit unserer Kindheit. Es kann sich auch in der Form äußern, daß wir denken, dies sei nicht unser Leben, dies sei eigentlich nicht unsere Bestimmung. Oder manchmal ist es einfach das Verlangen nach einem bestimmten Wetter, wie eine Sehnsüchtige aus langjähriger Erfahrung berichtet. Sogar im Wörterbuch wird Verlangen nur unzureichend definiert. Im *Wahrig-Wörterbuch* wird es mit den Worten »Wunsch«, »Forderung«, »Sehnsucht« beschrieben. Schlägt man unter »Sehnsucht« nach, steht dort lediglich »inniges, schmerzliches Verlangen«.

Leah ist mittlerweile - nach einer Reihe katastrophaler Beziehungen - Expertin geworden, was das Verlangen betrifft. Sie berichtet:

Sobald ich mich ernsthaft verliebte, waren es immer Männer, die gefühlskalt und abweisend waren. Dadurch hatte ich eine Ikone, die ich verehren konnte. Er symbolisierte alles, was ich mir in meinem Leben wünschte, aber nie bekam, weil er für mich nicht erreichbar war – er ging fremd oder war betrunken oder was auch immer. Was ich für Liebe hielt, war im Grunde nichts anderes als Sehnsucht. Die Trennung von diesen Männern bewirkte natürlich, daß meine Sehnsucht stärker wurde.

Ganz allmählich erkannte sie, was ihrer Sehnsucht zugrunde lag:

Ich fühlte mich als Kind mit meinem Vater sehr verbunden. Er war wie mein bester Freund, Bruder, ständiger Begleiter. Meine Liebe zu ihm war grenzenlos. Als ich elf war, verschwand er. Und ich sehnte mich nach ihm. Ich vermißte ihn aus tiefster Seele. Deshalb verliebte ich mich ständig in unerreichbare Männer, um erneut in diese Situation zu kommen, diese Sehnsucht zu spüren. Dadurch fühlte ich mich auf seltsame Weise meinem Vater sehr viel näher. Ich identifizierte diese Sehnsucht mit ihm.

Joanne erlebte das Verlangen als ein tiefes nostalgisches Gefühl für »nichts Besonderes«. Sie erzählt:

Es ging mir besonders als Teenager und Twen so. Es fühlte sich an wie ein Loch im Bauch, eine Traurigkeit und ein Getriebensein.

Ich wollte Karriere machen, ein aufregendes Leben führen. Mich plagten jedoch Unsicherheit, Angst und Minderwertigkeitsgefühle. Ich wurde dabei sehr wehmütig. Ich wollte mich am liebsten in eine frühere Epoche flüchten – eine historische Periode, die ich in Filmen erlebt hatte, in der das Frausein weitaus weniger kompliziert erschien als im 20. Jahrhundert mit all seinen Freiheiten und Möglichkeiten, aber auch den ungeheuren Anforderungen.

Ich glaube nicht, daß wir drei irgendwelche verrückte Trauergestalten sind. Wir sind alle erfolgreiche berufstätige Frauen, die mit beiden Beinen im Leben stehen. Immer wenn ich über das Verlangen spreche, fühlen sich besonders Frauen angesprochen. Es scheint eine verquere Eigenschaft der Menschen – besonders der Frauen – zu sein, sich ständig nach etwas zu sehnen, das wir nicht bekommen können.

Lynda Field, Psychotherapeutin und Autorin, hat sich näher mit dem Thema Sehnsucht beschäftigt. Sie glaubt, daß Frauen leichter dazu »verführt« werden als Männer. Sie meint dazu: »Bei dem Wort Sehnsucht denke ich an eine Frau, die auf eine Chaiselongue niedersinkt und schmachtend auf einen Mann wartet, der ihr die Lösung präsentiert. Ich bin überzeugt, daß sich Frauen mehr ›sehnen‹. Wenn uns eine Situation aus der Bahn wirft, wenden wir uns nach innen, werden emotional und klagen uns selbst an; das ist wiederum ein gefundenes Fressen für die Sehnsucht.«

Lynda Fields Theorie über die Sehnsucht erklärt, warum wir uns trotzdem weiterhin nach etwas sehnen, auch wenn wir das bekommen (oder auch nicht), was wir wollten: »Wir erleben die größte und tiefste Sehnsucht nach dem, was Psychologen ›Selbstverwirklichung‹ nennen. Wir wollen uns ganz fühlen. Drei Ebenen sind dabei involviert: Körper, Geist und Seele. Man könnte es so beschreiben, daß wir uns auf einem Weg befinden, der unsere Seele nährt, wir aber unterwegs abbiegen, um uns von Junk-Food zu ernähren. Unsere Süchte bringen uns auf Abwege – Beziehungen, von denen wir wissen, daß sie uns nicht guttun oder Arbeitsverhältnisse oder Situationen, die uns zwar schaden, die aber wenigstens etwas Aufregung und einen Adrenalinstoß verschaffen. Im Grunde willst du doch das beste: in Frieden mit dir selbst und deiner Welt sein. Aber gelegentlich machst du einen Abstecher und holst dir etwas zu Naschen. Dadurch jedoch wird das große Loch der Sehnsucht in deinem Inneren nicht gefüllt, also treibt es dich weiter an.«

Ihre Theorie erklärt auch, warum wir weiterhin unglücklich sind, wenn wir beispielsweise fünf Kilo abgenommen und das zur Voraussetzung gemacht haben, um mit unserem Leben zufrieden zu sein. Lynda Field erklärt das folgendermaßen: »Du verwirklichst dein Bedürfnis zielstrebig, aber nur auf einer Ebene, etwa der physischen, wozu die Diät gehört. Du mußt aber alle drei Ebenen berücksichtigen. Ich habe drei Kinder zur Welt gebracht, was die Sehnsucht aber auch nicht gestillt hat. Dinge, die dir ein Wohlgefühl vermitteln, befriedigen einen Teil des Verlangens. Du fühlst dich etwas runder, während du weiterhin versuchst, Körper, Geist und Seele gleichermaßen zu befriedigen.«

Viele von uns haben als Kinder Verachtung, Vereinsamung und Zerrüttung erlebt; diese Erfahrungen haben in uns ein Loch hinterlassen, das gefüllt werden muß – wie etwa bei Leah, die ihren Vater verloren hat. Indem wir lernen, unsere innersten Bedürfnisse selbst zu befriedigen, läßt die »Sucht nach dem Sehnen« über die Jahre nach.

In meinem Fall hat sich die Sehnsucht erheblich verringert, seitdem ich durch meinen Beruf völlige Befriedigung und Erfüllung gefunden habe – etwas, was mein »Traumjob« mir nie gegeben hatte. Leah hat ihre Sehnsucht dadurch gemäßigt, daß sie sich bewußter über ihre Verhaltensmuster in bezug auf Männer geworden ist und diese nicht mehr danach auswählt, inwieweit sie ihrem Vater ähneln.

Joanne, die sich nach einer anderen Epoche sehnte, hat sich entschieden, erwachsen zu werden und ganz in diesem Leben zu leben. Sie sagt dazu: »Im nachhinein glaube ich, daß es bei meiner Sehnsucht um die Zerrissenheit ging zwischen der Geborgenheit meiner Kindheit und der Angst vor der Veränderung, den bedrohlichen Dingen wie Verantwortung, die Notwendigkeit, mein eigenes Geld zu verdienen, einen Mann zu suchen, eine Wohnung und eine Arbeit zu finden, all diese beunruhigenden Dinge des Erwachsenenlebens. Jetzt hat dieses Gefühl sehr stark nachgelassen, weil ich mir die Dinge geschaffen habe, die mir im Leben wichtig sind und einiges erlebt habe. Beispielsweise habe ich berühmte Leute kennengelernt, die eigentlich doch nicht so atemberaubend sind, wie sie immer dargestellt werden.«

Es ist nicht so, daß wir drei nicht doch gelegentlich einen Anflug von Sehnsucht erleben. Aber ich bin diesem Gefühl nicht mehr so ausgeliefert, und es löst sich schneller wieder auf. Auch Leah berichtet: »Als ich diesen Sommer im Urlaub war, besuchte mich mein Freund für einige Zeit. Als er zurück mußte, ich ihn zur Fähre brachte und ihm hinterherwinkte, überkam mich eine Welle der Sehnsucht. Ich kann sie mittlerweile gelassener wahrnehmen und sage mir dann: Ach ja, da ist sie wieder, diese Sehnsucht. Es ist, als ob ich ein wenig neben mir stehen und mich beobachten würde.«

Für Lynda Field ist die beste Methode, um mit einem Sehnsuchtsanfall umzugehen, die, sich davon zu lösen: »Ehrlich gesagt kann es manchmal sehr stimulierend sein, ein wenig Sehnsucht zu spüren – sich mal mit einem völlig unpassenden Mann zu treffen oder sich etwas Junk-Food einzuverleiben. Tu es, aber völlig bewußt. Distanziere dich innerlich von der Situation und beobachte dich; es wird dir sehr viel leichter fallen, das Ganze wieder abzuschütteln. Wenn wir aus der Bahn geworfen werden, dann deshalb, weil wir uns unbewußt verhalten. Wenn wir klar erkennen, was vor sich geht und daraufhin ein wenig in das dunkle Reich der Sehnsucht eintauchen, ist es leicht, den Ausgang wieder zu finden.«

Wenn du dich von der Sehnsucht ein Stück weit distanzieren kannst, bestimmst du sie und nicht sie dich. Du betrachtest sie als das, was sie ist – ein alter Freund, der dich darauf hinweisen will, daß es noch Ziele gibt, die verwirklicht, Bedürfnisse, die wahrgenommen werden wollen. Die Sehnsucht wird nie ganz verschwinden, sie kann ruhig ein willkommener Besucher bleiben, der ab und zu vorbeikommt. Aber sie sollte kein Dauergast werden, der dich deiner ganzen Energie beraubt und für zuviel Wirbel sorgt.

14

Vergiß die Gefühle — was passiert, wenn das Auto den Geist aufgibt?

Ich entschloß mich, einen auf Mann zu machen. Ich war pleite, nachdem mich mein Freund verlassen hatte, also mußte ich mir den billigsten Klempner, den billigsten Schlosser suchen. Dann fiel mein Auto auseinander, und ich mußte mir ein neues kaufen, ganz allein; auch das mußte ganz billig sein. Letztendlich kam ich zu einem lilafarbenem Fiat Panda; jedesmal wenn ich mich hinters Steuer setze, bin ich begeistert, daß ich ihn selbst ausgewählt und gekauft habe. Ich mußte in den sauren Apfel beißen und meine Angst und Hilflosigkeit in diesen Dingen überwinden.

Leah, über die irritierenden Dinge des Single-Daseins

Die Herausforderungen der Soloexistenz liegen nicht nur im Ticken der biologischen Uhr, wenn überhaupt keine Biologie stattfindet, sondern auch darin, mit einer durchgebrannten Sicherung klar zu kommen, wenn man allein zu Hause ist. Verdammt, was ist überhaupt eine Sicherung?

Es gibt zwei Sorten von Mensch auf dieser Welt, unabhängig vom Geschlecht. Diejenigen, die hervorragend und mit viel Geschick die Dinge des täglichen Lebens meistern, und diejenigen, die nicht mal ein Bild anbringen können. Wenn du zu den letzteren dieser Extreme gehörst, folgt jetzt ein Leitfaden für dich.

Der Satz »Das kann ich nicht« raubt dir jegliche Power. Du kannst es sehr wohl. Wenn du erst einmal lernst, die Dinge selbst in die Hand zu nehmen, wirst du dich sehr befriedigt fühlen.

Werde ich von Automechanikern nicht übers Ohr gehauen?

- Automobil-Clubs wie etwa der ADAC können dir eine Werkstatt in deiner Nähe empfehlen. (Es ist sowieso eine gute Idee, einem dieser Clubs beizutreten – falls du eine Panne hast, brauchst du das »hilflose Frauchen« zu spielen, sondern rufst den Pannendienst über dein Handy.)
- Schreib alle Geräusche oder Probleme auf, bevor du in die Werkstatt fährst. Versuche nicht, technische Erklärungen abzugeben – beschreib sie lediglich.
- Stell viele Fragen. Bitte den Mechaniker, dir die Reparaturen genau zu benennen und sie dir aufzulisten.
- Laß dir Kostenvoranschläge von verschiedenen Werkstätten geben und prüfe, ob sie die Mehrwertsteuer, die Kosten für Ersatzteile und Arbeitszeit enthalten. Hast du einen schriftlichen Kostenvoranschlag, dann muß sich die Werkstatt weitgehendst daran halten (mündliche Vereinbarungen gelten nicht).
- Falls du es dir leisten kannst, geh zu einer Vertragswerkstatt. Ihre Arbeit ist vom Hersteller autorisiert, deshalb müssen sie gute Qualität liefern. Meine Rover-Werkstatt wird von einer Frau geführt. Eine Tatsache, die mein Vertrauen noch verstärkt.
- Denk dran: Du bist der Kunde, und sie sind dazu da, dir zu dienen.
- Wenn es das erste Mal ist und du dermaßen unsicher bist, nimm einen deiner neuen Freunde mit.

Ist es nicht gefährlich, allein zu leben?

Nicht wenn dein Zuhause sicher ist. Außerdem passieren die meisten Einbrüche zwischen 14 und 16 Uhr, wenn die Mehrheit bei der Arbeit ist. Dennoch willst du nichts riskieren ...

- Vermeide es, eine Erdgeschoßwohnung zu mieten bzw. zu kaufen, da diese leichter zugänglich ist.
- Bring an Fenstern und Türen gute Schließvorrichtungen an. Deine Hausratsversicherung setzt das sowieso voraus.
- Mehr als 60 Prozent der Haushalte haben keine abschließbaren Fensterriegelung, und meistens wird durch das Fenster eingebrochen.
- Sorge dafür, daß du gute Schlösser an den Türen hast. Sie sollten nur eine Kombination haben, und Ersatzschlüssel sollten ausschließlich durch Vorlage eines Ausweises nachgemacht werden können.
- Gib deine Hausschlüssel nur Menschen, denen du wirklich vertrauen kannst.
- Installiere automatische Sicherheitslampen – sensorgesteuerte Lampen, die sich anschalten, wenn jemand die Lichtschranke durchläuft.
- Lern deine Nachbarn kennen, damit du ihnen Bescheid sagen kannst, falls du verreist.
- Die örtliche Polizeiwache kann dir einen Kriminalbeamten ins Haus schicken, der dich kostenlos über Sicherheitsvorkehrungen berät.
- Bitte einen Freund, deinen Anrufbeantworter zu besprechen. Sprich nie eine Nachricht auf Band, die besagt, daß du die nächsten zwei Wochen nicht zu Hause sein wirst.
- Bestell die Zeitung ab, wenn du verreisen willst, damit dein Briefkasten nicht verräterisch überquillt. Laß ihn von Freunden oder Nachbarn leeren.
- Besorg dir Zeitschaltuhren, damit die Lichter eingeschaltet werden, auch wenn du außer Haus bist. Laß Radio oder Fernsehen laufen, wenn du kurz weg bist, damit man denkt, jemand sei zu Hause.
- Ein Telefon an deinem Bett wirkt beruhigend. (Und ein Hammer darunter!)

Was passiert, wenn die Sicherung durchbrennt?

Oder das Dach undicht ist? Oder der Boiler kaputtgeht? Oder die Türen aus den Angeln fallen? Ja, ja, Haushaltskrisen sind lästig, aber du kannst sie meistern.

- Ruf die zuständige Handwerkskammer oder die Verbraucherzentrale an, die dir eine Liste von entsprechenden Firmen in deiner Region zuschickt. Wenn du erfahren willst, ob eine Firma auf ihrer Liste steht, erhältst du diese Information auch telefonisch.
- Frag Freunde und Nachbarn nach Klempnern, Baufirmen, Elektrikern usw.
- Besteh auf einen Arbeitsplan, bevor sie anfangen, egal wie geringfügig die Arbeit ist. Damit du weißt, wie lange es dauern wird, welches Material benötigt wird und wie viele Arbeitsstunden voraussichtlich anfallen werden.
- Leiste niemals Vorauszahlungen – zahle die Rechnung in Raten oder vereinbare Teilzahlungen, damit du ein Druckmittel hast, falls die Arbeiten nicht ordentlich ausgeführt wurden.
- Versuch, dich nicht auf einen Stundenlohn einzulassen – es ermuntert dazu, die Arbeit auszudehnen. Vereinbare möglichst eine Pauschalrate.
- Bist du mit der Arbeit nicht zufrieden, wende dich erneut an die Firma und lege ihnen die schriftlichen Vereinbarungen vor; gehe bei der Erläuterung des Problems methodisch vor.
- Hast du damit keinen Erfolg, wende dich an die zuständigen Verbraucherschutzverbände – viele bieten eine Rechtsberatung an.
- Wenn das nicht möglich ist, kannst du vor Gericht gehen. Oft wirkt allein schon die Tatsache Wunder, daß du es ernst meinst, und die Probleme werden plötzlich doch behoben.

Was ist, wenn ich mit meinen Finanzen nicht klarkomme?

Da die meisten von uns ihr eigenes Geld verdienen, haben wir bereits Erfahrung im Umgang damit. Dennoch machen sich Frauen mehr Sorgen darüber als Männer - allerdings machen sie auch fünfmal seltener Pleite als Männer.

- Finanzberater leben davon, anderen Menschen bei ihrer Finanzplanung behilflich zu sein. Frag Freunde, ob sie dir einen empfehlen können oder schlage in den Gelben Seiten nach. Ein unabhängiger Berater (der keine Werbung für ein bestimmtes Unternehmen machen muß) ist am besten. Frag ihn nach seiner Qualifikation, wie lange er in dem Bereich schon tätig ist und wie viele Kunden er hat.
- Suche drei oder vier Berater auf und vergleiche die Angebote – wenn es große Diskrepanzen zwischen den einzelnen gibt, erkundige dich nach dem Grund.
- Laß dir einen Termin mit deinem Banker geben. Sprich mit ihm, bevor du in ein finanzielles Chaos gerätst. Außerdem ist er dann entgegenkommender, sollte es dennoch passieren.
- Stell so lange Fragen, bis du alles verstanden hast. Schließlich ist es dein Geld.
- Erkundige dich, ob du ein Darlehen für deine berufliche Fortbildung erhalten kannst. Es werden oft zahlreiche finanzielle Möglichkeiten angeboten, von denen wir gar nichts wissen. Wer nicht Bescheid weiß, kann auch nichts in Anspruch nehmen.
- Wenn es um die Finanzen geht, kümmere dich auch um deine Rente. Junge Frauen sind in dieser Angelegenheit häufig sehr schlecht organisiert.
- Lies den Wirtschaftsteil einiger Tages- und Wochenzeitungen. Versuch, dich mit der Thematik vertraut zu machen.

Was ist, wenn ich mir das Single-Leben nicht leisten kann?

Oft heißt es, das Leben zu zweit sei billiger. Deshalb geraten wir in Panik, wenn der andere auszieht. Nach neuesten Untersuchungen ist das ein Mythos. Ein Grund für diesen Mythos ist, daß Paare mehr Zeit zu Hause verbringen und ihren Wein aus dem Weinladen genießen können, wohingegen Singles ihre Drinks in der Kneipe kippen. Aber es gibt verschiedene Möglichkeiten zu sparen:

- Einige Kfz-Versicherungen bieten günstige Frauen-Tarife für Pkws an (Frauen verursachen weniger Unfälle und reklamieren seltener).
- Hausratsversicherungen fallen günstiger aus, falls sich deine Habseligkeiten einigermaßen in Grenzen halten. Vorausgesetzt, sie kalkulieren ihre Tarife nach dem Umfang deines Besitzstandes.

Wie sicher ist es, allein durch die Straßen zu gehen?

Nach offiziellen Statistiken werden Männer häufiger überfallen als Frauen. Ein Mann zwischen 16 und 29 Jahren ist viermal mehr gefährdet als eine Frau. Für eine Frau um die 30 liegt das Risiko lediglich bei einem halben Prozent. Trotzdem solltest du keine unnötigen Risiken eingehen.
- Kein Grund, sich unhöflich oder paranoid vorzukommen, falls du kurz in einer Kneipe Zuflucht suchst, weil du das Gefühl hast, verfolgt zu werden.
- Vertrau deiner Intuition. Frauen, die überfallen wurden, berichten oft, »irgend etwas« habe sie darauf aufmerksam gemacht, daß sie verfolgt wurden.

- Eine Freundin oder eine Gruppe von Frauen kann genausoviel Schutz bieten wie ein Mann.
- Vermeide einsame Unterführungen, dunkle Straßen und Abkürzungen, auch wenn du einen Mann an deiner Seite hast.
- Diejenigen, die Autos überfallen, ergreifen die Gelegenheit, wenn sie sich anbietet – sie lauern dir nicht auf. Wenn du mit verriegelten Autotüren fährst, Fenster und Schiebedach geschlossen hältst, bist du in Sicherheit.
- Werde Mitglied in einem Automobilclub, etwa dem ADAC. Falls du eine Autopanne hast, helfen sie meist in kürzester Zeit.
- Kauf dir ein Handy. Du kannst dann jemanden aus deinem (verriegelten) Auto heraus um Hilfe rufen.

25 Regeln für das Single-Leben

1. Du machst kein Date mit einem miesen Typen aus, nur weil er besser als keiner ist.
2. Du machst nichts, was du nicht wirklich willst.
3. Du gehst nicht auf eine Fete, wenn du krank oder erschöpft bist, nur weil »er« oder »die wahre Liebe« da sein könnte.
4. Du läßt dich nicht von der Angst »was ist, wenn ich keinen finde« tyrannisieren.
5. Wenn du frustriert bist, suchst du dir Trost und Unterstützung.
6. Du verurteilst dich nicht selbst für vergangene Fehler.
7. Du fixierst dich nicht darauf, wie wunderbar dein Ex war. Oder was für ein Ekel.
8. Männer anderer Frauen sind tabu - auch wenn sie es sind, die etwas von dir wollen.
9. Du sagst nein zu den Leuten, die deine Energie, Zeit und Aufmerksamkeit in Anspruch nehmen, ohne etwas zurückzugeben.
10. Du bist in der Lage, selbst zu bohren, zu tapezieren, Türen zu streichen. Oder jemanden dafür zu bezahlen.

11. Du paßt auf dich auf, d. h., daß du gut und regelmäßig ißt und dich verwöhnst, wann immer es nötig erscheint.
12. Du verhältst dich vernünftig, du praktizierst Safer Sex und achtest auf deinen Körper.
13. Dir ist klar, daß ein Mann, der einmal gelogen, betrogen, geklaut oder Frauen geschlagen hat, es immer wieder tun wird.
14. Du akzeptierst, daß im Leben, in der Freundschaft und in der Liebe so manches in die Hose gehen kann. Du stehst es durch und gehst weiter.
15. Deine Empfindungen sind ernst zu nehmen.
16. Du bist ernst zu nehmen.
17. Du kannst deine eigenen Entscheidungen treffen und mit den Konsequenzen leben.
18. Du kannst dein eigenes Geld verdienen und brauchst keinen Mann dazu.
19. Du kannst Samstagabend zu Hause verbringen, ohne daß dir die Decke auf den Kopf fällt.
20. Du verbittest dir, dich von deinen Eltern wie ein Kleinkind behandeln zu lassen, jetzt, da du wieder Single bist.
21. Du genießt deine eigene Gesellschaft.
22. Du bekommst kein schlechtes Gewissen oder fühlst dich zu irgend etwas verpflichtet, wenn dich deine Freunde mit einem grauenhaften Mann verkuppeln wollen.
23. Den Satz »Ich bin beziehungsunfähig« streichst du aus deinem Gedächtnis.
24. Du schiebst nicht mehr alle Schuld auf die Männer, egal wie verführerisch es sein mag.
25. Es gibt keine Vorschriften. Wenn du unbedingt beim ersten Date Sex haben willst, dann soll es so sein.

15

Die Single-Frau und der Sex

Ich war in meinem Leben fast immer mit irgend jemandem zusammen, zuletzt mit Richard, von dem ich mich mit 33 Jahren trennte. Ich hatte deshalb auch kaum etwas mit Selbstbefriedigung am Hut. Kurz nach der Trennung von Richard kam eine Zeitschrift auf den Markt, eine Art *Playboy* für Frauen. Ich kaufte sie mir. Im hinteren Teil gab es einen Haufen Anzeigen für Dildos. Ich bestellte mir mit meiner Kreditkarte eine ganze Pakkung davon und hatte einen irren Spaß mit meinem Körper. Ich war total aufgeregt, als das Paket ankam. Ich hatte mir nur das Billigste bestellt, Made in Hongkong, und diese Sex-Spielzeuge fielen buchstäblich alle auseinander, sobald ich sie benutzen wollte. Aber gerade das hat solchen Spaß gemacht. Es fühlte sich nicht schmutzig oder dekadent an. Ich empfand es vielmehr als Huldigung. Keine Spur von »Arme Sau, du hast keinen, mit dem du's machen kannst«. Es war eher ein Gefühl von »Oh, toll, ich habe Zeit und Gelegenheit, mich mit mir selbst zu vergnügen«.

Es war Hochsommer, die Fenster waren alle geöffnet, und es war ein großer Genuß. So sehr, daß ich mir, als sie alle kaputt waren, einen anständigen Vibrator von besserer Qualität besorgte.

Jetzt macht Sex mit meinem Freund unheimlich Spaß, aber auch Sex mit mir selbst. Es sind zwei verschiedene Dinge. Ich würde nicht einmal sagen, daß das eine besser als das andere ist, es ist einfach anders. Aber beides gibt mir etwas ganz Eigenes.

Leah, *über das sexuelle Vergnügen mit sich selbst*

Genauso wie es schwer ist, jemand anderen zu lieben, wenn du dich nicht selbst liebst, ist es auch fast unmöglich, eine befriedigende sexuelle Beziehung zu entwickeln, wenn du deinen eigenen Körper nicht kennst. Um dem anderen mitzuteilen, was dir im Bett gefällt, mußt du die verborgenen Gelüste deines Körpers entdecken – was dich anmacht, was dir gefällt und was nicht, was dich in helles Entzücken versetzt, was ein Schuß ins Schwarze ist und was daneben geht.

Jetzt ist die beste Zeit, um zu üben. Außerdem gilt für Sex immer die gleiche Regel: Mach's oder es macht sich davon. Alle Single-Frauen, die längere Zeit allein waren, meinten, daß die sexuelle Lust allmählich nachläßt.

Jane, seit sieben Jahren solo, berichtet: »Ich vermisse die Erotik sehr. Ich vermisse die körperliche Intimität. Verglichen mit dem sexuellen Gefühl, das ich kurz nach einer Trennung verspüre, ebbt die Lust mit der Zeit ab, dieser Teil in mir schläft ein. Ich bin ein wenig traurig darüber. Ich verhalte mich auch anders; ich ziehe mich anders an, wenn ich in einer Beziehung bin, irgendwie sexier, anziehender. Ich bin stärker motiviert, wenn ich mich für einen Mann style. Ich trage ganz andere Sachen. Du wirst ganz schön faul, wenn du keinen Grund siehst, dich mehr um deine Kleidung zu kümmern. Der Anlaß fehlt einfach.«

Natürlich mußt du als Single nicht nur Sex mit dir selbst erleben. Es gibt Frauen, die die besten sexuellen Erfahrungen machen, wenn sie keinen festen Partner haben. Daß du gleich als Schlampe abgestempelt wirst, wenn du mit mehreren Männern schläfst, entspricht den Vorstellungen unserer Großeltern und ist heute völlig out. Die sexuelle Freiheit gibt dir Gelegenheit, dein sexuelles Selbst kennenzulernen. Viele Frauen berichten, daß sie sich beim Gelegenheitssex freier fühlen, die Dinge auszuprobieren, die sie sich bei einem festen Partner nicht so ohne weiteres trauen würden.

Ella meint dazu: »Als ich Single war, hatte ich alle vier Wochen ein sexuelles Abenteuer.«

Oder Joanne:

Ich begegnete einem Mann auf einer Hochzeit, der mich nicht sonderlich interessierte. Er rief mich an, und ich dachte mir: Was soll das Ganze, es bringt doch sowieso nichts? Etwas in mir aber dachte: Warum nicht, du verbringst einen schönen Abend, warum es nicht einfach genießen? Diese beiden Gedanken gingen mir ständig im Kopf herum. Also verabredete ich mich mit ihm, und obwohl unsere Beziehung sehr kurz war, entpuppte sie sich doch als die erotischste Begegnung meines ganzen Lebens. Es hat sich körperlich unheimlich gut angefühlt, auch wenn mein Verstand mir sagte, wie verrückt es ist, wir haben nichts gemeinsam, er hat so verquere Vorstellungen und Meinungen über alles mögliche, ich widerspreche ihm andauernd. Aber wir sind nicht aus dem Bett gekommen. Es war einfach sehr leidenschaftlich. Wir probierten vieles, was ich überhaupt nicht kannte. Es war deshalb so hemmungslos, gerade weil es keine Beziehung von großer Bedeutung für mich war. Ich hatte das Gefühl, einfach so sein zu können, wie es mir paßt. Ich fühlte mich wie ein Baby, das einfach nur aus dem Bauch heraus reagiert, ohne daß mir kopflastiges Zeug in die Quere kam.

Kurze Liebesabenteuer mit Männern, denen du keinen zweiten Blick schenken würdest, können großartige Geschenke sein. (Denk an die One-Night-Stand-Brandmauer von Teil Eins.)
  Joanne erzählt weiter:

Ich war 22 Jahre verheiratet, aber die Sexualität kam in unserer Beziehung zu kurz. Ich lernte meinen Mann kennen, als ich noch sehr jung war. Als wir uns vor einem Jahr trennten, hatte ich einiges nachzuholen. Das erste erotische Abenteuer, das ich dann mit einem Mann hatte, war wunderbar. Es betrübte mich, daß ich mich so lange mit so wenig abgefunden hatte. Ich gewann mein sexuelles Selbstvertrauen wieder. Ich hatte schon befürchtet, daß ich gar nicht erregt werden kann. Jetzt ist die Sexualität ein entscheidender Faktor für mich geworden, die in der Beziehung zu meinem Mann gefehlt hatte. Bei der nächsten langfristigen Beziehung werde ich anspruchsvoller sein: Ich will viel Sex, ich will umwerfenden Sex.

Ein kleiner Flirt wirkt Wunder fürs Ego. Du erhältst die Bestätigung, daß du eine schöne, begehrenswerte Frau bist. Ja, ich weiß, daß ich bisher immer behauptet habe, wir müßten das selbst wissen, aber es ist und bleibt einfach eine Genugtuung, wenn wir es von jemand anderem hören.

Was du auch tust, du stehst nicht allein da. Statistiken kommen zu unterschiedlichen Ergebnissen: Eine britische Volkserhebung zum Sexualverhalten und Lebensstil *(National Survey of Sexual Attitudes and Lifestyles)* ergab, daß über die Hälfte der Frauen zwischen 25 und 34 keinen Sex in den vergangenen vier Wochen hatten. Eine Umfrage der Zeitschrift FHM ergab, daß Single-Frauen alle zwei Wochen Verkehr hatten; eine jüngste *Cosmopolitan*-Umfrage zeigte, daß 16 Prozent der Single-Frauen einmal im Monat sexuell aktiv waren.

Es gibt auch Frauen, die eine ziemlich geradlinige Einstellung zu dem ganzen Thema haben, wie beispielsweise Maria:

Wenn ich einen Mann kennenlerne, gehe ich gleich am ersten oder zweiten Abend mit ihm ins Bett. Es bringt nichts, erst viel drum rumzureden, um dann feststellen zu müssen, daß er einen kleinen Pimmel hat oder vorzeitig ejakuliert oder es einfach zu mühsam ist. Ehrlich gesagt ist mir Klarheit am Anfang lieber, als lange herumzumachen und am Ende doch enttäuscht zu sein. Ich habe mit zehn Männern geschlafen und die Hälfte davon war eine absolute Null im Bett. Das sind 50 Prozent der Männer. Sie waren alle wunderbar, aber nicht fürs Bett. Ich genieße das ganze Flirten, Küssen, Herumspielen, aber wenn ich Sex haben will, dann möglichst zügig.

Ich sage es noch mal: *es gibt keine Vorschriften!* Was für dich als Single stimmt, ist richtig. Solange es dir dabei gutgeht, du Safer Sex praktizierst und auf dich aufpaßt, ist es wunderbar.

Wenn du es nicht bereits getan hast, ist jetzt die Zeit dafür,

einen Vibrator zu kaufen;
ein Sexmagazin zu lesen;
dich so sexy – oder auch nicht – anzuziehen, wie *du* es willst;
ein erotisches Buch zu kaufen;
einen Soft-Porno auszuleihen;
dir die *Chippendales* mit einer Gruppe von Frauen anzusehen;
einen Sexratgeber zu kaufen, etwa *Joy of Sex* (herausgegeben von Alex Comfort), um es dir selbst sanft und sachkundig beizubringen; oder informiere dich, was zu tun ist, wenn doch jemand dabei ist;
Ganz oder gar nicht auszuleihen;
durch einen Sexshop zu stöbern;
herauszufinden, ob du lesbisch bist;
erotische Unterwäsche zu kaufen – und zwar nur für dich.

Übung

Du erinnerst dich an die Übung im 8. Kapitel, in der du ein romantisches Date mit dir selbst hattest?

Wiederhole sie, nur diesmal soll es eine sexuelle Verabredung sein. Nimm dir einen Abend frei, um dich selbst zu lieben. Gönne dir den Freiraum, die Ruhe und die Zeit, die du dafür brauchst. Nimm ein ausgiebiges Bad, massiere deinen Körper liebevoll, und überlaß dich deinen sinnlichen Gefühlen. Nimm dir genügend Zeit.

Wenn du es genossen hast, wiederhole es mindestens einmal im Monat, solange du in deiner Single-Phase bist.

Wenn du noch nie ein Single warst ...

Im Alter von neun bis 35 war ich nie ohne Beziehung gewesen. Es ist wirklich spannend, Single zu werden. Diese eine Phase von zwei Jahren, die ich allein verbrachte, war entscheidend; wenn ich sie nicht erlebt hätte, wäre ich vermutlich nicht weiter gekommen. Es war die reinste Hölle. Es hat mir jedoch geholfen, selbständiger und selbstbewußter zu werden und dadurch auch bessere, gesündere Beziehungen einzugehen.

Rowena, 36

Bis vor kurzem waren das auch meine Erfahrungen. Es gibt nichts gegen regelmäßige Dates einzuwenden, solange sie im Verhältnis stehen. Wie auch immer, Durchgangsverkehr oder auch permanente Monogamie können jedoch zur Gewohnheit werden. Dann hindern sie dich daran, dich mit dieser verzwickten Situation des Alleinseins auseinanderzusetzen und eine Beziehung zu dir selbst zu entwickeln. Die Beziehung zu dir selbst zu pflegen (worauf fast alles in diesem Buch hinausläuft) ist unerläßlich, um dein Selbstwertgefühl zu entwickeln und um glückliche, nährende und aufbauende Beziehungen einzugehen.

- Stell dir folgende Frage, ohne dich dabei niederzumachen: Wie befriedigend waren meine Partnerschaften? Waren sie sehr gut, dann wunderbar. Wenn nicht, wirst du sicherlich davon profitieren, mal eine Weile allein zu bleiben.
- Geh zurück zu den Kapiteln über die Entlarvung deiner Muster und die Auflösung der Glaubenssätze. Stell dir erneut die Frage, warum es dir so wichtig erscheint, einen Mann in deinem Leben zu haben. Ist es deine Bedürftigkeit, die Sehnsucht danach, dieses Loch zu füllen, das seit deiner Kindheit besteht? Oder ein hemmender Glaubenssatz wie: »Ich brauche einen Mann, um mich okay zu fühlen, und irgendein Mann ist besser

als keiner«? In diesem Fall ist es bestimmt hilfreich, Glaubenssätze zu kreieren, die dein Single-Selbst fördern. Schließlich treten wir allein in diese Welt und verlassen sie auch wieder allein, wie die alte Weisheit lautet. Du kannst dein Leben im Grunde nur bereichern, indem du eine Verbindung zu dir selbst herstellst.

- Möglicherweise wirst du von Süchten geplagt. Es kann eine Sucht nach Menschen oder Beziehungen sein oder die Sucht nach Alkohol und andere Drogen. Alle Süchte entfernen uns von uns selbst und von den Themen, mit denen wir uns nicht auseinandersetzen wollen.
- Du kannst dir Hilfe für solche Fälle suchen. Du könntest zu einem Therapeuten gehen. Oder zu einer der vielen Organisationen, die sich auf Beziehungsthemen spezialisiert haben.
- Wenn du dich dazu entscheidest, jetzt als Single zu leben, ohne es vorher je richtig gewesen zu sein, dann geh besonders sanft mit dir um. Schließlich veränderst du Verhaltensgewohnheiten, die sich über Jahre hinweg entwickelt haben. Vielleicht mußt du dich langsam von Männern entwöhnen, anstatt dich von ihnen gewaltsam von heute auf morgen zu trennen. Wenn du dich bereit dazu fühlst, tust du es auch. Sich mit dem Single-Dasein anzufreunden muß nicht nach einem Schwarzweiß-Schema ablaufen, im Sinne von entweder-oder, es kann vielmehr ein kontinuierlicher Prozeß sein.

Wenn du noch nie eine Beziehung hattest ... (oder zumindest seit Ewigkeiten nicht mehr)

Ich habe alles versucht. Blind Dates, Partnervermittlungen, das Internet, Brieffreundschaften. Ich finde einfach nicht denjenigen, der meinem Ideal einer Partnerschaft entspricht. Ich bin aber sehr glücklich in meinem Leben, ich habe sehr gute Freunde, eine liebevolle Familie, einen wunderbaren Job. Wenn das alles sein soll, ist es eigentlich okay. Es könnte alles viel schlimmer sein.
Anne, 37, über das Leben ohne Mann als Mittelpunkt

Für dieses Buch interviewte ich zahlreiche Frauen, die lange als Single gelebt haben. Ihre allgemeine Erfahrung war, daß das jahrelange Single-Leben die unterschiedlichsten emotionalen Stimmungen hervorrufen kann, von Frustration und Verzweiflung bis hin zu aufwühlenden, schlaflosen Nächten mit der Frage: Warum ich? Was mache ich falsch? Es kann auch passieren, daß du dich auf eine ganz eigene Weise mit deinem Leben arrangierst. Dann kann es ganz besonders schwierig für einen anderen werden, dort einen Platz zu finden.

- Ohne dich dabei schlecht zu fühlen, solltest du dich fragen, ob du irgendwelche tiefsitzenden Ängste – vor Männern, vor Nähe, vor einem verbindlichen Sich-Einlassen – hast. Empfindest du Beziehungen als zu bedrohlich? Oder wirst du nie gefragt? Oder bist du nie in der Position, in der man dich fragen könnte? Oder vermeidest du es, in eine Situation zu geraten, in der du jemanden kennenlernen könntest?
- Lies dir noch mal die Kapitel zum Thema »Muster und Glaubenssätze« durch und frag dich, was dich blockiert, warum du dich nicht auf eine Beziehung einläßt. Unbewußte Blockaden können sehr mächtig sein und unterschwellig Botschaften wie »nicht verfügbar« oder »nicht interessiert« aussenden, auch wenn wir auf der bewußten Ebene sehr interessiert und offen zu sein glauben. Schau dir deine Glaubensstrukturen über Männer, über dich selbst an. Lebst du mit angezogener Handbremse und bist nicht bereit, dich absolut hundertprozentig auf etwas einzulassen, aus Angst, zurückgewiesen, verletzt oder verraten zu werden? Bist du davon überzeugt, daß nie jemand an dir interessiert sein wird? Oder hegst du ein abgrundtiefes Mißtrauen gegenüber Männern oder Menschen im allgemeinen?
- Hast du deinen Ex losgelassen? Es kann durchaus sein, daß du für eine neue Beziehung noch nicht reif bist. Manchmal kann das Jahre dauern.
- Bist du zu idealistisch? Hängst du zu sehr in deinen Phantasien fest, so daß ein Mann aus Fleisch und Blut keine Chance hat?

- Versuche es mit einer Therapie, damit du deine Blockaden lösen oder dein Single-Selbst aufbauen kannst. Schließlich bringst du dein Auto auch in eine Werkstatt, wenn es ein Problem hat. Wenn du Probleme hast, dich auf Beziehungen einzulassen, warum nicht um Hilfe bitten? Die therapeutische Beziehung ist eben auch gerade das – eine Beziehung. Sie bietet dir den sicheren Freiraum zum Üben. Du kannst dich auch einer Therapiegruppe anschließen, damit du dort damit beginnen kannst, deine Beziehungsfähigkeit auf die Probe zu stellen.

Bist du mit deinem sonstigen Leben zufrieden? Wenn du meinst, daß du möglicherweise nie eine Beziehung mehr haben wirst, kannst du damit umgehen? Wenn du ein aktives soziales Leben führst, ein wundervolles Zuhause hast, eine Arbeit, die dich erfüllt, denkst du vielleicht wie Ria: »Besser wird es nicht, und eigentlich ist es ganz schön so.«

Zusammenfassung von Teil Zwei

Um eine Liebesbeziehung mit dir selbst einzugehen, ist folgendes wichtig:

- Du erträumst – und erschaffst! – dir ein wunderschönes Single-Leben für dich selbst.
- Du genießt dein Leben in vollen Zügen, unternimmst Dinge, die deinen Freunden, die in Partnerschaften leben, unter Umständen verwehrt bleiben.
- Du baust bewußt eine Beziehung zu dir selbst auf.
- Du schaffst dir ein Netz von Freunden, von gleichgesinnten Singles und pflegst deine Freundschaften zu Männern.
- Du setzt dich mit deinen Glaubensmustern auseinander und lernst dich besser dabei kennen.
- Du kommst deinen verborgenen Glaubenssätzen über Männer, Liebe und Beziehungen auf die Spur.

- Du versuchst bewußt, deine Selbstachtung zu steigern.
- Du entwickelst Strategien, um mit den Frustphasen umzugehen.
- Du lernst, dich mit den praktischen Dingen des Single-Daseins – wie die Reparatur deines Autos – auseinanderzusetzen.
- Du vergnügst dich auch sexuell mit dir selbst!

Teil Drei

Schon wieder Männner

Irgendwann mußt du dich wieder in das Haifischbecken wagen, wenn es um einen guten Fang geht . . .

Du lernst jetzt, dich darin zu bewegen – und zu überleben!

16

Sich auf eine neue Eroberung vorbereiten

Meistens empfinden die Leute nur Angst, wenn ein Date auf sie zukommt, und vergessen dabei total, wie wahnsinnig viel Spaß es machen kann. Du triffst dich an einem Ort, wo du normalerweise nicht hingehst, du wirst mit einem Mann konfrontiert, der dich beeindrucken will, du hast die Gelegenheit, dich aufzustylen, deine Freunde können es nicht erwarten, zu hören, wie es war, und wenn du clever bist, fragst du ihn, was er so attraktiv an dir fand und erhältst somit viele Komplimente, die deinem Ego einen enormen Kick verschaffen.

Emma, 26

Der Gedanke, der jeden mißmutig werden läßt, wenn er wieder ein Single wird, lautet in etwa so: »*O nein, jetzt muß ich wieder von* VORNE *anfangen.*« Irgendwann mußt du dich mal in das Minenfeld der Partnersuche wagen.

Du warst damals, als das Single-Leben begann, nicht die gleiche Frau wie vorher, und jetzt wird aus dir wieder eine andere Person: eine, die ihre heißen Fetzen wieder aus der Mottenkiste zieht.

Du bist vielleicht härter oder auch weicher geworden; älter und weiser. Du glaubst nicht daran, daß du dir den richtigen Mann aussuchen kannst; oder du weißt ganz genau, was du suchst. Du hast panische Angst davor oder bist völlig relaxed. Du bist möglicherweise zynischer oder idealistischer geworden. Vielleicht war deine letzte Beziehung für dich der Inbegriff von Liebe oder ein Schuß in den Ofen.

Du denkst womöglich: »So, und jetzt will ich das Größte. Der Nächste *muß* der Richtige sein.« Oder du denkst: »Es ist mir scheißegal, mit wem ich mich treffe, schlimmer als bisher kann es nicht werden.«

Wenn du aber die Übungen aus Teil Eins und Zwei gemacht und die Beziehung zu dir selbst vertieft hast, wirst du jetzt viel, viel selbstbewußter sein.

Um den Richtigen zu treffen, mußt du zunächst durch und durch die Schnauze voll vom Falschen haben. Erinnerst du dich an die ungesunden Verhaltensmuster, unbrauchbaren Glaubenssätze und Liebesentwürfe? Du mußt deine Beziehungs-Muskeln etwas trainieren und ein paar Frösche küssen, bevor du überhaupt etwas entdecken kannst, das auch nur entfernt einem Märchenprinzen ähnelt.

Die Frauen, mit denen ich sprach, hatten die unterschiedlichsten Meinungen zum Dating. Rachel meinte, je länger sie ohne Mann lebe, desto idealistischer würde sie und überzeugter davon, daß sie keine Zeit mit dem Falschen verschwenden wolle. Jacqui hatte das Gefühl, je länger sie allein blieb, desto verzweifelter wurde sie. Jeder wäre ihr recht, solange es ein Date ist! Hinzu kommen die Unterschiede – und Schwierigkeiten – der jeweiligen Lebensphase. Oder wie Louise es auf den Punkt bringt: »Männer nach einer Scheidung sind wie Parkplätze – die besten sind weg, und die übrigen sind für Behinderte!«

Don't worry — be happy!

Wie auch immer dein persönlicher Terminkalender für Dates aussieht, nutze deine Single-Zeit dazu, eine Expertin in Sachen Liebe, Nähe und Verbindlichkeit zu werden. Betrachte dich als Studentin im Fach Beziehungen. Du lernst Schritt für Schritt, was funktioniert und was nicht. Einige Begegnungen sind vielleicht katastrophal. Andere sind großartig gelaufen – aber der Typ meldet sich dann nicht mehr. Mit jedem Date kommst du in deinen Erfahrungen wieder eine Stufe weiter, speicherst immer mehr Wissen in deiner Datenbank, so daß du den Richtigen bald erkennen wirst. Zeitverschwendung ist ein Date eigentlich nie – auch wenn du meinst, du hättest deine kostbare Zeit geopfert, so schärfst du immerhin deinen Blick dafür, welche Typen du dir sparen kannst.

Eine meiner Freundinnen, Sandra Donaldson, hatte ihre Fähigkeit, ein Date mit jedem verfügbaren Mann in der Gegend von Portsmouth einzugehen, dermaßen perfektioniert, daß ihre Freunde sie irgendwann nur noch »Donaldson Date« nannten.

Wie auch immer du das Dating angehst, die Frage ist und bleibt: Wie gehst du mit deinem neuen gestärkten Selbstbewußtsein um, wenn es um ein Date mit einem Mann geht, der vielleicht doch nicht das Wahre ist?

Dazu einige Richtlinien, die helfen können.

Hast du den mittleren Teil übersprungen, damit du gleich hier einsteigen kannst?

Na gut, aber denk dran, daß allein der Gedanke »Ich muß einen anderen finden« ein Ausdruck der Verzweiflung ist. Wer aber Single ist und es genießt, ist hervorragend auf den Dating-Zirkus vorbereitet.

Eine neue Methode, den perfekten Mann zu finden – ohne das Haus zu verlassen!

Der Zufall ist immer sehr mächtig. Laß deine Angel stets ausgeworfen sein; in dem Teich, wo du es am wenigsten vermutest, beißt ein Fisch an.

> *Frei nach Ovid, keine Single-Frau, sondern ein römischer Dichter (43 v. Chr. bis ca. 18 n. Chr.)*

Der erste Schritt zum Traummann: Träumen!

Schau dir dein Leben an. Es spiegelt deine tiefsten Wünsche wider. Es spiegelt deine Erwartungen wider. Die Männer, die du anziehst, sind nur ein Spiegel dafür, welche Art Männer du auf einer tieferen Ebene anziehen *willst*.

Wenn du erwartest, daß man dich so behandelt, wie etwas, was der Hund gerade angeschleppt hat, dann bekommst du das auch. Bis du endgültig die Nase gestrichen voll hast und vor Wut explodierst und dir das nicht mehr bieten lassen willst.

Eine todsichere Art und Weise, den Richtigen zu erkennen, liegt darin, genau zu wissen, was du willst – von einem Mann, einer Beziehung, von deinem Sexleben, vom Leben überhaupt. Was für dich stimmt, muß nicht für andere stimmen. Und was jetzt für dich stimmt, mag völlig anders sein als das, was du dir früher vorgestellt hast.

Das klingt alles etwas unromantisch. Aber im Dschungel der Liebe herrscht harte Konkurrenz. Es ist wichtig, bestmöglichst gewappnet zu sein.

Es ist seltsam, aber wenn du genau weißt, was du erreichen willst, dann kommst du viel eher ans Ziel. Klingt logisch, oder? Wenn du nicht glauben willst, daß es in Liebesbeziehungen so läuft – in einem Bereich, in den wir mit verträumten Märchen-Phantasien investieren –, schau dir an, wie es bei deiner beruflichen Karriere funktioniert hat.

Du mußt zuerst wissen, welchen Beruf du ausüben willst, oder du erreichst nicht einmal die erste Sprosse der Leiter. Du hängst nicht einfach auf dem Arbeitsmarkt herum und hoffst, daß ein Job auf dich zukommt und dich zu einem Drink einlädt. Ich werde oft gefragt, wie ich es geschafft habe, in die »Glamourwelt« der Frauenzeitschriften hineinzukommen. Nun, zuerst mußte ich es tatsächlich *wollen*. Dann mußte ich etwas dafür tun. Außerdem kam noch Glück ins Spiel. Aber ohne zu wissen, wo ich hinwollte, wäre ich nirgends gelandet.

Wenn du eine ganz klare Vorstellung entwickelst, kannst du die ganze Sache damit beschleunigen. Bist du z. B. der Überzeugung, daß es dir reicht, immer die Gebende in einer Beziehung zu sein? Willst du einen fürsorglichen Mann kennenlernen? Ein Teil deiner »Liebesantennen« wird sich bereits darauf ausrichten. Du erkennst sehr viel schneller die ersten Anzeichen für seine Unaufmerksamkeit. Du wachst nicht plötzlich nach drei Jahren Beziehung auf und denkst: Verdammt noch mal, er kümmert sich mehr um die Spinnen im Bad als um mich!

Madonna und ich sind in diesem Punkt völlig einer Meinung. Sie ist eine Frau, die viel gewollt hat – Ruhm, eine Filmkarriere, ein Kind, einen Mann, der verprügelt – und das meiste davon auch bekam. An meinem Computer klebt ein Zitat von ihr, das ich aus einem Interview aus *Vanity Fair* herausgerissen habe: »Wenn du dir etwas stark genug wünscht, dann fließt alles auf dieser Erde zusammen, damit du es bekommst.« Und es stimmt.

Madonna hat diese universale Gesetzmäßigkeit nicht allein entdeckt. Abgesehen von den Weltreligionen, die dafür »Gebete« verwenden, prägte C. G. Jung den Begriff der »Synchronizität«. Diese besagt, daß die Zufälle, von Jung als »Koinzidenzen« bezeichnet, in unserem Leben uns genau die Dinge auf geheimnisvolle Weise »zufallen« lassen, die wir uns gewünscht haben oder die wir brauchen. Man kann es auch mehr Glück als Verstand nennen. Oder reine Glückssache.

Du bist jedoch deines eigenen Glückes Schmied.

Vermutlich hast du so etwas schon erlebt. Du willst Filmkommentator werden und triffst jemanden auf einer Party, der ein Filmkommentator-Agent ist. Du erinnerst dich an einen alten Kindheitstraum und willst anfangen zu singen. Am nächsten Tag erfährst du, daß ein Bekannter Mitglied in einem Chor ist. Du willst verreisen, obwohl du pleite bist – und in der gleichen Woche erzählt dir ein Kollege, daß er ein neues, windiges Reisebüro mit unglaublichen Angeboten entdeckt hat. Sogar als ich dieses Kapitel schrieb, schien es, als wolle das Leben mir etwas beweisen. Ein Freund drückte mir ein Buch über Astrologie in die Hand. Ich schlug genau das Kapitel über Rituale auf, durch die du deinen perfekten Partner anziehst. Als Dankeschön stelle ich sie weiter unten vor.

Diese Dinge geschehen so oft, daß es mehr als nur purer Zufall sein kann. Es ist der Zufall, der uns im wahrsten Sinne des Wortes »zufällt«.

Hast du eine klare Vorstellung davon, wie dein Liebesleben aussehen soll, fängt der Zufall an, damit zu arbeiten.

Klarheit zu schaffen bedeutet, ganz praktisch zu beginnen:

Erstell eine Liste

Meine beste Freundin stellte ihre Liste auf. Sie bat um einen gutaussehenden Mann, der spirituell interessiert war (wie sie selbst) und Künstler (ebenfalls wie sie). Sie bat sogar darum, er möge einen »dicken Pimmel« haben. Sie traf ihn dann ausgerechnet auf einem Vortrag des Dalai Lama im Wembley-Stadion. Kaum der beste Ort, um jemanden kennenzulernen. Er war nett, interessant und intelligent. Er war Künstler und lebte in Cornwall. Da sie ihn während dieses Vortrags getroffen hatte, war der Punkt Spiritualität natürlich gebongt. (Tja, und die Sache mit dem Pimmel hat wohl auch geklappt.) Der Haken war nur: Er hatte keine Arbeit. Sie erzählt: »Als ich die Liste schrieb, hatte ich mir überlegt, ob er viel Geld haben sollte, entschied mich aber dagegen. Ich hatte mir nichts dazu überlegt, was er beruflich machen sollte. Wen bekam ich also? Jemanden ohne Job und ohne eine müde Mark in der Tasche.

Die amerikanische Autorin und Beziehungsberaterin, Barbara de Angelis, ist ebenfalls von der Liste überzeugt und schlägt vor, sie in der Tasche mit sich herumzutragen. Sie schreibt in ihrem Buch *Wie viele Frösche muß ich küssen?*, die Liste wirke wie ein Magnet und ziehe genau diese eine besondere Person an.

Du wirst sehen: Wie durch Magie (und es ist Magie) bekommst du das, wonach du verlangt hast.

Was zu tun ist

So kannst du den Liebes-Bestellservice zu deinen Gunsten einsetzen ...

Fertige eine Liste mit allen Qualitäten/Eigenschaften an, die dein Ideal-Mann haben sollte. Beachte dabei folgendes:

Äußere Erscheinung: Kleidet er sich piekfein? Ist er schmächtig oder grob gebaut?

Emotionale Veranlagung: Ist er fürsorglich? Liebevoll? Steht er zu seinen Gefühlen?

Soziales Verhalten: Kontaktfreudig oder sehr schüchtern?

Intellektuelles Niveau: Klug? Gute Allgemeinbildung?

Thema Sex: Teuflisch im Bett? Oder erfahren und nicht zu anspruchsvoll?

Kommunikationsstil: Redet er gerne? Worüber?

Berufliche/finanzielle Eigenschaften: Ist er mit seinem Job zufrieden? Hat er Geld?

Persönliches Wachstum: Ist er sich seiner selbst bewußt? Übernimmt er Verantwortung für sich und sein Tun?

Spirituelle Qualitäten: Ist er gläubig?

Interessen und Hobbys: Hat er die gleichen wie du? Oder andere?

Einige Hinweise ...

• Wenn wir Männer suchen, neigen wir dazu, uns zu sehr auf das Körperliche zu konzentrieren. Fixier dich nicht darauf, außer wenn es, Hand aufs Herz, eine absolute Notwendigkeit ist; wenn du meinetwegen selbst 1 m 77 groß bist und keinen Mann willst, der kleiner ist.

Du wirst ihn doch wohl nicht zurückweisen, weil er Haare auf der Brust hat? *Oder?*

Wie wir bereits wissen, ist dein Typ nicht unbedingt der *richtige* Typ für dich. Nur weil dich schwarzhaarige, launische Männer mit krummen Nasen schwach werden lassen, heißt das noch lange nicht, daß sie über jene Qualitäten verfügen, die für eine langfristige Partnerschaft wichtig sind. (Entschuldigt, ihr schwarzhaarigen, launischen Männer mit krummen Nasen, ihr seid alle vollkommene menschliche Wesen.)

- Sei präzise. Sag nicht einfach nur »nett«. Beschreibe, was »nett« für dich bedeutet. Sag auch nicht »kann gut mit Kindern«, denn das ist zu vage. *Will* er Kinder? Hat er bereits welche, so daß du keine mehr bekommen brauchst? Liebt er deine Kinder? Oder ist er nur gern mit ihnen zusammen? Sag auch nicht »einigermaßen intelligent« oder »klüger als ich«. Was *heißt* das? Sag »Akademiker« oder »Gehirnchirurg«, wenn du so einen haben willst.
- Überleg dir die Eigenschaften, die er haben soll, und vor allem wie er sie dir gegenüber zum Einsatz bringt.
- Es macht Spaß, diese Liste mit einer Freundin zusammen zu erstellen. Ihr könnt euch über eure Wünsche, Hoffnungen und Träume austauschen und euch dabei unterstützen, so konkret wie möglich zu sein; macht euch gegenseitig darauf aufmerksam, was auf der Liste fehlt. Vielleicht entdeckt sie, daß du die gemeinsamen Interessen vergessen hast.

Zum Beispiel:
Hier ist meine Liste vom März 1999, in der sich vergangene Erfahrungen und bestehende Wünsche widerspiegeln.

Mein idealer Partner:
intelligent;
lustig – bringt mich zum Lachen;
geistreich, sprachgewandt;
hat einen interessanten Job, den er liebt;
ist mit dem, was und wer er ist, zufrieden;
ist meinen verrückten Ansichten gegenüber durchaus aufgeschlossen;

kann damit umgehen, daß ich eine beruflich erfolgreiche Frau bin;

unterstützend;

liebesfähig und bereit, sich verbindlich einzulassen;

fürsorglich – einer, der fürsorglich ist, ohne sich selbst dabei aufzugeben;

hat seinen eigenen Kopf; kommt gut mit sich allein zurecht;

läßt sich nicht verarschen (auch nicht von mir);

hat die Beziehung zu seinen Eltern geklärt;

kann seine Wut ausdrücken, anstatt sie zu unterdrücken und nachtragend zu sein;

ist auf seine Art anziehend;

kommt mit meinen Freunden klar;

kann sein eigenes Leben leben und stützt sich nicht auf mich;

hat eine gewisse Reife; er kann manchmal verspielt und albern sein, aber er benimmt sich nicht ausschließlich wie ein kleiner Junge;

interessiert sich für spirituelle Ansichten;

seine Sexualität läßt sich gut mit meiner vereinbaren; kann mir beim Sex in die Augen schauen;

akzeptiert mein Alter;

ist bereit, durch Erfahrung zu wachsen und sich zu verändern;

ist solide und zuverlässig;

hat nichts gegen meinen Unabhängigkeitsdrang;

läßt mich etwas allein unternehmen und geht seinen eigenen Aktivitäten auch ohne mich nach;

hat genug Geld, ist nicht kleinlich und will auch nicht wissen, wieviel Geld ich habe oder was er diesbezüglich herausholen kann;

betrachtet eine Beziehung als eine Partnerschaft;

teilt gerne und mag Teamwork – d. h., er konkurriert nicht mit mir und versucht mich nicht zu belehren;

er findet, daß ich eine faszinierende Frau bin, und weiß, was er an mir hat;

kann sich auf eine intime Beziehung einlassen – ist bereit, sich und den anderen zu entdecken und nicht gleich davonzulaufen;

ist mitteilsam, spricht mit mir über die Dinge, die ihm in seinem Leben und in unserer Beziehung wichtig sind; hält sich nicht aus Angst bedeckt;

kann vertrauen und ist selbst vertrauenswürdig;

Oh, fast vergaß ich die gemeinsamen Interessen . . .

(Und falls du Zweifel hast oder weitere Beweise für die Wirksamkeit dieser Methode benötigst: Ich habe *genau* diesen Mann gefunden.)

Aber Vorsicht . . .

Sei vorsichtig mit dem, was du dir wünschst, du könntest es tatsächlich bekommen. Du kennst doch den alten Spruch: Es gibt nur eins, was schlimmer ist, als nicht das zu bekommen, was du willst – zu bekommen, was du willst.

Du erhältst das, was du dir wünschst, aber manchmal auf seltsame Art und Weise. Das Leben spielt gern mit uns. Vielleicht hast du dir einen Firmenchef als Mann gewünscht, aber bist du bereit, seine Überstunden im Büro zu akzeptieren? Du bekommst ihn möglicherweise kaum zu Gesicht. Du mußt dich allein um die Kinder kümmern. Oder wenn du dir einen Millionär gewünscht hast, kannst du dich auf den Lebensstil einlassen, den er dir bietet? Sicherlich sind dies Herausforderungen für irgendwelche Selbstwertdefizite und »Ich verdiene es nicht«-Glaubenssätze, die immer noch tief in deinem Innersten ihr Unwesen treiben.

Wenn deine Liste steht, bedenke folgendes ...

Paß auf, daß du nicht um die Eigenschaften bittest, die du selbst nicht hast. Das bedeutet nämlich, daß du jemanden suchst, der deine Schwächen kompensieren soll. Du wünscht dir beispielsweise einen Mann, der Schwung in die Bude bringt, weil du eher zu den Stillen gehörst; sei dir darüber im klaren, daß dein Selbstbewußtsein möglicherweise ein wenig Schwung braucht. Wenn du dir jemanden bestellst, der viel Geld hat, frag dich, was du dir wert bist und ob du wirklich um eine »Wertsteigerung« bitten mußt. Die Verantwortung dafür zu tragen, wovor du Angst hast, sowie etwas dagegen zu unternehmen, können äußerst schnell Wirkung zeigen. Im Grunde dient die Liste deiner Selbsterkenntnis (alles dient letztendlich der Selbsterkenntnis).

Geh die Liste nochmals durch und frag dich: Habe ich diese Eigenschaften? Ich kann es nicht wissenschaftlich beweisen, aber wenn es um Liebesbeziehungen geht, zieht Gleiches Gleiches an. Auf mein eigenes Leben trifft es zu, und ich kann es auch in meinem Freundeskreis feststellen. Außerdem ist die gesamte Selbsthilfe-Literatur gespickt mit Geschichten zu diesem Thema.

An welchem Punkt stehst du jetzt in deinem Leben? Falls du tief im Inneren weißt, daß du die letzte Partnerschaft noch nicht überwunden hast und einen Sack voll Ärger mit dir herumträgst, überleg dir, wie du dich dabei fühlen würdest, jemanden kennenzulernen, der genausowenig über seine Verflossene hinweg ist und den ganzen Groll mit sich herumschleppt. Wenn du nicht mit dir allein sein kannst, willst du wirklich einen Mann, der ebenfalls nicht dazu in der Lage ist? Denn genau das wirst du bekommen. Dieses »Gleich und Gleich gesellt sich gern« scheint eine Art Beziehungs-Gesetzmäßigkeit zu sein – oder, wie Lou Reed es in »Perfect Day« ausdrückt: »Du erntest genau das, was du gesät hast.« Wir bekommen das zurück, was wir aussenden.

Beschäftige dich deshalb mit deinen wahren Motiven, und sei ehrlich zu dir selbst. Du brauchst es ja nicht an die große Glocke zu hängen und es jedem zu erzählen.

Wenn deine Liste fertig ist

Die ganze Sache gestaltet sich noch wirkungsvoller, wenn du dich zu einem kleinen Ritual entschließt. Rituale sind seit eh und je dazu benutzt worden, um Eingebungen zu erhalten, die Absichten zu verstärken und um höhere Mächte anzurufen. Schaden kann es nicht, aber viel Spaß machen.

- Einige meiner Freundinnen erstellen die Liste gern an Vollmond (wenn die Wirkung des Mondes, Symbol für die einflußreiche weibliche Kraft, am stärksten ist). Oder an Neumond (gut für einen Neubeginn). Wir gehen mit einer Flasche Prosecco in den Garten und teilen dem Mond mit, was wir uns wünschen. Was immer du tust, es soll Spaß machen. Brüll deine Wünsche meinetwegen aus dem Fenster.
- Setz die Prinzipien des Feng Shui ein, der alten chinesischen Kunst des richtigen Standortes, und plaziere deine Liste (angepinnt oder in einem Kasten oder Glas) in die Ecke, die der Kreativität in Wohnung oder Haus zugeordnet sind. Das ist der Ort, an dem Wünsche manifestiert werden. Wenn du deine Wohnung/dein Zimmer betrittst, befindet er sich in der Mitte des Bereiches/der Wand auf der rechten Seite. Oder du legst die Liste in die Ecke, die für Beziehungen steht. Sie befindet sich in der äußersten rechten Ecke gegenüber der Tür.
- Falls du an Gott glaubst, kannst du auch dafür beten.
- Um den Geist der Synchronizität anzuerkennen, folgt nun das Venus-Ritual aus Caroline Caseys *Making the Gods Work for You*:

Bereite an einem Freitag ein rundes Stück Brot (etwa ein Brötchen) vor, indem du ein Loch in die Mitte machst und ein Fünfpfennigstück hineinlegst (Fünf ist die heilige Zahl der Venus). Auf das Geldstück legst du deine klein zusammengefaltete Liste. Träufel etwas Honig darauf – aus symbolischen Gründen –, stell dann eine kurze gelbe Kerze in das Loch. Zünde sie an.

*Du kannst alles machen, wonach dir der Sinn steht, während
die Kerze brennt. Um Venus zu ehren, kannst du schöne Musik
auflegen; bereite deine Wohnung so vor, daß du Venus empfangen kannst. Wenn die Kerze komplett abgebrannt ist und nur
noch das Wachs auf dem Brot übrig ist, sollst du das Ganze in
Süßwasser versenken. Gehe zu einem Fluß oder Teich und wirf
das biologisch abbaubare Brot mit Wachs ins Wasser und sag
dabei: »Ich bin das Wesen, das sich jetzt für meinen Geliebten
öffnet, der frei und bereit ist, als Gefährte und Partner in mein
Leben zu treten. Ich fühle mich inspiriert und habe den Mut zu
spielen und die Weisheit zu lieben aus einem freudigen Herzen
heraus.« Dieses Ritual scheint immer zu funktionieren.*

Mag sein, daß es albern klingt, aber wenn es um die Liebe geht, hat
jede von uns sicherlich auch schon verrücktere Sachen gemacht.
  Formuliere Affirmationen zu diesem Thema, wie beispielsweise »Ich ziehe jetzt den perfekten Partner an« oder »Ich öffne
mich jetzt für eine liebevolle, glückliche, verbindliche Partnerschaft«.

Ein Letztes . . .

Erstell deine Liste, vollzieh das Ritual. Dann vergiß das Ganze.
Versteife dich nicht darauf. Versuch eine »gelassene Zuversicht«
zu entwickeln. Die amerikanische Visualisierungs-Expertin,
Shakti Gawain, empfiehlt, sich bildlich vorzustellen, wie sich die
Wünsche bereits erfüllt haben. Dann solle man es dem Universum
überlassen, wie und wann sie sich materialisieren. Sie sagt dazu:
»Wichtig ist, daß du es vor deinem geistigen Auge siehst, und
dann mußt du es loslassen.«
  Erzähl keinem davon. Es ist dein Geheimnis. Höchstens dieje-
nigen sind eingeweiht, die an dem Ritual teilgenommen haben.
Plaudere nicht alles leidenschaftlich bei jeder Dinnerparty aus.
Auf seltsame Weise wird so die Realisierung verhindert.

Ein Allerletztes . . .

Wenn du deine Liste erstellt hast, und *Er* nicht so schnell auftaucht, wie du es gern hättest, frag dich, ob du noch irgendwelche Blockaden hast. Vielleicht bist du von dieser ganzen Angelegenheit nicht vollkommen überzeugt. Denn glaub mir, wenn du unerschütterlich, beharrlich, inbrünstig daran glaubst, dann kommt er auch.

(Solltest du wider Erwarten durch diese Übung einen unpassenden Geliebten anziehen, mach mich nicht dafür verantwortlich – Kupido ist schuld!)

17

Dates ohne Tränen

Wenn sich ein Mann für dich interessiert und du froh über
seine Aufmerksamkeit bist, laß es dir um Himmels willen
nicht anmerken. Du solltest dich so verhalten, als ob es dir zu-
steht – was ja sowieso zutrifft. Für jeden. Wir haben alle etwas
Faszinierendes an uns; wenn du es aber als ein wahnsinniges
Kompliment empfindest, daß es jemand bemerkt, dann verkaufst
du dich unter Wert.

Maria, Hardlinerin, wenn es um das eigene
Selbstbewußtsein beim Dating geht

Der Schlüssel zum Date ohne Tränen ist das harmonische Gleichgewicht. Nimm es nicht so wichtig, laß es nicht das einzige sein,
was zählt. Bleib weiterhin in Kontakt zu deinen Freundinnen, laß
sie nicht fallen, nur weil du dich mit Männern triffst. Irgendwann
wirst du ihre Freundschaft noch brauchen, und sie werden nicht
gerade begeistert sein, wenn du sie nur dann anrufst, weil du
gerade mal nicht mit einem Mann zugange bist.

Als Joanne sich von ihrem langjährigen Partner trennte, insze-
nierte sie eine Männerjagd rund um die Uhr. Abends verbrachte
sie Stunden im Internet beim Chat mit Männern, die Wochenenden gingen für Blind-Dates drauf. Sie gibt zu: »Ich habe mich
nicht um meine Freundinnen gekümmert. Ich habe sowieso nur
wenige, und keine wohnt in meiner Nähe. Ich bin zwar nicht viel
unterwegs, aber ich kümmere mich nicht um sie. Es ist ein Teufelskreis. Ich habe eine Freundin, mit der ich auch ausgehen
könnte. Aber ich bemühe mich nicht darum.« Es ist Joannes

Entscheidung, wie sie ihr Leben lebt, aber wenn du ausschließlich händeringend nach einem Mann Ausschau hältst, wirst du möglicherweise sehr verzweifelt, zwanghaft und unglücklich mit dir selbst werden.

Nimm es leichter. Mach es dir nicht so schwer. Dates, ob du es glaubst oder nicht, sollen Spaß machen. Triff dich mit mehr als einem Mann, und jeder einzelne wird dadurch weniger wichtig. Wenn dein Leben zu kompliziert zu werden droht, dann hör auf. Geh nicht gleich mit ihnen ins Bett, nur weil sie es verlangen und du es ihnen recht machen willst.

Mit einem Date steht und fällt nicht gleich alles. Du triffst dich schließlich nur mit jemandem. Du bist keine Wettkämpferin in der Date-Olympiade, in der du mit anderen darum wetteiferst, wer die Schönste, Witzigste, Perfekteste (oh, und potentiell beste Mutter für seine perfekten Kinder) ist. Wenn du dich so verhältst, setzt du alles aufs Spiel.

Du genießt nur eine Tasse Kaffee mit einem anderen menschlichen Wesen, das rein zufällig ein Mann ist.

Es kann eine wunderbare, aufregende Bestätigung sein, wenn er dich attraktiv findet. Genieß es einfach.

Natürlich kann ein Date spannend und amüsant sein, wenn es gut läuft, aber wehe, wenn es danebengeht. Der Trick liegt darin, die deprimierenden Begegnungen zu minimieren und die Volltreffer zu erhöhen. Mittlerweile verfügst du über alle Mittel dafür. Du brauchst deine Waffen vielleicht nur ein wenig zu schärfen.

Denk an Regel Nr. 25 des Single-Daseins, wenn es um ein Date geht . . .

Die einzig wichtige Regel: Es gibt keine Regeln

Du kannst dich mit einigen Männern gleichzeitig treffen oder dich mit einem einmal treffen und dann nie wieder; du kannst mit ihnen ins Bett gehen oder nicht. Es liegt an dir. Du kannst dir das Leben so einfach oder kompliziert machen, wie du willst. Wenn du einem wunderschönen Mann begegnest und dann gleich noch einen anderen triffst, verabrede dich mit beiden. Ein Date ist kein Vertrag. Ein Kuß ist auch kein Versprechen. Auch Sex muß nicht unbedingt von weitreichender Bedeutung sein. Ihr wolltet einfach Sex miteinander.

Die vielen Dates ermöglichen es dir, deine neuerworbenen Fähigkeiten wie Selbsterkenntnis, das Wissen darüber, was du willst und brauchst, und den Mut, es einzufordern, an den Mann zu bringen.

Entdeckst du erst einmal, wie gestärkt du dich fühlst, wieviel einfacher das Leben durch deine neugewonnene Klarheit und dein Selbstbewußtsein wird, wirst du es überall einsetzen wollen. Angefangen von deinem Boß über deine Mutter bis hin zum Staubsaugervertreter – mit wem auch immer.

Dazu Therese:

Ich heiratete den ersten Jungen, den ich kennenlernte. Als wir uns zehn Jahre später trennten, hatte ich keine Ahnung davon, wie man mit Dates umgeht, da ich diese Teenager-Phase, in der man mit einem Typen ausgeht, ihn dann eine Woche später stehen läßt, um zum nächsten zu wechseln, nie erlebt hatte. Ich hatte einen ziemlichen Horror davor. Als ich jedoch einige Dates hinter mich gebracht hatte, bemerkte ich, was für eine hervorragende Möglichkeit es mir bot, diese neue Seite an mir kennenzulernen. Die Männer kannten mich nicht, also konnte ich so fordernd, entschlossen und anmaßend sein, wie ich wollte. Witzigerweise fanden mich die Männer um so interessanter, je mehr ich mir selbst treu blieb. Nach sechs Monaten mußte ich sie mir regelrecht vom Leib halten.

Wir kennen alle Frauen, die Männer wie das Licht die Motten anziehen, auch wenn sie keine Michelle Pfeiffer sind. Ich kenne eine Frau, die mit Trainingsjacke und Chinos in einen Nachtclub geht, wo alle anderen Frauen wie zur Oskar-Verleihung gestylt sind. Innerhalb von Minuten ist sie von Männern umringt. Es liegt an der Art, wie sie sich gibt. Sie strahlt diese völlige Zufriedenheit mit sich selbst aus, auch wenn sie total »falsch« angezogen ist. Sie ist gelassen, glücklich, zugänglich. Die Botschaft, die sie aussendet, lautet: Ich gefalle mir, ich wette, ich gefalle dir auch.

Das nennt man Selbstvertrauen.

Was du tun kannst, um dein Selbstvertrauen aufzumöbeln

- Sieh zu, daß du geradezu unverschämt gut aussiehst. Laß dir eine Gesichtspackung verpassen. Einen neuen Haarschnitt. Oder eine Nasenkorrektur. Laß dich im Geschäft beraten, welche Kleidung dir am besten steht. Gönne dir eine Stilberatung.

  So gut wie möglich auszusehen gehört zur Selbstliebe. Du fühlst dich gleich viel sicherer, wenn du gut aussiehst.
- Bitte deine Freunde, dir deine Stärken zu sagen – und unterstreich diese.
- Erfinde Affirmationen, die dein Selbstvertrauen unterstützen. Schau dir nochmals die Übungen zu den Glaubenssätzen im 12. Kapitel an. Sag dir, daß du selbstbewußt, sexy, intelligent, geistreich, lustig und clever bist.
- Trag etwas Rotes. Das ist eine leuchtende Farbe, die erotisch und selbstbewußt wirkt. Beobachte, wie du dich mit verschiedenen Farben fühlst.
- Schmink dir die Lippen rot.
- Trainiere deinen Körper; er soll so fit wie möglich aussehen. Kleide dich figurbetont.

- Entspann dich. Sei natürlich. Sei bezaubernd.
- Fang an zu flirten!

Das Flirten

Flirten ist eine Kunst wie jede andere auch: Es bedarf der Übung, um sie richtig zu beherrschen. Sicherlich sind gewisse natürliche Veranlagungen von Vorteil, aber das Gute ist, daß wir alle welche haben. Jawohl!

Im folgenden geht es um das Verhalten von Frauen, die amouröse Interessen befolgen. Wenn du selbstbewußt und aufgeschlossen bist, flirtest du automatisch. Bist du schüchtern und wünschst, daß du es nicht wärest, mußt du wohl lernen, Flirtsignale auszusenden.

Das Flirten wurde erstmals von Wissenschaftlern vor etwa 30 Jahren untersucht. Der Wiener Verhaltensforscher Irenäus Eibl-Eibesfeldt entdeckte, daß alle Menschen aus den unterschiedlichsten Kulturen, von den Südseeinseln bis zum Atlantischen Ozean, auf gleiche Weise ihr sexuelles Interesse bekundeten. Alle Frauen, angefangen bei jenen, die über keine Schrift verfügen, bis hin zu jenen, die regelmäßig *Cosmopolitan* lesen, bedienen sich der gleichen nonverbalen Signale. Also, wenn du einen Mann irgendwo auf diesem Planeten auf dich aufmerksam machen willst, verrate ich dir jetzt wie.

Laut Eibl-Eibesfeldt ist es immer die Frau, die zuerst Interesse signalisiert. Sie lächelt einen Mann an, zieht ihre Brauen hoch, damit ihre Augen größer werden, schlägt dann schnell die Lider nieder, zieht ihr Kinn zur Brust, neigt den Kopf ein wenig, wendet ihren Blick ab; unmittelbar darauf folgt ein Kichern, wobei ihre Hände den Mund bedecken.

Folgendes steht ebenfalls zur Auswahl:

Du wirfst dein Haar zurück. Du wiegst dich sanft in den Hüften. Kichern, große Augen machen. Fahr dir mit der Zunge über die Lippen und drück die Brust raus. Schwing deine Hüften. Fixiere ihn, als ob er Pierce Brosnan mit Sinn für Humor ist.

Von all diesen Tricks ist das Fixieren der wirkungsvollste. Hefte den Blick auf ihn, als ob er die interessanteste Figur abgibt, seit du *Titanic* gesehen hast. Das sollte er, zumindest auf unterschwellige Weise, mitbekommen haben.

Bring ihn zum Lachen

Eine weitere Möglichkeit ist, deinen Sinn für Humor zu schärfen. Eine Umfrage unter Männern für dieses Buch ergab, daß die Fähigkeit, einen Mann zum Lachen zu bringen, weitaus wichtiger sei als die Oberweite. Hmmm. Wie auch immer. Lern also einige Witze.

Eine Freundin von mir hat einen Humor, der Männer weich werden läßt. Sie läßt eine unverschämt offene sexuelle Anspielung vom Stapel. Beispielsweise zu einem Rugby-Spieler: »Mit diesen Oberschenkeln mußt du ja phantastisch im Bett sein.« Sie macht dann ganz schüchtern einen Rückzieher, indem sie hinzufügt: »Nicht zu fassen, daß ich das gerade gesagt habe.« Es funktioniert jedes Mal.

Seine Körpersprache verrät, ob er interessiert ist

So viel zu deiner Rolle beim Flirten. Wie kannst du wissen, daß er Feuer gefangen hat, auch wenn er es nicht laut verkündet.

- Augenkontakt. Er wirft dir einen intensiven Blick zu, der viel länger dauert als, sagen wir, der des Postboten.
- Er streicht sich über den Nacken. Neueste Untersuchungen über das Flirten ergaben, daß in Gegenwart einer attraktiven Frau der Mann in ein instinktives, universelles Paarungsverhalten verfällt, daß ihn auf die Stufe eines Pfaus herabsetzt. Er streckt seinen Rücken, wölbt seine Brust vor, bewegt sein Becken andeutungsweise in einer harmlosen Elvis-Imitation, tritt großspurig auf und lacht besonders laut.
- Er neigt zu großen Gesten. Er zückt demonstrativ sein Feuerzeug, zündet es an, als ob er sich für eine Rolle in einem der

alten Stummfilme bewerben wollte. Er rückt seinen Schlips zurecht und zieht dabei das Kinn hoch. Was hier eigentlich vor sich geht, ist, daß sein Stammhirn ihn zu pantomimischen Einlagen veranlaßt, die man auch bei paarungswilligen Menschenaffen beobachten kann.

- Seine Pupillen weiten sich, damit das Auge mehr von dem geliebten Objekt erfassen kann. Aber vergiß nicht, daß du den Grund dafür nicht kennst, wenn ihr in einem Nachtclub seid. Es kann auch ein Hinweis darauf sein, daß er zuviel Ecstasy genommen hat und einfach high ist.
- Er berührt oder streichelt sein Glas, seine Hand oder seinen Hals. Die Körpersprache verrät durch die kleinen Gesten den Wunsch nach mehr, das er gern machen würde, wenn er nicht so gehemmt wäre. Also streicht er über sein Glas, weil er im Grunde lieber dich streicheln würde.
- Er berührt dich während eures Gesprächs. Siehe oben, nur das hier ist schon etwas mutiger.
- Er spiegelt deine Körperhaltung wider. Du lehnst dich nach vorn, er lehnt sich auch nach vorn; du schlägst die Beine übereinander, er macht es ebenfalls.

Wenn ihr euch dann lange in die Augen schaut, seid ihr völlig in dieses aufregende Spiel des Flirtens vertieft. Es wird jedoch unvermeidbar sein, daß du auch unerwünschte Aufmerksamkeit erweckst, wenn du deine Mähne zurückwirfst und mit schwingenden Hüften durch die Gegend läufst. Hier erfährst du, wie du einem auf charmante Art den Laufpaß gibst ...

Ein elegantes Nein
(auch wenn er ein lieber Kerl ist)

Ich habe Freundinnen, die mit jedem ausgehen, nur weil sie sich geschmeichelt fühlen und ein Angebot nicht ablehnen können. Es besagt nichts über dich, wenn ein pickliger, dickbäuchiger Trottel sich für dich interessiert. Manchmal ist es eine Beleidigung, von gewissen Männern angesprochen zu werden.

Sarah, 23, kompromißlose Nein-Sagerin

Ein richtig netter Mann spricht dich an. Er ist sehr angenehm, sehr interessiert, aber er trägt Hush Puppies. Oder hat einen üblen Mundgeruch, der deine Katzen in die Flucht schlagen würde. Oder es ist irgend etwas an ihm, von dem du genau weißt, das es dich stört, auch wenn du es nicht näher benennen kannst.

Er fragt dich nach deiner Telefonnummer. Bist du nett? Oder bist du ehrlich?

Denk immer daran, was passiert, wenn du ja sagst, aber nein meinst. Jedesmal wenn das Telefon klingelt, rutscht dir dein Herz fast in die Hose. Es könnte deine Mutter sein. Es könnte deine beste Freundin sein. Aber es könnte auch er sein. Du gehst also nicht ans Telefon und wirst plötzlich zu einem Gefangenen in deiner eigenen Wohnung. Oder du gehst ran, er ist in der Leitung, und du hörst dich »Ja, na gut« sagen und denkst dann, *ach du Schreck!* Oder: »Ja, na gut, aber nicht diese Woche«, und er kapiert es einfach nicht. Bei dir entwickelt sich allmählich die Vorstellung, daß du noch mit 70 mit einer Gehhilfe zum Telefon hinkst und sagst: Sorry, diese Woche geht es nicht . . .

Vielleicht mußt du sogar deine Lieblingsplätze meiden, er könnte ja dort sein.

Willst du wirklich ein dermaßen kompliziertes Leben führen?

Du kannst ihn auch sanft abweisen, damit er sich nicht wie Quasimodo fühlt und du dir nicht wie ein Ekel vorkommst. Alle Männer stimmen darin überein, daß ihnen ein direktes Nein lieber ist als ein nutzloses Hinterherrennen. Aber wer will schon die unverblümte, bittere Wahrheit »Ich kann mit dir nichts anfangen« hören? Du willst es so nicht sagen, und er will es sicherlich in der Form auch nicht hören.

Ein paar erprobte Sprüche

Die beliebteste Nr. Eins – die kleine Notlüge:

Tut mir leid, ich habe einen Partner/ich lebe mit jemandem zusammen/ich bin verheiratet;

mein Freund würde es nicht tolerieren, wenn ich dir meine Telefonnummer gäbe/mich mit dir treffen würde.

Wenn er jedoch weiß, daß du Single bist . . .

Sorry, ich habe mich gerade getrennt und bin noch nicht bereit, mich auf einen neuen einzulassen;

du bist sehr nett, aber einfach nicht mein Typ;

du bist sehr nett, aber wie mein Bruder. Das wäre ja geradezu inzestuös(!);

tut mir leid, ich bin zur Zeit sehr beschäftigt.

Einige Gebote . . .
- Wenn er insistiert, frag ihn nach seiner Telefonnummer. Du fragst ihn ja lediglich danach. Du sagst damit nicht, daß du sie auch benutzen wirst.
- Achte auf deine Körpersprache. Mach einen entspannten Eindruck. Sag mit sanfter Stimme so etwas wie: »Danke für das Kompliment, aber ich bin sehr beschäftigt.« Sprich nicht zu schnell und betone das Wort »beschäftigt«, während du den Blickkontakt hältst.
- Bewahre eine gewisse Leichtigkeit. Lächle, oder wenn du gerne Witze machst, mach welche. Humor nimmt immer die Spannung aus einer Situation.

Verbote . . .
- Keine langen Erklärungen. Denk an die Maxime: Du brauchst dich nicht zu entschuldigen oder zu rechtfertigen. Du kannst dich entschuldigen, wenn du willst, aber verlier dich nicht in »Mein Chef hat mich gerade zu Überstunden verdonnert, und obwohl ich sehr gerne etwas unternehmen würde, bin ich viel

zu erschöpft und ... bla ... bla ...« Es verlängert nur die Qualen.

- Ich vermeide den Spruch »Ich kann nicht«. Es klingt passiv und deutet an, daß du gern würdest, aber einfach nicht kannst. Das bietet ihm die Gelegenheit, dich überreden zu wollen, daß du doch kannst oder vielleicht später könntest.

Zur Erinnerung:

Du bist nicht für seine Gefühle zuständig.

Du hast das Recht, nein zu sagen.

Du kannst deine Zeit so verbringen, wie du es dir vorstellst.

Du darfst auch deine Meinung ändern. Das macht jeder. Am laufenden Band. Ruf ihn zurück und sag: »Tut mir leid, ich habe es mir anders überlegt, es war nicht richtig von mir, zuzusagen, aber mir ist es lieber, wenn wir uns nicht treffen.« Wenn du seine Nummer nicht hast, geh zu eurem Treffpunkt und sag ihm, daß du es dir anders überlegt hättest und lieber wieder nach Hause gehen würdest. Davon wird die Welt nicht untergehen.

Alles andere wird bei ihm nur Hoffnungen wecken. Würdest du nicht auch lieber auf rücksichtsvolle Weise enttäuscht werden, als sinnlos hinter jemandem her zu sein?

18

Was ist, wenn dich einer interessiert? Eine Anleitung für Frauen, die zu schüchtern sind, um den ersten Schritt zu machen

Erst mit 30 Jahren habe ich zum ersten Mal einen Mann um ein Date gebeten. Vorher hatte ich mich nur mit Männern getroffen, die mich gefragt hatten. Eine Freundin meinte, ich würde meine Wahl nicht selbst treffen. Ich hatte mir gedacht, es sei einfach traditionell so, daß Männer Frauen ausführen; aber was sind heutzutage schon Traditionen? Also wollte ich es probieren. Ich fragte einen Typen, den ich mir schon länger ausgeguckt hatte, und wir waren tatsächlich sechs Monate zusammen. Heutzutage habe ich keine Hemmungen mehr, ich spreche Männer andauernd an, und sie finden es hervorragend ...

Rosa, darüber, das Schicksal in die eigene Hand zu nehmen

Du begibst dich in ein Minenfeld, wenn du einem Mann signalisieren willst, daß du ihn aufregend findest. Eine Untersuchung der britischen Partnervermittlung Dateline ergab, daß 23 Prozent Männer und 37 Prozent Frauen keine Schwierigkeiten hatten, Fremde anzusprechen. Auf jemanden zuzugehen, den du *kennst*, kann noch komplizierter sein.

Als ich das Internet nach Themen über Dating durchsuchte, stieß ich auf ein Buch mit dem Titel *Süße, all diese Kurven und ich ohne Bremsen: Die 500 neuesten Anmach-Sprüche für Männer und Frauen, die garantiert funktionieren*. Ich weiß nicht, wie es dir geht, aber meine erste Reaktion auf diese Einleitung war: *Süßer, all dein Geschwätz und ich ohne Ohren.* Ich zeige dir verschiedene Möglichkeiten, wie man seine Botschaft vermitteln kann, ohne dabei in Schwierigkeiten zu geraten. Und falls doch, dann nur in die angenehmsten.

Wie Frau auf einen Mann zugehen kann

Der beste Ratschlag ist: Es soll einfach sein. Wenn du mit ihm zusammen arbeitest, stell ihm Fragen zur Arbeit, bis du ihm eines Tages vorschlägst, ob ihr es nicht bei einem Drink in der Kneipe um die Ecke besprechen könntet. (Oder frage ihn per E-Mail, das erspart dir das Erröten.) Wenn du ihn im Fitneß-Studio entdeckst, bitte ihn, dir ein Gerät zu erklären.

Kate schmachtete sehr lange nach einem Arbeitskollegen, bis sie sich entschied, ihre Taktik zu ändern:

Jeden Montag fragte ich ihn, wie er sein Wochenende verbracht hatte. Er sprach nie über irgendeine Freundin, und als er dann mal erzählte, er sei im Kino gewesen, schlug ich ganz mutig vor, daß wir uns auch zusammen einen Film anschauen könnten. Er wurde rot und erwiderte: Sehr gern. Er wollte das Kinoprogramm heraussuchen und dann etwas verabreden. Wie sich herausstellte, mochte er mich schon lange, fühlte sich aber zu unsicher und dachte, ich sei sowieso nicht an ihm interessiert.

Wenn du ihn nicht kennst ...

Cosmopolitan überprüfte ein paar Anmach-Sprüche, die bei Männern auf der Straße, in der Kneipe usw. ausprobiert wurden:

»Mensch, Mark! Oh, Verzeihung – ich habe Sie mit jemand anderem verwechselt.«

»Nächste Woche hat mein Bruder Geburtstag und wünscht sich Jogging-Schuhe. Darf ich wissen, wo Sie Ihre herhaben?«

»Ich treffe Sie sehr oft hier. Darf ich Sie zu einem Drink einladen?«

»Ich weiß, daß es dreist ist, aber meine Freundin hat gerade um 20 Mark mit mir gewettet, daß ich mich nicht trauen würde, Sie anzusprechen. Ich heiße . . .«

»Kennen Sie ein schönes Café hier in der Nähe? Ich habe einen irren Durst.«

Diese Sätze führten angeblich alle zu einem Gespräch und sogar zum Austausch der Telefonnummern.

Ist er verfügbar?

Erinnerst du dich an Regel 8 des Single-Lebens? Männer anderer Frauen sind tabu, auch wenn sie es sind, die etwas von dir wollen. Hier einige Tips, wie du auf Hinweise stößt, ob ein Mann verfügbar ist und dabei auch noch deinen Spaß hast.

- Ein Ehering: Ringfinger, rechte Hand.
- Ein Ring auf irgendeinem anderen Finger: Du könntest fragen, ob es ein Ehering ist und dich überraschen lassen, was du als Antwort erhältst. Du könntest dezent hinzufügen: »Bist du gebunden?«
- Frag ihn, wo er wohnt, dann: »Lebst du mit jemandem zusammen?«
- Frag ihn, was er am Wochenende gemacht hat. Wenn er keine Andeutungen fallen läßt, frag ihn direkt: »Warst du mit deiner Freundin unterwegs?«
- Wenn du mit diesen Fragen immer noch nicht an die entscheidende Information herankommst, starre in die Luft, etwas über seinem rechten Ohr, und frag: »Bist du mit jemandem zusammen?«

Wenn diese persönliche Neugier ihn nicht anbeißen läßt und er sich nicht mit dir verabredet, du diesen Fisch aber nicht von der Angel lassen willst, mußt du selbst aktiv werden.

Wie man ihn dazu kriegt, ja zu einem Date zu sagen!

Also vielleicht hast du alles bisher Erwähnte versucht, und er ist entweder unendlich verklemmt oder furchtbar begriffsstutzig. Oder du hast ihn in der hintersten Ecke eines überfüllten Raums entdeckt und wirst ihm nicht begegnen, wenn du es nicht in die Hand nimmst. Oder bei eurer letzten Begegnung warst du mit jemandem zusammen, aber jetzt bist du allein und er weiß es nicht.

Also frag ihn einfach, ob er mit dir ausgeht.

Das neue Millennium ist angebrochen. Diese antiquierten Gepflogenheiten, daß der Mann die Frau fragen muß, sind völlig out. Wenn du etwas willst, hol es dir. Er könnte die Liebe deines Lebens sein.

Am Telefon

Vorteil: Er sieht nicht, wie die Farbe ins Gesicht steigt. Oder wie deine beste Freundin kichernd in der Ecke sitzt. Du kannst dich auch leichter wieder zurückziehen, wenn er nein sagt.

Nachteil: Du mußt seine Telefonnummer haben. Oder du erwischst ihn vielleicht in einem schlechten Augenblick.

Via E-Mail

Vorteil: Er bekommt deinen roten Kopf nicht mit, er hört das nervöse Zittern in deiner Stimme nicht. Wenn er nein sagt, braucht ihr nie wieder ein Wort darüber zu verlieren.

Nachteil: Deine E-Mail ist durch irgendwelche Gnome im System im Äther verschwunden; wenn er nicht antwortet, weißt du nicht, woran du bist.

Von Angesicht zu Angesicht

Vorteil: Du kannst lächeln, flirten, die Lippen spitzen und jede erdenkliche verlockende Körperhaltung einnehmen.

Nachteil: Es kann schwerer fallen, seine Absage einzustecken.

Lade ihn zu einer Veranstaltung ein

Beispielsweise eine Fete oder eine Vernissage.
Vorteil: Es ist zwanglos. Ihr seid unter Menschen.

Nachteil: Er merkt gar nicht, daß es sich um ein Date handelt. Er kommt vielleicht erst gar nicht. Oder verguckt sich in deine beste Freundin.

Etwas, was anscheinend nie daneben geht:

Das Wetten

Die Methode funktioniert nur auf einer Party, bei der Arbeit oder in einem anderen sozialen Kontext, bringt aber nichts, wenn er in der hintersten Ecke eines völlig überfüllten Raums steht.

Es geht folgendermaßen: Greif etwas Belangloses auf, das im Gespräch mit deinem Auserwählten gefallen ist. Songtexte, italienische Fußballspieler oder ähnliches – solange es überprüfbar ist. Verwickle ihn in ein Streitgespräch darüber und sage dann: »Der Verlierer lädt den Gewinner zum Essen ein.« Wenn er zustimmt, befindest du dich schon mal in der Startposition für ein Date. Lehnt er entschlossen ab, ist er eben nicht interessiert.

Du hast so oder so gewonnen: Egal, wer verliert, ein Abendessen springt trotzdem dabei heraus.

Tips:

- *Just do it!* Denk dir, was soll's. Jeder wird gern gefragt, ob er ausgehen will. Es schmeichelt. Es ist aufregend, wenn er zusagt, und du fühlst dich bestätigt.
- Sag in etwa: »Wir könnten doch mal zusammen etwas trinken gehen.«
- Vermeide das verlegene ähm, ääh, ähm, ääh . . .
- Versuche es mit Rollenspielen. Übe erst mit deiner Freundin. Male dir aus, was er sagen könnte und wie du reagieren würdest. Ihr habt wenigstens etwas zu lachen dabei.
- Wenn er ablehnt, laß so etwas wie »Na ja, war nur so ein Gedanke, macht nichts« fallen. Versuch nicht, ihn zu überreden. Was bist du denn? Eine Masochistin?
- Sei konkret. Eine Aussage wie »Hättest du Lust, irgendwann mal ins Kino zu gehen?« wird sich nie realisieren. Du mußt schon sagen: »Möchtest du dir den Film XYZ am Freitag mit mir zusammen ansehen?« Eine gezielte Frage führt eher zu einem konkreten Ergebnis.

Was ist, wenn er ein guter Freund ist?

Hier geht es um ein sehr häufiges und heikles Dating-Dilemma.

Du pflegst deine Freundschaften zu Männern wie im 10. Kapitel beschrieben, fühlst dich zu einem aber mehr als nur freundschaftlich hingezogen. Die Frage ist, ob es ihm genauso geht.

Du wirst es nur erfahren, wenn du es ansprichst. Dabei gehst du aber einige Risiken ein. Du verlierst möglicherweise eine wertvolle Freundschaft, in die du emotional viel investiert hast. Du riskierst es, abgelehnt zu werden (schließlich hat er sich ja nie darüber geäußert). Außerdem ist es peinlich, wenn es deine Freunde später alle erfahren.

Du mußt abwägen, ob es das wert ist. Behalt im Hinterkopf,

daß Freundschaft im Grunde die Basis einer lohnenden Liebesbeziehung ist.

Frag dich, wie ernst es dir ist und was für Hinweise du von ihm erhalten hast. Wenn du dich entscheidest, es zu riskieren, dann verwende jede erdenkliche Waffe aus deinem Flirt-Arsenal. Setz dein ganzes Wissen über Körpersprache ein. Mach ihm Komplimente. Mach lieber Andeutungen, als es direkt auf den Punkt zu bringen.

Mary war mit David, einem Arbeitskollegen, seit einem Jahr befreundet gewesen. Auf der Weihnachtsfeier plauderten sie miteinander wie immer, tanzten auch mal zusammen. Als ein langsames Stück aufgelegt wurde, gingen sie aufeinander zu – und dann geschah es. Sie erzählt: »Es knisterte unheimlich. Er fragte mich: ›Sollen wir gehen?‹ Wir gingen und sind seitdem zusammen. Uns war beiden nicht bewußt, daß wir so viel füreinander empfanden – bis zu diesem Song von Marvin Gaye.«

Wenn die nonverbale Kommunikation nicht klappt, mußt du in den sauren Apfel beißen und einfach sagen: »Weißt du, daß ich dich interessant finde?« Wenn er dann erwidert: »Ja, aber du bist eben Elaine«, dann weißt du, woran du bist. Wenn er sagt: »Tut mir leid, ich sehe dich nicht so« kannst du so etwas wie »Macht nichts, wir können trotzdem befreundet bleiben« und deine Tränen abends in deinem Kissen ersticken. Du handelst verantwortungsvoll, wenn du dich zu deinem Interesse am anderen bekennst, auch wenn es einfach dabei bleibt.

Und: Macht er sich doch davon, weil er nicht damit umgehen kann, was war er dann eigentlich für ein Freund?

Trotzdem, es kann immer auch ein Happy-End geben. Viel Glück.

19

Das Blind Date – aber nicht blindlings. Die Kunst, mit einem Unbekannten ein Date zu haben

Ich fühle mich als die Königen des Blind Date. Ich habe mich mit Männern getroffen, die ich über *eine* Partnervermittlung oder durch das Internet oder in Single-Kneipen kennengelernt habe. Dort bekommst du denjenigen zu Gesicht, und entweder er gefällt dir oder nicht. Bei Internet oder Partnervermittlung funktioniert es anders herum. Erst spricht man miteinander, dann sieht man sich. Man verliebt sich oft in ein schönes Gesicht und denkt dabei, daß es nichts ausmacht, wenn derjenige andere Vorstellungen hat, er sieht trotzdem ziemlich scharf aus. Aber letztendlich ist es doch wichtig. Tauscht man sich über Telefon oder Internet aus, wo man sich nicht sieht, und man unterschiedliche Ansichten hat, kann es eine verpaßte Chance sein. Ich denke einfach, es kommt wie es kommt.

Joanne, *Königin des Blind Date*

Ich war schon auf so vielen Blind Dates, mir steht eigentlich ein Blindenhund zu.

Wendy Leibman, *Komikerin*

Vielleicht kennst du keinen, den du aufregend findest; vielleicht sind die Männer, die dich anmachen, knapp geworden; vielleicht triffst du nicht die richtigen; vielleicht hast du die Nase voll davon, dich in Kneipen herumzudrücken oder Töpferkurse zu besuchen, in der Hoffnung, daß Patrick Swayze dir hilft, deinen Tonklumpen zu formen. Wenn die Sache schwierig wird, schreiten die Hartnäckigen zur Tat. Und dieser Aktionismus wiederum kann abenteuerliche Situationen heraufbeschwören.

Heutzutage wird die Vermittlung eines Dates durch Dritte nicht mehr negativ betrachtet. Es schießen Partnervermittlungsagenturen aus dem Boden, jedes lokale Blättchen hat eine Rubrik für Einsame Herzen, Tausende sind täglich online, loggen sich in Dating Chats ein über ein neues Medium, was es vor zehn Jahren in der Form noch gar nicht gab.

Dateline, die führende britische Partnervermittlung, führt den Boom der letzten Jahre in seiner Mitgliederzahl darauf zurück, daß Menschen nicht mehr den Job für's Leben haben, sondern überall einsetzbar sein müssen. Presse-Chef Pam Bathe meint dazu: »Die Gesellschaft hat sich in den letzten 20 Jahren sehr stark verändert, mitbedingt durch den Börseneinbruch Ende der 80er Jahre. Die Leute müssen heute viel beweglicher sein. Sie müssen dorthin gehen, wo sie eine Anstellung finden. Sie ziehen immer wieder um, kennen in der neuen Gegend keinen Menschen, haben dort keine Freunde. Kein Wunder also, daß sie sich an eine Partnervermittlung wenden.«

Außerdem geben sich Frauen auch nicht mehr damit zufrieden, herumzusitzen und auf Mr. Richtig im weißen Sportwagen zu warten; sie nehmen ihre Liebesangelegenheit selbst in die Hand.

Der Anbruch des neuen Millenniums hat die Dinge noch beschleunigt. Dateline berichtet, daß sie im Januar normalerweise Hochkonjunktur haben, wenn die Einsamkeit über Weihnachten und Neujahr die Menschen wieder dazu treibt, das nächste Fest nicht mehr allein zu verbringen. Der Jahrtausendwechsel habe jedoch die Mitgliedszahlen kräftig nach oben schnellen lassen. Im Januar 1999 verdoppelte sich die Anzahl der Mitglieder bei Dateline im Vergleich zu einem normalen Januar. Bis zum Januar 2000 wurde bei Dateline sogar eine Erhöhung der Mitgliedszahlen um weitere 50 bis 100 Prozent vorausgesagt.

Und glaub mir, eine Agentur einzuschalten, hilft SEHR WOHL! Ich habe den Überblick verloren, wie viele Paare sich durch eine Zeitungsannonce gefunden haben. Bei einem Paar (sie war diejenige, die auf seine Anzeige geantwortet hatte) war es Liebe auf den ersten Blick, als sie sich am Bankautomaten der Natwest am Leicester Square trafen. Drei Monate später war sie bereits schwanger – mit Drillingen! Nach zehn Jahren sind sie immer noch zusammen. Ein anderes Paar entdeckte gleich am Telefon, daß sie in derselben Straße wohnen. Sieben Jahre später wohnen sie noch immer im selben Haus.

Oder die geschiedene Frau, die nicht mehr daran glaubte, jemals einen Mann zu finden, wurde aus lauter Verzweiflung Mitglied bei Dateline. Sie hatte bisher keine Erfahrung mit Dates und scherzte mit ihrer Freundin darüber, daß sie den ersten Mann, der mit zwölf roten Rosen bei ihr aufkreuzt, sofort heiraten würde.

Irgendwann lernte sie einen liebenswerten Mann kennen. Sie verabredeten sich ein weiteres Mal, und zwar an einem der unromantischsten Plätze, dem PC World Autopark. Es goß in Strömen, ihr Schirm hatte sich verbogen, aber das spielte alles keine Rolle, da er mit zwölf roten Rosen auf sie wartete. Sie meinte, sie hätte beinahe sofort »Ja, ich will« gesagt.

Die Gelegenheit erhielt sie einige Wochen später, als er ihr einen Heiratsantrag machte. Von da an lief alles wie am Schnürchen. Nach den Kriterien der Hochzeitsbranche wird eine solche Hochzeit »Wirbelwind-Aktion« genannt, da alles, was sie haben wollten, sofort zur Verfügung stand. Sogar das Restaurant, in dem sie sich das erste Mal getroffen hatten, hatte genügend Plätze, damit der Hochzeitsempfang dort stattfinden konnte. Sie bekam ihr Brautkleid, indem sie ihren Finger blind auf die Anzeigen in den Gelben Seiten legte, anrief und erfuhr, daß das Geschäft genau das hatte, was sie wollte – noch dazu in ihrer Größe.

Das beweist doch nur, daß der Zufall auch mit Partnervermittlungsagenturen zusammenarbeitet.

Das beste, was dir passieren kann, ist, daß du den Mann deines Lebens triffst. Das Schlimmste ist, daß du dich ein paar Male zum

Kaffee mit Männern triffst, die deine Leidenschaft in keinster Weise entzünden, geschweige denn dein Herz höher schlagen lassen. Dennoch hilft allein die Tatsache, daß du dein Leben selbst in die Hand nimmst, das alte Schreckgespenst »Was ist, wenn ich keinen mehr finde?« zu vergraulen.

Dies ist ein sehr wichtiger Schritt, besonders wenn man schon lange Single ist. Dazu Louise:

Meine Erfahrungen mit der Partnervermittlung waren nicht so besonders, weil ich keinen Mann für eine langfristige Beziehung fand. Dennoch hatte ich das gute Gefühl, etwas zu unternehmen, und das stimmte mich positiv. Ich wußte genau, daß ich nicht unbedingt die große Liebe treffen würde, aber ich kümmerte mich wenigstens um Gelegenheiten. Ich hätte sie auch nicht missen wollen. Ich hatte einfach die Chance, Männer kennenzulernen, auch wenn bei jedem Treffen genausoviel Verlegenheit im Spiel war, als ob wir uns auf andere Weise kennengelernt hätten.

Manche Menschen sind von dieser technischen Methode abgeschreckt, wenn eine Agentur per Computer einen passenden Menschen für dich aussucht, und finden es sehr unromantisch. Aber, wie Pam Bathe es formulierte: »Es kann ungeheuerlich romantisch sein, unter einer Uhr mit einer Rose im Knopfloch zu warten.«

Auch wenn du nicht den einzig Wahren durch die Agentur oder das Internet findest, so gewinnst du doch neue männliche Freunde – durch die du den einzig Wahren doch finden könntest.

Kate erzählt: »Durch die Partnervermittlung habe ich einen Mann getroffen, mit dem ich einige Monate zusammen war und durch den ich Tauchen gelernt habe. Ich bin total begeistert davon. Außerdem habe ich Martin kennengelernt. Er ist ein ganz lieber Mann, dennoch bin ich außerordentlich froh, nicht in einer Beziehung mit ihm zu stecken. Er ist einer meiner besten

Freunde; durch ihn habe ich sehr viel darüber gelernt, wie Männer funktionieren.«

Dennoch können dich viele Sorgen plagen, wenn du eine Agentur oder das Internet einschaltest – was ist, wenn ich soviel unternehme und trotzdem keinen finde?

Aber was ist, wenn du nichts unternimmst und auch keinen findest?

Der größte Vorteil, sich durch eine Partnervermittlung zu begegnen, liegt wohl darin, daß ihr beim ersten Cappuccino genau wißt, daß ihr beide das gleiche sucht: Liebe. Nicht nur Sex oder »Ich weiß noch nicht, ob ich mich auf eine Partnerschaft einlassen will«. Diese blödsinnigen Spielchen fangen erst gar nicht an. Hoffentlich verschwendest du keine Zeit und keine Gefühle an einen Mann, der eine gute Figur macht, aber – wie sich bald herausstellt – schon vergeben ist. Sollte es trotzdem mal passieren: Die Umstände, unter denen ihr euch getroffen habt, erleichtern die Situation.

Es folgen ein paar Ratschläge, wie man das Beste aus Partnervermittlungen herausholt ...

Partnervermittlungen

Vorteile: Sie klären zunächst Grundsätzliches ab und filtern die völlig Unpassenden heraus. Außerdem kann man davon ausgehen, daß derjenige, mit dem dich die Agentur zusammenbringt, mehr als interessiert daran ist, einen Lebenspartner zu finden, sonst wäre er auch nicht Mitglied geworden. Wenn du dir eine Agentur aussuchst, die schon seit einigen Jahren etabliert ist und z. B. in seriösen Zeitungen inseriert, kannst du davon ausgehen, daß sie allgemeinen Richtlinien unterliegen und eine durchsichtige Tarifstruktur haben und dich nicht übers Ohr hauen, wenn es um Mitgliedsbeiträge oder Erstattungen geht; außerdem müssen sie mitteilen, wie viele Mitglieder bei ihnen aus deiner Umgebung eingetragen sind.

Nachteile: Eine Aufnahme in der Agentur könnte teuer werden. Wenn keiner der Kandidaten deinem Wunschprofil entspricht, geschweige denn dein Herz entzündet, ist das Geld natürlich weg.

Kleine, lokale Partnervermittlungen können sehr zwielichtig sein, da jeder eine Agentur gründen kann; es gibt herzlich wenig gesetzliche Richtlinien dafür. 1993 wurde ein Mann, der Bankrott gegangen war und daraufhin eine eigene Agentur gründete, verhaftet, weil er Frauen, die sich auf seine Anzeigen gemeldet hatten, unter Drogen gesetzt und vergewaltigt hatte. Es ist ratsam, sich an Agenturen zu wenden, die bekannt sind und bereits einen Namen haben.

Einige Ge- und Verbote bezüglich Agenturen

Gebote . . .

Bewahre eine positive Einstellung. Pam Bathe meint dazu: »Negatives Denken wirkt manchmal wie eine Self-fulfilling Prophecy. Diejenigen, die am besten mit einer Partnervermittlung fahren, sind diejenigen, die sich mit Niederlagen abfinden, sich wieder aufrappeln und mit neuem Elan weitermachen und grundsätzlich nicht so hohe Ansprüche an ihr Gegenüber stellen. Sie sind bereits zufrieden, wenn 60 Prozent ihrer Idealvorstellungen erfüllt werden. Es muß bei der Größe nicht bis auf den letzten Zentimeter stimmen.«

Bewahre einen Sinn für Humor. Louise meint dazu:

Ich hatte manchmal ganz witzige Erlebnisse mit der Partnervermittlung. Weil ich als Illustratorin arbeite, wollten sie mich mit einem Mann zusammenbringen, der seine ehrgeizigen Pläne, ein Künstler zu werden, aufgegeben hatte. Verständlich, daß die Agentur so denkt. Aber mir ist es wirklich wichtig, daß ich das, womit der andere sich künstlerisch beschäftigt, auch anerkennen kann. Der Typ bestand darauf, daß ich seine künstlerischen Arbeiten sehe, bevor wir uns näher kennenlernen. Er sagte, wenn mir

*seine Kunst nicht gefiele, dann könne ich mit ihm vermutlich auch
nichts anfangen. Also schaute ich sie mir an und war entsetzt. Sie
erschien mir sehr dilettantisch; seine künstlerischen Vorbilder waren Menschen, die ich verabscheute. Klar, daß es nie funktionieren
würde. Die Agentur konnte es zwar nicht verstehen, wir beide
aber schon. Ich sagte der Agentur, daß seine Werke sehr unreif
seien, und er wahrscheinlich genauso. Bei dem Ramsch, den er
herstellte, hätte ich ihn nie respektieren können.*

Nicht aufgeben. Eine Frau bei Dateline war geschieden, hatte
drei Kinder und war finanziell sehr knapp dran. Sie rief die
Männer auf ihrer Liste von der Arbeit aus an, hinterließ eine
Nachricht, sie mögen sie zurückrufen. Ein Typ hatte keinen Anrufbeantworter. Sie versuchte es sehr oft, erreichte ihn aber nie.
Beim letzten Versuch erreichte sie ihn schließlich. Er war zufällig
zu Hause, weil es einen Streik im Zugverkehr gab. Sie haben
geheiratet.

Sei realistisch; nur weil die Agentur der Meinung ist, daß ihr
zusammenpaßt, muß das noch lange nicht der Fall sein. Louise
erzählt: »Sie haben mir einen Typen vorgeschlagen, der sich für
Kunst interessierte, aber kein Künstler war. Er fand es sehr aufregend, mit einer Künstlerin zusammenzusein, aber er hatte einen
Büro-Job mit geregelter Arbeitszeit. Mein freiberufliches Leben
regte ihn auf. Auch wenn das eigentlich der Lebensstil vieler
Künstler ist. Ich weiß nie, wann und woher mein nächster Auf-
trag kommt; er hätte es nicht lange mit mir ausgehalten.«

Verabrede dich beim ersten Treffen nur für eine kurze Zeit.
Zum Kaffee oder zu einem kurzen Drink am Mittag. So kann dir,
wie es Pam Bathe vorschlägt, ganz plötzlich einfallen, daß du
noch unbedingt deine Wäsche aus der Reinigung abholen mußt,
falls du bemerkst, daß es nichts ist.

Verbote . . .
Fixiere dich nicht so auf das Äußere. Frauen wollen oft einen
Mann von über 1 m 80 Größe und weigern sich, mit kleineren

auch nur zu reden. Pam Bathe glaubt, es sei der größte Fehler, wenn Mitglieder nur auf das Äußere eingehen:

Ich habe Frauen, die auf große Männer stehen, gefragt, ob sie tatsächlich einen Mann ablehnen würden, mit dem sie sich beim Abendessen wunderbar verstehen, den sie auch sehr charmant finden, der aber kleiner als 1 m 80 ist, wenn er sich vom Tisch erhebt. Einige Frauen bejahen diese Frage sofort. Das ist in Ordnung. Wir bieten ja nur einen Service an. Wir versuchen, den Leuten das zu geben, wonach sie gefragt haben. Aber letztendlich ist es doch der Mensch, der zählt, und nicht seine Erscheinung.

Erwarte nicht, daß sie dir einen Millionär vermitteln. Agenturen stellen immer wieder fest, daß sich Frauen gern einen Partner suchen, der finanziell gut abgesichert ist oder der wie sie ein gutes Gehalt bekommt. Eine Agentur wählt jedoch nicht nach dem Gehaltskriterium aus (sonst würde sie ja »Goldgräber« anziehen). Sie rät eher dazu, den Wunsch nach dem Ausbildungsniveau anzugeben (beispielsweise alle Nicht-Akademiker auszuschließen). Dadurch steigen die Chancen, daß gutbuchte Frauen auf den passenden gutbetuchten Mann treffen.

Keine Eile, wenn es um ein Treffen geht. Partnervermittlungen raten, wenigstens zwei bis drei, bis hin zu sechs Gespräche, E-Mails oder Briefe auszutauschen, bevor es zu einem persönlichen Treffen kommt. Abzuraten ist von einer sofortigen Begegnung nach dem ersten Telefonat, nur weil man sich so gut unterhalten hat.

Fühle dich nicht verpflichtet, Männer zu treffen, wenn du kein gutes Gefühl dabei hast. Sag: »Es war schön, mit dir zu plaudern, aber ich glaube, wir passen nicht zueinander, und ich will deine Zeit nicht vergeuden.«

Geh nicht davon aus, daß sie verfügbar sind. Es hat sich immer wieder gezeigt, daß viele verheiratete Männer Agenturen oder das Internet einschalten, um Frauen kennenzulernen. Überprüf es einfach.

»Einsame Herzen«-Anzeigen in Zeitungen und Zeitschriften

Vorteile: Sie sind örtlich beschränkt. Oder sie sprechen eine bestimmte Zielgruppe an. Du hast es absolut in der Hand, wie du dich präsentierst. Es ist preiswerter als über eine Agentur. Du ersparst dir den ganzen Aufwand, den eine Mitgliedschaft bei einer Agentur nach sich zieht. Jeder kann auf eine solche Anzeige reagieren, auch diejenigen, die diesen Weg normalerweise nicht wählen, die aber von *deiner* Anzeige angezogen wurden.

Nachteile: Unter Umständen schickt ein Mann kein Foto von sich. Du mußt dir alle Briefe durchlesen; es können einige seltsame Vögel darunter sein. Außerdem kann es passieren, daß keiner antwortet. Deine Telefonrechnung kann sich ins Unermeßliche steigern – eine Freundin, die sich in die Leitung der Talking Hearts von *Time Out* (einer britischen Zeitschrift mit Partnerschaftsannoncen) einwählte, fing Feuer und gab schließlich 43 Pfund aus, ohne sich klar darüber zu sein, daß die Minute ein Pfund kostete.

Der Sicherheitsaspekt ist nicht so hoch wie bei einer Agentur. Sollte jedoch etwas schiefgehen, wenn du auf eine Anzeige antwortest, könnte man die persönlichen Angaben des Betreffenden über die Redaktion erfahren, falls eine Meldung bei der Polizei nötig wäre.

Deine Anzeige formulieren

Sieben heiße Tips
1. Konzentriere dich auf dich selbst, nicht auf die anderen. Wenn du über dich selbst schreibst, wirst du die Leute anziehen, die es anspricht. Wenn du jedoch nur darüber schreibst, was du von ihnen erwartest, verringerst du die Ausbeute und schließt vielleicht ein paar schnuckelige Anwärter aus.
2. Beweise deine Qualitäten, als nur darüber zu schreiben. Sag

also nicht »Ich habe Sinn für Humor«, sondern bringe den Leser zum Lachen. Zeige durch deine Wortwahl, klare Satzstruktur und ungewöhnliche, einfallsreiche Beschreibungen, was für eine intelligente und gebildete Frau du bist.

3. Durch Kreativität hebst du dich von der Masse ab. Eine Anzeige kann auf jede beliebige Art gestaltet werden, etwa als Gedicht, als eine witzige Beschreibung deiner Arbeit. Eine Internet-Anzeige bestand z. B. nur aus Filmtiteln – einer hinter dem anderen – und beschrieb so die Person, die die Anzeige aufgegeben hatte.

4. Mach klar, was *du* wissen willst. Stell dir eine Liste über die Dinge zusammen, die du gern vom anderen erfahren willst, bevor er antwortet. Er will dann wahrscheinlich auch das gleiche über dich wissen. Welchen Beruf übst du aus? Warst du bereits verheiratet? Suchst du lediglich Freundschaften, oder willst du diesen einen, ganz besonderen Menschen finden, mit dem du dein Leben verbringen kannst?

5. Das Alter ist nicht alles, aber . . . Viele Leute fangen mit ihrer Beurteilung dort an. Schreibe es in die Anzeige. Wenn du es nicht genau verraten willst, gib eine Spanne an: »Anfang Zwanzig« oder »Mitte Vierzig«. Wenn du 40 bist, dich aber wie 16 fühlst, dann schreibe das. Wenn du jemanden suchst, der älter oder jünger ist, nenne auch dafür eine Spanne. Wenn du sie zu weit faßt – etwa von 20 bis 60 –, klingt das etwas seltsam und verzweifelt. Weniger werden darauf reagieren. Aber auch eine zu enge Spanne (ein bis zwei Jahre) ist nicht gut. Selbst diejenigen, auf die es zutrifft, würden sich wahrscheinlich nicht melden. Kurz gesagt, Offenheit ist am besten – teile dein Alter mit und vermeide die Angabe von allzu weitgefaßten Altersspannen.

6. Einzelheiten, Einzelheiten. Wie oft liest man in persönlichen Anzeigen: »Ich höre gern Musik, gehe gern ins Kino, bin unternehmungslustig.« Damit ist die Hälfte der Menschheit beschrieben! Du willst dich aber als etwas Besonderes darstellen. Nenne also einen Kinofilm, der dir gefallen hat.

Nenne deine Lieblings-Musik, ein paar Songs oder Künstler. Wenn du Samstag abends gerne italienisch essen gehst oder Volkstänze in einem Club magst, schreibe es in die Anzeige. Einzelheiten sagen immer genaueres über dich aus.

7. Mit Offenheit fährst du am besten; nicht nur bezüglich deines Alters, sondern auch bezüglich alles anderen. Egal wer du bist oder wen du suchst, deine Chancen, den Richtigen zu finden – noch dazu mit weniger enttäuschenden Mißgriffen –, sind größer, wenn du von Anfang an ehrlich bleibst.

Tips für die Beantwortung . . .

Gehe nicht auf Anzeigen ein, die eindeutig nur auf Sex abzielen. Sei erfinderisch. Die beliebteste Geschichte von *Time Out* ist die eines Mannes, der per Anzeige eine Erbin für seine Schokoladenfabrik suchte. Eine Frau entwarf daraufhin eine Tüte mit nachgemachten Schokoladenbonbons. Jedes davon enthielt eine Information über sie selbst. Es hat etwas Zeit in Anspruch genommen, aber sie bekam ein Date! Benutze deine untrügliche Intuition! *(Siehe dazu das nächste Kapitel.)*

Das Internet

Ich bin es leid, allein zu sein. Das Internet kommt mir dabei sehr zugute. Ich kann dort mit Leuten plaudern. Immer wenn ich abends zu Hause bin, gehe ich ins Netz. Es sind nicht immer potentielle Dates. Ich habe mich schon manchmal schlapp gelacht – und das an einem Freitagabend beim Chatten. Ich dachte mir dabei: »Mensch, ist das seltsam. Ich sitze hier vor einer Tastatur und bekomme über den Bildschirm zusammen mit völlig fremden Menschen Lachkrämpfe.« Es macht süchtig. Richtig süchtig.

Joanne, über ihre Online-Gewohnheiten

Vorteile: Es gibt keine örtliche Begrenzung – mit Internet liegt dir die gesamte Welt zu Füßen. Es ist billiger als eine Agentur. Es ist ein neues Medium. Es ist aufregend. Es ist einfach (du mußt dich nicht einmal dafür stylen). Die Leute sind häufig viel offener beim Schreiben als im Gespräch von Angesicht zu Angesicht. Beim Chatten fühlen sich die Leute sicherer. Du kannst dich auch hinter einem anonymen Cyber-Namen verstecken. Du kannst jederzeit den Kontakt zu jedem abbrechen.

Nachteile: Du siehst denjenigen nicht, mit dem du sprichst. Die Antworten werden von nichts und niemandem gefiltert. Es kann stärkere Sexualität mit im Spiel sein als in anderen Kanälen. Es gibt keinerlei Richtlinien wie sie für Agenturen gelten. Es kann süchtig machen, und diese Sucht kann dich teuer zu stehen kommen. Es gibt viele Spinner da draußen.

Zur Zeit boomt es, neue Bekanntschaften über das Internet zu machen und Beziehungen einzugehen. Die Zahlen sind umwerfend. Eine kostenlose Web-Seite für Kontakte im World Wide Web konnte folgende Zahlen aufweisen:

Kostenlose Anzeigen, die in den letzten 24 Stunden geschaltet wurden: 1411

Besucherzahlen in den letzten 24 Stunden: 72 000

Versendete Nachrichten in den letzten 24 Stunden: 6817

Der Internet-Provider aol.com verzeichnet beispielsweise 1200 Hochzeiten, die dadurch zustande kamen, daß Leute sich auf seiner Love Shack (»Liebesnest«)-Site kennengelernt haben, die am Valentinstag 1996 ins Leben gerufen wurde. Die Zeitungen haben ständig darüber berichtet, wie »Fern-Geliebte« sich per Internet fanden und kurzerhand ihre Zelte abbrachen, um sich am anderen Ende der Welt mit jemandem niederzulassen, den sie zuvor noch nie gesehen hatten. Wie Katrina Gibbon, die den Kanadier Paul Graham im Internet kennenlernte und fünf Tage nach ihrem ersten Chat bereits nach Winnipeg zog. Weiß der Himmel, wieso jemand sich so sicher sein kann, ohne den anderen jemals leibhaftig erlebt zu haben, geschweige denn mit ihm im Bett gewesen zu sein. Aber bei ihr war es so.

Diese Beziehungen können durchaus funktionieren. Wie eine Teilnehmerin auf einer Dating Site es ausdrückte:

Ich traf meinen Ehemann online im Oktober 1997. Ich lebte in Minnesota, USA, er in England. Ich zog am 12. Juni 1998 hierher und heiratete ihn im September letzten Jahres. Es wurde eingehend über uns im Londoner *Evening Standard* berichtet. Es klappt gut . . . aber wir hatten uns auch genügend Zeit genommen, um uns kennenzulernen – acht Monate online und unendlich viele Telefongespräche. Es kann durchaus funktionieren, wenn man mit Vorsicht drangeht. Es heißt, daß auf jeden Topf ein Deckel paßt, man muß viele Frösche küssen, bevor man den Prinzen oder die Prinzessin erlöst. Keiner ist perfekt, aber der Computer stellt eine Möglichkeit dar, die übelsten Loser auszusieben. Kein Vergleich zum Herumhängen in Kneipen. Sei nur wachsam und entgegenkommend; du wirst überrascht sein, auf wen du triffst.

Viel Glück, Jen

Wenn du also Jen nacheifern willst, dann leg los . . .

Das Gute am Internet ist, daß ich mich sehr klar beim Schreiben ausdrücken kann. Wenn ich ein Foto von dem Mann erhalte, kann ich direkt sagen: Tut mir sehr leid, aber du bist nicht mein Typ, ich wünsche dir weiterhin viel Glück. Ein Mann war so angetan von meiner Ehrlichkeit, daß wir weiterhin Kontakt hatten. Wir trafen uns sogar einige Male, aber ich habe recht behalten. Er reizte mich nicht. Das war's dann auch.

Nun folgen die besten Tips von der AOL-Kummertante Matt Whyman sowie von der Internet-Beraterin Philippa Perry, die beide ihr Leben mit Cyber Dates verbringen . . .

Gebote . . .

- Suche Freunde, nicht nur Partner fürs Leben. Philippa Perry rät: »Ich würde davon abraten, nur online zu gehen, um ein Date zu finden. Wenn dich klassische Musik interessiert, tritt einer Newsgroup für klassische Musik bei. Dort wirst du eher jemanden finden, mit dem du dich verstehst. Wenn du etwa in Newsgroups »Frauen für Männer« herumfischst, wirst du sicherlich auch raubgierige Männer finden. Eine Bekannte von mir traf einen Mann in einem Forum der Schönen Künste bei Compuserve. Er war aus Chicago und jetzt leben sie zusammen in St. Albans.«

- Benutze die Chatrooms als Tummelplatz der Kontaktaufnahme, und tritt gleich per Instant Messenger mit demjenigen in Kontakt, den du näher kennenlernen willst. Es ist vertraulich und persönlich. Die meisten Internet-Provider bieten diesen Service an. Matt Whyman meint: »Wenn du eine ernsthafte Beziehung suchst, ist es wichtig, sie so bald wie möglich offline weiterzuführen, damit du keine Zeit mit den falschen Leuten verschwendest.«

- Übung macht den Meister. Nutze die Chatrooms, um deine Cyber-Talente zu verfeinern. Dazu nochmals Matt Whyman: »Wenn du zum erstenmal damit anfängst, kann es auch mal danebengehen. Es ist ganz gut, dich zunächst mit jemandem z. B. in L. A. zu unterhalten, falls du den Kontakt total vermasselst; wenn du sicherer wirst, kannst du die Chatrooms besuchen, die näher an deinem Wohnort sind.«

- Sei vorsichtig. Die Person, mit der du sprichst, muß nicht die sein, die sie vorgibt zu sein. Matt Whyman: »Der wundervoll klingende Typ aus Birmingham entpuppt sich vielleicht als ein Fernfahrer aus der hintersten Provinz Georgia. Die Leute können fiktive Namen verwenden oder erfundene Profile erstellen und behaupten, sie kämen aus einem anderen Land. Man kann es nicht überprüfen. Außerdem gibt es viele verheiratete Männer da draußen. Ich selbst betreue eine Rubrik für Teenager und erhalte viele Fragen von Jungs. Ein Beispiel: ›Ich bin 14 und habe dieses Mädchen online kennengelernt, die 25 ist. Ich sagte ihr, daß ich auch 25 sei, und jetzt redet sie mit mir über Dinge, die ich nicht verstehe.‹«

- Führe deine Bekanntschaft so bald wie möglich offline weiter. Telefoniere mit dem Betreffenden. Seine Stimme – und wie er auf einen Anruf reagiert – verrät vieles, was das Internet verbirgt.
- Das Ganze soll Spaß machen. Dazu Philippa Perry: »Ich persönlich habe am meisten Spaß, wenn ich ganz ich selbst sein kann. Für mich ist dies das Beste. Andere genießen es, Phantasiefiguren zu sein, die die Aufmerksamkeit der entsprechenden Gesprächspartner erregen. Es gibt Menschen, die sich genauso sich selbst fühlen, wenn sie irgendeine erfundene Person darstellen können.«
- Lies und befolge alle Date-Regeln aus dem Kapitel »Partnervermittlung«. Auch wenn du meinst, du hast jemanden per E-Mail näher kennengelernt, gelten nach wie vor die üblichen Regeln; etwa deine Freunde wissen zu lassen, wo du bist. Obwohl du womöglich bereits seit einem Monat eine Cyber-Beziehung pflegst, ist es nach wie vor ein Blind Date.

Verbote . . .
- Verrate nicht deinen vollständigen Namen, deine Adresse oder Telefonnummer, bis du völlig sicher bist. Nenne sie nie gleich am Anfang. Matt Whyman empfiehlt: »Wenn du sie von einer Telefonzelle aus oder einem Handy anrufen kannst, gerätst du nicht gleich in Schwierigkeiten.«
- Sei in deiner Beurteilung über den anderen nicht zu voreilig. Philippa Perry betont: »Du verstehst vielleicht nicht gleich, wie er die Dinge meint, die er schreibt, oder sein besonderer Stil ist dir fremd. Aber hinter der Fassade kann ein wunderbarer Mensch stecken. Wie im wirklichen Leben können dich Vorurteile ziemlich einsam machen.«
- Geh nicht automatisch davon aus, daß ihr euch gut versteht, wenn ihr euch von Angesicht zu Angesicht gegenübersteht.

Matt Whyman meint dazu: »Es kann sehr schmeichelhaft sein, wenn der andere dir online sein Herz ausschüttet. Trefft ihr euch aber tatsächlich und wißt nicht, was ihr miteinander reden sollt, kann das sehr ernüchternd sein. Du mußt darauf gefaßt sein, daß die Realität manchmal nicht so gut ist wie die Online-Begegnung.

Letztendlich gibt es noch das gute alte . . .

Blind Date

Vorteile: Deine Freunde wissen, mit welchen Menschen du dich gut verstehst. Wenn ihr beide vielleicht die selben Leute mögt, habt ihr schon etwas gemeinsam, auch an Gesprächsstoff. Dieser Service ist völlig kostenlos.

Nachteile: Deine Freunde haben seltsame Vorstellungen darüber, welche Art Menschen du nett finden könntest. Dir kann es ihnen gegenüber im nachhinein peinlich sein, besonders wenn er ein Reinfall war. Darüber hinaus erschöpfen sich die Gelegenheiten nach einer Weile.

Wenn ihr euch tatsächlich begegnet

Folgende Regeln gelten beim persönlichen Treffen, das durch Blind-Dates, Partnervermittlungen, Annoncen oder Cyber Dates zustande gekommen ist . . .

1. Wenn du Adressen und Telefonnummern der Kontaktperson erhalten hast, ruf sie erst einmal an. Wenn du keine Telefonnummer hast, schreibe einen kurzen, freundlichen Brief, in dem du dich vorstellst. Besuche nie jemanden, ohne vorher eingeladen worden zu sein.

2. Vergiß diese olle Kamelle »Aber ich bin doch die Frau, er sollte mich anrufen«. Im Zeitalter der Kontaktanzeigen und Partnervermittlungen kann man solche unsinnigen alten Vorstellungen getrost über Bord werfen. Männer, die inseriert haben oder Mitglied bei einer Agentur sind, erwarten, daß Frauen sie anrufen.

3. Ruf zu normalen Tagezeiten an (nicht spät abends oder früh morgens). Vergewissere dich, ob du den Richtigen am Apparat hast. Wenn jemand anderer dran ist, verhalte dich diskret. Wenn du eine Nachricht für jemandem hinterläßt (oder auf dem Anrufbeantworter), erwähne weder Partnervermittlung noch Anzeige – manche Menschen leben mit anderen zusammen und möchten ihre Privatsphäre gewahrt wissen.

4. Falls sich ein Mann bei dir meldet, von dem du den Eindruck hast, er paßt nicht zu dir, rede dich nicht damit heraus, daß du bereits einen anderen gefunden hättest. Es ist weitaus fairer, ehrlich zu sein und zu sagen, daß du nicht interessiert bist und ihm alles Gute bei seiner weiteren Suche wünschst.

5. Du solltest alle Briefe beantworten und alle Anrufe erwidern. Es kann frustrierend sein, sich die Mühe zu machen und einen Brief zu verfassen oder anzurufen und dann keine Reaktion zu erhalten. Behandle die anderen so, wie du selbst gerne behandelt werden möchtest.

6. Bei manchen Menschen »funkt« es bereits während des Telefonats; stürmische Abenteuer können also nicht ausgeschlossen werden. Es ist auf jeden Fall ratsam, öfters miteinander zu telefonieren oder sich zu schreiben, damit ihr euch etwas kennenlernt, bevor ihr euch trefft. Laß dich nicht gleich abschrecken, wenn er dich nicht sofort vom Hocker reißt – auch die besten Beziehungen brauchen etwas Zeit, um sich zu entwickeln.

7. Das erste Treffen sollte irgendwo in der Öffentlichkeit stattfinden; Dateline, eine große britische Partnervermittlung, empfiehlt nachmittags zum Kaffee oder einem kleinen Drink über die Mittagspause. Verabrede dich nicht zu einem länge-

ren Treffen – ein kompletter Abend könnte eine Katastrophe werden, wenn ihr euch nicht versteht.

8. Sei sicher, daß du den vollständigen Namen und die Telefonnummer des Kandidaten hast, damit du ihm rechtzeitig Bescheid sagen kannst, falls dir etwas dazwischen kommt.

9. Persönliche Sicherheit ist unerläßlich – lade den Mann nicht gleich beim ersten Date zu dir nach Hause ein (oder geh zu ihm nach Hause). Lehne es ab, abgeholt oder zurückgefahren zu werden. Du solltest genügend Geld für öffentliche Verkehrsmittel und/oder ein Taxi haben und die Abfahrtszeiten der Züge kennen. Laß deine Freunde wissen, wo du hingehst, wen du triffst (du brauchst natürlich nicht zu erwähnen, daß es sich um ein Date über eine Agentur oder Kontaktanzeige handelt) und wann du wieder zu Hause sein willst.

10. Bevor ihr euch trefft, besprecht, wie ihr euch kleiden wollt. Es ist peinlich, wenn sich der eine »in Schale« geschmissen hat, der andere aber ganz leger gekleidet ist.

11. Vergiß vor allem nicht, daß der andere genauso nervös sein kann. Deshalb LÄCHLE – es bricht immer das Eis!

Wie du ausgerechnet dann jemanden triffst, wenn du nicht auf der Suche bist

Ich habe noch nie einen Mann auf einer Party kennengelernt oder dort, wo man Männer eigentlich treffen sollte. Männer haben mich in Bars angequatscht – auf die Art ist für mich aber nie eine Beziehung daraus geworden. Nach meiner längsten Beziehung war ich erst mal richtig glücklich, allein zu sein, und das jetzt seit 18 Monaten. Ich war zum ersten Mal mit meiner Freundin zusammen im Urlaub, kam zurück und fühlte mich ausgezeichnet. Das letzte, woran ich dachte, war, einen Mann zu treffen. Ich traf mich dann mit einer Gruppe von Leuten in einer Kneipe und sah ihn. Ich dachte mir: Der sieht aber gut aus. Und gleich darauf: So etwas habe ich schon lange nicht mehr gedacht.

Schon wieder Männer   241

Als ich später zur Kunstakademie ging, dachte ich nicht im geringsten daran, den Mann meiner Träume zu treffen oder daß es dort so viele männliche Singles gab. Ich war völlig schockiert, als ein richtig schnuckeliger Typ anfing, mit mir zu flirten. Ich war doch an der Akademie, um Kunst zu studieren und nicht, um mit Männern zu flirten. Meiner Erfahrung nach lernst du dann einen Mann kennen, wenn du dich um dein eigenes Leben kümmerst. Eine Freundin hatte sich immer nach einem eigenen Haus gesehnt, wartete aber jahrelang darauf, daß ihr Partner fürs Leben auftauchte, damit sie mit ihm dort gemeinsam wohnen könnte. Irgendwann gab sie diese Hoffnung auf, kaufte sich ein Haus, und zwei Wochen später traf sie einen Mann im Zusammenhang mit ihrer Arbeit, ohne sich überhaupt darum zu bemühen. Dabei war sie seit Jahren auf jeder Fete gewesen – für alle Fälle. Ich bin überzeugt, daß du genau den Richtigen findest, wenn du dein eigenes Leben lebst.

Leah, über die Volksweisheit, einen Mann zu finden,
wenn man ihn gar nicht sucht

Es ist tatsächlich eine gängige Volksweisheit. Es gibt genügend Beweise dafür. Auch wenn es wiederum genügend Beweise für entscheidende Begegnungen durch Partnervermittlungen, das Internet usw. gibt. Da nicht viel Grundlagenforschung auf diesem Gebiet betrieben wird, kannst du dir aussuchen, woran du glauben willst. Und behalte dabei im Hinterkopf, daß es nie schaden kann, dich in der Zwischenzeit auf dein eigenes Leben zu konzentrieren . . .

20

Deine untrügliche Intuition

Ich traf mich letzte Woche mit einem Typen, den ich im Netz kennengelernt hatte. Er schickte mir sein Foto, was mir gar nicht gefiel, aber er hatte eine Harley Davidson. Da ich Motorräder liebe, dachte ich: »Einen Versuch ist es wert, es ist ja nur ein Abend.«

Ich kam pünktlich, er kam später; deshalb konnte ich beobachten, wie er ankam. Ich dachte nur: »Oh, Scheiße«.

Ich hatte nicht auf mein »Bauchgefühl« gehört, was mir sagte, daß er sich wie ein ätzender, alter, oberlangweiliger Dumpfbeutel anhört. Das war er auch. Seine Harley war die einzige Trumpfkarte.

Wir waren zusammen essen, was ebenfalls ein Fehler war, denn es dauerte zwei Stunden – viel zu lange. Er bot mir an, mich nach Hause zu bringen, ich dachte: Na gut, so hab' ich wenigstens Gelegenheit, die Harley auszuprobieren. Als wir bei mir ankamen, sagte ich: »Vielen Dank, mach's gut.« Ich wollte gehen, da fragte er, ob wir uns wiedersehen würden. Ich meinte: »Nein, tut mir leid, aber vielen Dank.« Das war's. Mir geht es viel besser damit, wenn ich offen und ehrlich bin.

Lola, 32, über das Risiko, nicht auf die eigene Intuition zu hören

Woher soll man wissen, ob jemand, den man im Internet kennenlernt, wirklich ein Date wert ist? Oder ob jemand, den du in einer Kneipe triffst, wirklich so nett ist, daß du ihn auch gern im grauen Alltag erleben willst?

Gott sei Dank verfügen wir über ein sehr starkes Instrument, das dich nie im Stich läßt – vorausgesetzt, du benutzt es. Es ist dein Bauchgefühl, deine weibliche Intuition. Nenne es, wie du willst, es funktioniert. Es funktioniert vor allem für dich.

Denk zurück an vergangene Date-Katastrophen. In der Mehrheit der Fälle wirst du dich an irgendeinen Hinweis erinnern können, der dich hat ahnen lassen, was für ein Typ auf dich zukommen würde.

Bei ihrem ersten Date erzählte eine Frau dem Mann, daß sie auf Geschäftsreise ins Ausland müsse. Seine Miene verdunkelte sich plötzlich und er sagte: »Ach ja, diese Trips kenne ich. Du wirst dann wahrscheinlich mit jemandem im Bett landen.« Verständlicherweise fühlte sie sich persönlich beleidigt. Leider erst Jahre später erkannte sie, daß es der erste Hinweis für seine Eifersucht, Besitzgier, seinen Mangel an Vertrauen und sein kontrollierendes Verhalten war.

Das gute an deinem Bauchgefühl ist, daß es immer stärker wird, je mehr du es einsetzt. Es einzusetzen bedeutet, darauf zu hören, zu verstehen auf welche Art es sich meldet.

Es kann sein, daß dir seine Ausstrahlung einfach nicht geheuer ist. Oder es überkommt dich ein plötzliches Gefühl, daß es mit ihm nicht funktionieren wird. Du wirst vielleicht wütend. Oder du erhältst bestimmte Hinweise – etwa daß er dir nicht zuhört oder dich ständig unterbricht. Oder er schaut dich nicht richtig an, wenn er mit dir redet. Oder er beherrscht die Kunst des Flirtens so gut, daß eine zarte, mißtrauische Stimme in dir piepst: »Das läuft bei ihm am Schnürchen. Er hat diese Sprüche bestimmt schon öfters abgelassen.«

Ich habe so einen Mann auch erlebt, einmal. Bei unserem ersten Treffen fragte er mich: »Was schmeckt dir am besten, was fühlst, riechst, hörst oder siehst du am liebsten?« Es war alles sehr sinnlich, romantisch und offen gesagt: es machte mich einfach an. Als wir mit dem Essen fertig waren, rief er dem Ober laut zu: »Bitte bringen Sie mir die Rechnung, damit ich die Dame hinausbegleiten kann, um sie zu küssen!« Meine Intuition ließ alle

Alarmglocken läuten: Das hört sich alles wahnsinnig aufregend an, aber das Ganze hat etwas Kaltes, etwas Einstudiertes. Wie ein Schauspieler, der gar nicht wirklich verliebt oder hingerissen ist. Und siehe da, mein Bauchgefühl hatte recht. Mr. Schwatzkopf stellte sich als Serienverführer heraus. Ich war mir sicher, daß er diese Sätze an unzähligen anderen Frauen *ebenfalls* ausprobiert hatte.

Ein Experte im Bereich Körpersprache hat mir mal erklärt, daß unser Bauchgefühl eigentlich dadurch zustande kommt, indem sich unsere Gehirnzellen mit unserem gespeicherten Wissen über menschliches Verhalten verbinden. Wer einmal Saddam Hussein im Fernsehen gesehen hat, weiß, wie ein Psychopath in Aktion aussieht, und dein Gehirn speichert diese Information. Wenn du dann jemandem in einer Kneipe begegnest, der sich ähnlich verhält, erinnert sich ein Teil deines Gehirns an Saddam Hussein und meldet: Aha! Psychopath!

Dennoch sind wir alle Meister, wenn es darum geht, die Botschaften zu verdrängen, die wir in uns spüren. Mir ist es so oft passiert, daß es an Wunder grenzt, wenn sich meine arme, vernachlässigte Intuition überhaupt noch regt. Mein Verstand funkte jedesmal dazwischen, sobald sich diese leise Stimme in meinem Inneren meldete. Es waren Rationalisierungen wie: »Oh, er ist doch eigentlich ganz nett«, »Er ist wahrscheinlich nur nervös«, »Er hat einen interessanten Beruf, also gebe ich ihm noch eine Chance«. Mit meinem zweiten Ehemann gelang es mir, meine Intuition bis nach der Hochzeit zu ignorieren!

Aber es war die ganze Zeit präsent. Das Bauchgefühl ist eine Tatsache. Wir haben es alle. Und es besitzt einen unschätzbaren Wert – auch wenn es darum geht, Leute, die wir im Internet treffen, einzuschätzen. Wie Joanne es nach zwei Jahren des engagierten Datings formuliert:

Du weißt es einfach: Jemand schickt dir eine E-Mail oder du triffst ihn im Chatroom, und es geht ausschließlich um Sex, ohne daß du über etwas anderes mit ihm sprechen kannst. Dann weißt du, daß

er nur das eine will. Sogar in einer E-Mail kannst du die Stim-
mung der Leute mitkriegen. Es ist ganz interessant. Du spürst es
irgendwie. Ich erhielt mal eine Instant Message von einem Typen,
der mich fragte, ob ich auf Partnertausch stehe. Ich antwortete:
»Nein, wieso?« Ich dachte mir, wenn es darum geht, dann hat
man ja bereits einen Partner. Wir unterhielten uns weiter. Ich sah
mir sein Profil an; er hatte angegeben, daß er die und die Interes-
sen hat. Ich fragte ihn, ob er verheiratet sei, er meinte: »Nein,
geschieden.« Er schickte mir ein Foto, auf dem er gar nicht so
schlecht aussah. Wir plauderten noch ein paar Male. Am Telefon
verabredeten wir uns dann zum Mittagessen, wobei ich aber ein
seltsames Gefühl bekam. Am nächsten Abend verwendete ich
einen anderen Namen und schickte ihm eine Nachricht: »Hallo,
hast du Lust zu plaudern?« Er sprach dann wieder vom Partner-
tausch. Ohne mich zu erkennen zu geben, fragte ich ihn, ob er
verheiratet sei. Er erwiderte: »Ja.« Ich fragte weiter: »Und deine
Frau hat nichts dagegen?« Er meinte: »Nein, wir lieben uns.« Ich
dachte nur noch: du Mistkerl. Warum soll ich mich mit ihm tref-
fen? Ich habe keine Lust auf einen verheirateten Mann.

Natürlich kann es leicht vorkommen, daß sich das Gefühl »Nein,
der ist nichts« mit einer allgemeinen Nervosität vermischt. Deshalb ist es wichtig, demjenigen eine Chance zu geben, es sei denn,
du hörst deine innere Stimme regelrecht *schreien*. Wenn er immer
wieder deinem Blick ausweicht, kann das an seiner Nervosität
liegen. Vertrau deinem Gespür, dazu ist die weibliche Intuition
da. Hast du Zweifel, dann verabrede dich noch mal mit dem
Mann. Falls du dir aber *sicher* bist, dann bist du dir sicher.

Wie du deine Intuition stärken kannst

Was zu tun ist:

- Denk an deine letzten Lover und die Botschaften, die du gleich zu Anfang gespürt hast. Überleg dir, wie du sie erhalten hast. War es etwas, was er sagte? War es sein Aussehen? Oder ein allgemeines Gefühl, was du hattest? Was hat die Alarmglocken bei dir zum Läuten gebracht? Wenn er ein toller Mann war, was war es, daß dich spüren ließ, daß er derjenige für dich ist? Wir alle empfangen Botschaften auf unterschiedliche Weise, je nachdem, welcher Sinn bei uns stärker ausgeprägt ist: Sehen, Hören oder Fühlen. Es hilft zu wissen, durch welchen Kanal du Botschaften empfängst. Du kannst dich dann besser darauf einstimmen, damit du sie klarer und deutlicher empfängst.
- Vergiß nicht, daß nicht seine Worte, sondern seine *Taten* zählen. Handlungen sprechen wirklich klarer als Worte. Wenn er sagt, daß er anrufen wird, es aber unterläßt, oder dir sagt, daß er sich auf dich einlassen will, dennoch mit jeder Frau im Lokal flirtet, hast du Grund genug zu Mißtrauen. Ist er in seinem Verhalten konsequent? Ist er zweideutig? Macht er etwas hundertprozentig und führt es bis zum Schluß durch? Was erzählt er über seine vergangenen Beziehungen? Bist du die einzige, die Engagement zeigt?
- Wenn dich gerade jemand interessiert, überleg dir, wie ihr euch beide begegnet seid. War er aufdringlich, impulsiv? Hatte er einen witzigen Spruch auf Lager oder war er ernst. Hast du nur passiv dort gesessen, während er auf dich zukam? Oder bist du forschen Schrittes durch das Fitneß-Studio auf deine zitternde Beute zugegangen? Psychotherapeuten beginnen ihre Beziehungs-Workshops häufig damit, daß sich die Teilnehmer in der Gruppe einen Partner suchen müssen. Dann wird darüber gesprochen, *wie* diese Auswahl vonstatten ging; es spiegelt nämlich das Muster wider, wie man grundsätzlich miteinander in Beziehung tritt.

- Wie offen ist er? Eine gute Methode, um Leute einzuschätzen, ist, zu beobachten, wie weit sie sich auf dich einlassen oder sich zurückhalten. Sich auf den anderen einlassen zu wollen äußert sich durch die Mimik – lächeln, Kopfnicken, mehrmals zustimmende Laute von sich geben. Oder du wirst dazu animiert zu erzählen. Außerdem erhältst du eine Antwort, wenn du sie etwas fragst! Sie weichen nicht aus oder benutzen irgendwelche Vermeidungstaktiken, etwa einfach das Thema zu wechseln. Wenn sie sich distanziert oder cool zeigen, mag das auf leidenschaftliche Tiefe hinweisen – aber dadurch wird es schwerer sein, sie zu erreichen. Wenn sie sich entspannt und gelassen fühlen, haben sie auch eine offene Geisteshaltung. Wenn sie deine Körperhaltung und deine Bewegungen nachahmen, dann mögen sie dich!

Unsere Körperhaltung gibt normalerweise Aufschluß über unsere wahren Motive. Wenn dir jemand näher rückt, möchte er mehr Intimität; wenn er sich zurücklehnt oder sich zur Seite dreht, will er Abstand!

Mit Vorsicht zu genießen:
Diejenigen, die Augenkontakt möglichst vermeiden: Sie sind entweder desinteressiert, distanziert oder einfach ausweichend.
Wenn sie dich durchdringend anstarren: Ein Kontrollfreak.
Wenn die Arme fest verschränkt sind: Sie sind in der Defensive.
Wenn sie ihren Blick abwenden: Sie langweilen sich. Entweder mögen sie dich nicht oder sie mögen dich doch, verfügen aber nur über die Konzentrationsfähigkeit einer mit Speed vollgepumpten Mücke.
Wenn sie unruhig und zappelig sind: verklemmt, vielleicht stehen sie sogar unter Drogen (wenn erweiterte Pupillen noch hinzukommen). Es könnte aber auch der Streß oder zuviel Kaffee sein.
Wenn der Mann lässig das Standbein wechselt und seine auf die Hüften gestützten Hände Richtung Genitalien zeigen: Das ist angeblich ein klares Zeichen für einen Weiberhelden.

Wenn sie dir in die Augen starren, deinen Mund anstarren, sehr genau zuhören, Unmengen von Charme versprühen: Könnte ein Casanova sein. Diese Typen werfen mit Scherzen um sich, die im Grunde nur ein Ablenkungsmanöver sein sollen, damit du ihnen nicht zu nahe kommst.

Wenn sie das Besteck zurechtrücken oder Fusseln vom Teppich aufheben: Kontrollsüchtig. Sehen selbst sehr ordentlich aus und brauchen auch Ordnung in ihrer Umgebung. Sie stellen das Glas auf den Untersetzer und schieben den vollen Aschenbecher beiseite.

Weißt du, wann jemand lügt?

Phillippa Davis, die sich wissenschaftlich mit dem Thema »Körpersprachen« beschäftigt, meint dazu:

Wenn ihre Hände im Gesicht herumfahren – kleine Bewegungen, wie ein schnelles Berühren von Mund oder Nase, können ein Zeichen dafür sein, daß sie lügen; oder wenn sie den Blick schnell abwenden oder zu schnell antworten und sich ihre Stimmlage dabei erhöht. Lügner übertreiben es auch mit Details. Sie erzählen zuviel. Zum Beispiel: »Ich hatte keine Affäre mit dieser Frau, dieser Miss Lewinsky.« Wir wissen alle, wer diese Frau ist.

21

Das wissenschaftlich erwiesene, psychologisch fundierte erste Date

Ich liebe das ganze Theater um ein Date. Schon allein die Frage, was ich anziehe; ihn dann zu erleben, wie nervös er ist und ihm der Schweiß ausbricht; einfach nur zum Essen auszugehen, zu flirten und zu küssen. Das gefällt mir viel besser, als eine Beziehung zu haben. Das heißt nicht, daß ich nur herumspielen möchte, aber ich wache lieber morgens neben einem Mann auf, den ich wirklich mag – denn gerade morgens sind die meisten Leute nicht gut drauf.

Maria, eine Date-Begeisterte

Ich traf meinen Ehemann bereits mit 16, so daß ich als Teenager keine Gelegenheit hatte, Dates einzugehen. Als Single wurde mir klar, daß ich etwas nachzuholen hatte. Ich war an einem Punkt angelangt, an dem ich mir dachte, daß ich etwas verändern und Dinge tun mußte, die neu für mich waren. Ich hatte furchtbare Angst davor. Weil ich mich im Grunde meines Herzens so nach einer Beziehung sehnte, erhielt das Ganze sehr viel Gewicht. Es war meine Tochter, die mir irgendwann sagte, ich müsse die Sache leichter nehmen: »Mama, es ist nicht das allerwichtigste.« Sie erinnerte mich daran, wie ich ihr als Teenager geraten hatte, sich selbst zu respektieren und sich treu zu bleiben. Jetzt war sie diejenige, die mir das sagte. Und ich dachte: Verdammt, dann muß ich es erst recht tun. Mit dieser veränderten Einstellung merkte ich, wie lustig Dates sein können.

Therese, Date-Lehrling

Diese beiden Frauen stellen beide Extreme dar, wenn es um die Aufregung beim ersten Date geht. Nicht jede fühlt sich so selbstbewußt wie Maria oder so nervös wie Therese. Du befindest dich eventuell genau dazwischen. Wie auch immer es dir dabei geht, es ist eine große Hilfe, ein Date nicht als das Nonplusultra zu betrachten, wie ich im 16. Kapitel bereits erwähnt habe.

Wenn es für dich aber doch eine große Sache ist, dann geh rücksichtsvoll mit dir um. Überleg dir genau, welche Bedeutung du dem Date beimessen willst.

Es wird immer ein wenig Nervenkitzel dabei sein. Pam Bathe von Dateline meint: »Eine gewisse Spannung gibt dem Ganzen doch erst die richtige Würze. Es wäre ja sehr bedauerlich, wenn wir irgendwann übersättigt wären.«

Vergiß nicht, daß er auch nervös ist.

Du kommst dir möglicherweise wie bei einer Date-Olympiade vor, wo die Schiedsrichter – oder besser *der* Schiedsrichter – jede deiner Bewegungen genau beobachtet, um dir entweder die Medaille zu überreichen oder dich vom weiteren Wettbewerb zu disqualifizieren. Die Versuchung liegt nahe, dein Bestes zu geben und zu denken: Ein Fehler, und ich habe verloren. Aber alle, von Psychologen bis hin zu gestählten Date-Profis, sind der Meinung, daß dieses verkrampfte, gekünstelte Gehabe in einem Desaster endet. Das beste Verhalten beim ersten Date ist:

Sei du selbst.

Wenn du eine spritzige Persönlichkeit bist, sei spritzig. Wenn du eher ein ruhiger Mensch bist, sei ruhig.

Sei dir deiner selbst bewußt: Neigst du zur Nervosität? Oder bist du eher gelassen? Erkenne, wer du eigentlich bist, und sorge für dich selbst.

Vor dem Date

Therese (siehe oben) bewältigte ihre Panik vor einem Date, indem sie mit Freunden darüber sprach, ihnen erzählte, wie nervös sie sei, und sie fragte, was sie anziehen solle. Herauszufinden, was sie tragen wollte, gab ihr Sicherheit und ein gutes Gefühl.

Denk dran: »*Ich gehe nicht zu einem Date, damit es gut aus-geht, sondern um festzustellen, ob ich diesen Menschen mag. Wenn ich kein gutes Gefühl dabei habe, brauche ich es nicht zu wiederholen.*«

Gebote . . .

- Nimm Rescue-Bachblütentropfen (erhältlich in den meisten Apotheken und Gesundheitsläden). Oder nimm ein entspan-nendes Aromatherapie-Bad oder benutze duftende Öle in einer Aromalampe. Auch ein homöopathisches Mittel kann deine Nerven beruhigen. (Frag in einer Apotheke danach oder einen Homöopathen.)
- Benutze deine Affirmationen. Wenn du bemerkst, daß sich deine Nerven wieder anspannen, sage ein paar Affirmationen auf . . .
  Ich bin eine wundervolle, erotische Frau, und jeder Mann wäre glücklich, mit mir zusammen sein zu dürfen.
  Heute bin ich selbstbewußt, geistreich, lustig, klar (was auch immer) . . .
  Ich bin gelassen, selbstsicher und ruhe in mir.
  Was auch geschieht, ich meistere es.
  Es ist völlig okay, zu flirten und attraktiv zu sein.
  Ich bin liebenswert.
  Ich öffne mich jetzt für eine aufbauende, liebevolle Beziehung.
  Es ist in Ordnung für mich, ein Date zu haben.
  Ich gehe lediglich mit einem Mann Kaffeetrinken.
- Geh der Ursache für deine Nervosität auf den Grund. Ist es dein Äußeres, dann sag dir, daß du großartig aussiehst. Wenn du meinst, daß du der Unterhaltung nicht gewachsen bist, sag dir, daß du witzig, klar, direkt und unterhaltsam bist. Wenn du Angst davor hast, verletzt zu werden, sag dir, was auch ge-schieht, du wirst damit umgehen können. Wenn du Angst vor dem Date als solches hast, sag dir, daß es keine große Angele-

genheit ist, sondern lediglich ein Kaffeeplausch, bei dem du dir becherweise Selbstvertrauen einflößt.

Was ziehst du an?

Ironischerweise hat die Sache mit der Kleidung einen Haken: Frauen zerbrechen sich darüber am meisten den Kopf, wohingegen Männer diese am ehesten unbeachtet lassen. Eine Umfrage der Zeitschrift *Esquire* ergab: Für Männer nahm Kleidung auf einer Liste über Eigenschaften der idealen Frau lediglich den neunten Platz ein – nach einer guten Figur, Gesicht, Humor, Beine, Augen, Busen, Hintern und Intelligenz.

Gebote . . .
- Trage etwas, worin du dich wohl fühlst, etwas, das dir das Herumzupfen, Hochziehen, Umdrehen oder Prüfen erspart. Eine mit Dates erfahrene Frau rät: »Ich trage gerne etwas, worin ich mich sexy fühle. Das heißt nicht tief ausgeschnitten oder durchsichtig, sondern eine Aufmachung, dir mir wirklich steht.«
- Besprich das Styling mit deinem Date. Wenn er den Ort für euer Treffen ausgesucht hat, frag ihn, welche Kleidung angemessen wäre.

Verbot . . .
- Übertreib nicht. *Unter*treiben ist im Zweifelsfall besser als alles andere. Wenn du zu schick angezogen bist, wird es unbequem; wenn du zu provokativ angezogen bist, bekommt er vielleicht einen falschen Eindruck (oder auch nicht, je nachdem!). Zeig ihm vielmehr deinen Verstand als deinen Körper.

Wo trefft ihr euch?

Ins Kino

Kennst du den Spruch: Wenn dich ein Mann beim ersten Date ins Kino einlädt, hat er nur eins im Sinn, und das hat nichts mit Unterhalten zu tun. Oder vielleicht will er auch nur den Film sehen. Jedenfalls liefert ein Kinofilm neutralen Gesprächsstoff für danach. Der Nachteil ist, daß du zwei Stunden unruhig neben jemanden sitzen mußt, den du gar nicht kennst und versuchst, dich zu konzentrieren.

Allerdings sollen Horror- oder Liebesfilme angeblich hervorragend geeignet sein. Amerikanische Wissenschaftler führten ein Experiment durch, in dem Männer einer angsteinflößenden Situation ausgesetzt wurden, begleitet von einer weiblichen Assistentin zur Bewertung. Die Männer, die sich am meisten gestreßt oder beängstigt fühlten, schätzten die weibliche Begleitung als sehr positiv ein und waren eher geneigt dazu, sich nach dem Experiment mit ihr zu verabreden. Teste also das emotionale Potential aus, laßt euch zu Tode erschrecken, damit ihr euch vor lauter Schreck gegenseitig greifen könnt . . .

Zum Mittagessen

Hierbei kannst du nichts verlieren. Ein Ende ist absehbar, wenn er eine trübe Tasse ist. Es kann aber auch den ganzen Nachmittag weitergehen, wenn er wie Ewan McGregor aussieht und so unterhaltsam wie Jim Carrey ist.

Ein Spaziergang

Dabei werden nervöse Spannungen abgebaut. Die Bewegung macht den wichtigen Unterschied zwischen Mann und Frau spürbarer – Männer fühlen sich mehr mit jemandem verbunden, wenn sie etwas tun, und Frauen, wenn sie reden. Wenn ihr beide sportliche Typen seid, könnt ihr direkt zur Tat schreiten: Tennis spielen, Reiten gehen, Kanu fahren. Danach kannst du darüber reden und von der wissenschaftlichen Erkenntnis profitieren, daß sich Männer nach körperlicher Betätigung erregter fühlen und Frauen anziehender finden.

Gebot ...
• Sei pünktlich (oder ruf ihn an, falls du dich verspätest). Du wirst nur unruhig, wenn du zu spät kommst – er genauso.

Verbote ...
• Mach nichts, wobei du dich nicht wohl fühlst. Wenn körperliche Aktivitäten, die über das Halten einer Gabel hinausgehen, dich schon in Panik versetzen, anstatt dir eben noch soviel Spannung zu verleihen, daß du dich sexy fühlen kannst, dann vergiß die ganze Sache und geh mit ihm ins Kino. Stimme nichts zu, wonach dir überhaupt nicht der Sinn steht. Vor allem vermittelst du ihm dadurch ein falsches Bild von dir.
• Bring niemandem zum Treffen mit, besonders nicht deine Kinder.

Zum Abendessen

Üblicherweise entscheidet man sich für ein Abendessen oder einen Drink für die ersten Beschnupperungsversuche – man kann sich kennenlernen, das Essen oder das Trinken an der Bar bietet eine Ablenkung, es findet auf neutralem Boden statt, und man kann sich mit etwas Alkohol beruhigen.

Gebote ...
• Schlag du etwas vor. Männer hassen es, immer selbst vorschlagen zu müssen, wo man hingeht.
• Nimm dich ernst. Wenn dich Essen gehen nervös macht, laß dich nicht darauf ein. Das gleiche gilt für Alkohol. Wenn du ihn nicht ausstehen kannst, willige nicht auf einen Drink ein.

Verbote ...

- Kritisiere seine Fehler nicht. Wenn er mit der Suppe herum-schlabbert oder das Restaurant nur Speisen anbietet, die du nicht mal deiner Katze geben würdest, reg dich nicht darüber auf. Geh über seine Fehler, Ausrutscher oder etwas Vergossenes hinweg; nimm sie gelassen, und er wird dich ewig lieben.
- Betrink dich nicht! Klar, das ist uns allen schon passiert. Blau werden beim ersten Date kann dazu führen, daß du Dinge sagst – oder tust –, die du später bitter bereust. Ich erinnere mich an ein erstes Date, an dem ich mich besoff und den Mann fragte, ob er Kinder haben wolle und wenn ja, ob er sie mit mir haben wolle.

Worüber unterhaltet ihr euch?

Ob ihr euch beim ersten Date in einem Kaufhaus zum Shopping trefft oder zum Teetrinken ins Ritz geht – wichtig ist nur, daß ihr beide genügend Gesprächsstoff habt.

Gebote ...

- Mach ihm ein Kompliment. Das erste, was ein Mann beim Treffen bemerkt, ist: »Du siehst gut aus.« Zumindest sollte er das. Aber wie oft entgegnen wir darauf mit einem Kompliment? Ein Mann, den ich interviewte, meinte: »Mir gefällt es gar nicht, wie von uns immer erwartet wird, daß wir uns um alles bemühen sollen. Wenn eine Frau mir ein Kompliment macht, besagt dies dreierlei: sie ist selbstbewußt, sie ist nett und keine vertrocknete Jungfer, und, am allerwichtigsten, sie ist interessiert. Dann fühle ich mich weniger befangen.«
- Sei du selbst. Wenn er von seinem guten Cambridge-Abschluß erzählt, versuch nicht zu beweisen, daß du auch eine herausragende Intellektuelle bist. Wenn er sein ganzes Leben damit verbringt, sich für Borussia Dortmund zu begeistern, täusche kein Interesse vor für eine Sportart, die dir gleichgültig ist.

Wenn er dich nicht so akzeptieren kann, wie du bist, ist er nicht der Richtige.

- Sag ihm, daß du nervös bist (falls das der Fall sein sollte). Wie wir aus Teil Eins wissen, lösen sich solche Gefühle auf, wenn man ihnen Ausdruck verleiht. Wenn er seine Anspannung ebenfalls zugibt, fühlt ihr euch gleich verbundener. Wenn er aber in einer Art reagiert, die dich *noch* nervöser macht, weißt du, was du von ihm zu halten hast.

- Frag ihn danach, was er denkt und fühlt. Die beiden Fragen: »Und wie empfindest du das?« und »Wie denkst du darüber?« können enorm viel über deinen potentiellen Partner zum Vorschein bringen. Bei meinem ersten Treffen fragte ich mal einen Mann, wie er das, was er erlebt hatte, empfand, und er antwortete: »Ich weiß es nicht. Ich weiß nie, was ich fühle.« So war es auch. Ich stand kurz davor zu erfahren, wie schwierig es ist, eine Beziehung mit jemandem einzugehen, der nie genau weiß, ob er gerade stinksauer oder hellauf begeistert ist.

- Berühre ihn. Berührung stellt Nähe her, ist ein Zeichen von Wärme und erweckt Vertrautheit. Und das besänftigt ungemein die Nerven beim ersten Abend.

- Höre zu!

Verbote . . .

- Bombardiere ihn nicht mit Fragen, mit denen du herausfinden möchtest, ob er einen guten Lebenspartner für dich abgeben würde. Zeig Interesse, aber sei nicht gleich am Anfang so neugierig oder eindringlich. So manche selbstbewußte, kluge Frau hat dadurch den einen oder anderen armen Kerl zu Tode erschreckt.

- Rede, rede, rede nicht andauernd. Es ist eine weibliche Eigenschaft, besonders bei Nervosität, zu quasseln, als ob man für die Europäische Quassel-Meisterschaft übt. Wie willst du auf diese Weise etwas über *ihn* erfahren?

- Sprich nicht das Thema »Heirat« an, wie beispielsweise »Letzten Samstag war ich auf der Hochzeit meiner Schwester.«

- Keine Angst vor ein wenig Schweigen.
- Quatsche nicht ständig über deine Verflossenen. Es ist keine gute Idee, die Ex-Lover zu erwähnen, schon gar nicht namentlich. Dein Gegenüber fühlt sich dann fehl am Platz.
- Erzähl ihm nicht dein gesamtes Leben, besonders nicht das deiner verflossenen Beziehungen. Er wird sich völlig überfordert fühlen, und bei dir kann es möglicherweise schmerzhafte Gefühle auslösen. Du fühlst dich dann unwohl. Bleib also gelassen.
- Jammere nicht über deine Arbeit, dein Leben, deine Familie und besonders deine Ex-Freunde. Jetzt ist der Zeitpunkt, positiv gestimmt zu sein.

Laß den Satz »*Bei mir klappt es nie mit Männern*« unter keinen Umständen über deine Lippen kommen.
Diesen Satz – und ähnliche – mußt du komplett aus deinem Vokabular streichen, wenn du dich in der Gesellschaft eines Mannes befindest, der dich interessiert. Dich selbst niederzumachen tut dir überhaupt nicht gut und hinterläßt bei ihm einen schlechten Eindruck von dir, wodurch du gerade zur Self-fulfilling Prophecy einlädst.

Wer übernimmt die Rechnung?

Gebote . . .
- Biete es an. Meine Freundin Sue meint dazu: »Ich finde, daß die Männer beim ersten Date zahlen sollten – besonders wenn er das Treffen vorgeschlagen hat. Aber ich biete immer an, daß wir es uns teilen. Wenn er sagt: Nein, nächstes Mal bist du dran – wunderbar.«
- Schlage vor: »Das nächste Mal lade ich dich ein.« Aber nur, wenn es gut läuft.

Verbote . . .
- Besteh nicht darauf, zu bezahlen oder zu teilen. Der primitive Teil des männlichen Gehirns möchte beweisen, daß er der Versorger ist. Laß ihn also.
- Vermeide eine halbherzige Ausrede wie »Ich habe mein Portemonnaie zu Hause vergessen«. Es ist eine billige Ausrede – und darüber hinaus noch gelogen.

Das Kaffee-Dilemma

Ihn danach herein zu bitten oder ihn nicht herein zu bitten, das ist hier die Frage. Besonders wenn ein Kaffee nicht unbedingt tatsächlich etwas Heißes zu trinken bedeutet.

Nein . . .
- Wenn du dich nicht vollkommen sicher mit ihm fühlst, wenn du hundemüde bist oder wenn du ihn noch eine Weile zappeln lassen willst.

Ja . . .
- Es gibt Frauen, die meinen, daß es der erste Augenblick ist, wo beide beginnen, sich zu entspannen. Aber du mußt trotzdem sehr vorsichtig sein. Als ich mal jemanden, der der perfekte Gentleman im Restaurant war, zu mir nach Hause einlud, ging er sofort ins Schlafzimmer; erst als ich drohte, die Polizei zu rufen, konnte ich ihn dazu bewegen, wieder zu gehen.

Verbot . . .
- Laß dich nicht zum Sex überreden. Sex ist nur okay, wenn *du* das Gefühl hast, daß der Zeitpunkt stimmt.

Gebot ...

- Trau dich! Wenn es ein traumhaftes Treffen für dich war und dein Gespür dir sagt, daß er der gleichen Meinung ist, dann spar dir die aufreibenden Zweifel, ob er dich wirklich toll gefunden hat oder nicht. Pack den Stier bei den Hörnern! Teile ihm irgendwie mit, daß du es sehr genossen hast. Wenn er den Wink nicht mitbekommen hat, füge hinzu: »Sollen wir uns noch mal sehen?« oder »Möchtest du mich noch einmal treffen?« (mit dem Unterton, daß es ein großes Privileg wäre anstatt ein Akt der Verzweiflung). Wenn er sich nicht festlegen will, dann weißt du, daß es doch nicht so gut gelaufen ist, wie du dachtest. Aber wenigstens weißt du Bescheid. Wenn er ja sagt, wirst du überglücklich sein.

Verbote ...

- Frag ihn nicht in einer ängstlichen, bedürftigen, anhänglichen Art und Weise, wie »Hättest du morgen eventuell Zeit?«
- Sei nicht zu cool, wenn du ihn wirklich magst. Er könnte deine kühle, überhebliche Art als Ablehnung mißverstehen und sich verdammt schnell aus dem Staub machen.

Danach

Gebote ...

- Gib ihm eine zweite Chance. Der Streß, die Aufregung und Erwartungen beim ersten Mal können Menschen dazu veranlassen, seltsame Dinge zu tun. Vor lauter Nervosität kann es passieren, daß der Mann andauernd redet. Oder er wirkt großspurig und arrogant, weil er bei dir einfach nur Eindruck schinden will. Sofern er kein völliges Weichei ist, gewinnt ein Mann – ebenso wie Autos und Wohnungen – dadurch, daß man sie sich ein zweites Mal genau ansieht.

- Hör auf deine Intuition (siehe 20. Kapitel, S. 240) um herauszufinden, was zu tun ist.

Verbote . . .
- Fall nicht gleich in ein schwarzes Loch, wenn es schlecht lief. Das ist kein Weltuntergang. Auch wenn du ihn sympathisch fandest, er aber nichts erwiderte, weißt du es wenigstens jetzt schon und nicht erst in zehn Jahren. Du hast nur einige Stunden deiner wertvollen Zeit investiert.
- Beurteile ihn nicht danach, was deine Freunde/Eltern/Kinder von ihm halten würden. Du bist schließlich diejenige, die ihn in Unterhosen erleben wird.
- Überleg dir nicht jetzt schon, welche Brautjungfern du haben willst oder auf welche Schule eure Kinder mal gehen werden. Schraub deine Erwartungen auf ein Minimum herunter. Das ist doch erst der Anfang. Alle Frauen, mit denen ich sprach, hatten es schon mal erlebt, daß das erste Treffen wundervoll war, er sich aber danach nie wieder meldete.

Einige Date-Katastrophen

Bei eine völligen Reinfall kannst du dich damit trösten, daß es vielleicht nicht ganz so schlimm war, wie es im folgenden beschrieben wird:

»Er kam eine halbe Stunde zu spät und hatte seinen besten Freund mitgebracht, der mich auch noch beleidigte. Als ich erzählte, daß ich bei einer Bank arbeite, meinte er: ›Du siehst auch so aus, als ob du einen langweiligen Job hast.‹ Er bombardierte mich mit Fragen, als sei er der Anstandswauwau seines Freundes und mich abchecken wolle. Ich war wütend und wünschte mir von ganzem Herzen, daß ich auch *meine* beste Freundin dabei gehabt hätte. Du wirst es nicht glauben, aber ich Trottel traf mich danach noch zweimal mit ihm, nur um festzustellen, daß er gar nicht an einer

Beziehung interessiert war. Die Tatsache, daß er nicht allein zum ersten Date erschien, war vermutlich schon ein klares Zeichen dafür.«

»Ich fühlte mich unglaublich nervös, weil ich den Typ richtig gut fand. Als wir abends ausgingen, entdeckte ich, daß er ein ganz schöner Trinker war. Ich aber nicht. Blöderweise fühlte ich mich verpflichtet, mit ihm mitzuhalten. Mir ging es einigermaßen gut, aber als wir aus dem Restaurant kamen, fühlte ich mich plötzlich total besoffen. Dann – was für ein Alptraum! Habe ich ihn im Taxi von oben bis unten vollgekotzt. Selbstredend hat er nie wieder etwas von sich hören lassen. Mir war es auch viel zu peinlich, ihn anzurufen.«

»Er verbrachte die ganze Zeit damit, sich nach anderen Frauen umzusehen. Er war noch dazu so dreist, mich danach zu fragen, was ich von einer Frau hielt – eine besonders umwerfende Blondine. Ich sagte nur: ›Uns trennen wirklich Welten‹, stand auf und ging.«

»Wir saßen bei einem Drink, als immer wieder Leute, die er kannte, zu ihm kamen und ihn begrüßten. Er stellte mich ihnen nicht vor, und ich fühlte mich gekränkt. Als ich es ihm sagte, erwiderte er: ›Entschuldige, ich habe deinen Namen vergessen.‹ Das war kein gutes Zeichen.«

»Wir verstanden uns echt gut und er sagte mir: ›Es ist so schön einfach, mit dir zu reden.‹ Das war nett, und ich fühlte mich gut. Er erzählte mir dann, er sei immer noch in seine Ex-Freundin verliebt und werde nie eine andere Frau so lieben können wie sie. Ich muß völlig perplex ausgesehen haben, denn er sagte: ›Tut mir leid, ich mußte mit jemandem darüber sprechen, und weil du soviel Verständnis hast . . .‹«

»Es lief alles glänzend, bis er mir sagte, ich hätte die falsche Religion. Er habe sich geschworen, er werde nie mit einer Nicht-Jüdin ausgehen. Blieb nur die Frage: Warum wollte er sich dann überhaupt mit mir treffen? Ich war völlig ernüchtert; aus dem Gespräch war dann auch die Luft raus.«

And the winner is ...

»Wir trafen uns auf einen Kaffee, und anfangs schien er ganz okay. Er schlug vor, in den Park zu gehen. Es war ein sonniger Tag, und als wir so entlang spazierten, holte er seinen Walkman heraus und wollte, daß ich mir die Musik anhöre, die er zusammen mit seinen Kumpels gemacht hatte. Er wurde plötzlich hochgradig nervös und ließ mich mit seinem Walkman und total schräger, lauter Rockmusik stehen, um schnell in einem Laden zu verschwinden. Er kam mit ein paar Flaschen Bier zurück und erzählte, daß er dabei sei, sich das Trinken abzugewöhnen und gerade eine Entziehungskur wegen seiner Crack- und Kokainsucht mache. Ich dachte mir nur, daß die Sache ziemlich mies lief und ich selbst ein Bier bräuchte.

Er trank ein Bier und verwandelte sich schlagartig in einen völlig Verrückten, als habe jemand einen Knopf bei ihm gedrückt. Er sagte: ›Du bist die Frau meiner Träume. Ich finde dich irre, und wir könnten für immer glücklich zusammen leben.‹ Das alles innerhalb von zwei Stunden. Dann fing er mit dieser Story an, was für einen wahnsinnigen Penis er habe. ›Ich kann die Frauen in eine andere Dimension versetzen.‹

Er wurde immer besoffener, und ich sagte: ›Das war ganz nett, aber ich gehe jetzt.‹

Er griff sich meine Hand und sagte: ›Du gehst nirgendwohin.‹ Ich bekam richtig Angst, daß er hinter mir herjagen würde oder so was. Ich hatte auch schon etwas getrunken und konnte nicht mehr so klar denken. Ich schlug vor, in eine Kneipe zu gehen, damit ich mich leichter davonmachen konnte.

Er rief jemanden von seinem Handy aus an, und es klang danach, als ob er einen Drogendeal aushandelte. Er murmelte immer etwas von ›einhundert, einhundert, wir treffen uns am Leicester Square‹. Ich stand auf und sagte, es reiche mir. Er meinte: ›Ich habe nicht mit Drogen gehandelt, ich habe Schmuck für dich bestellt, weil ich dich liebe.‹

Ich packte meine Sachen zusammen und meinte, die Angelegenheit sei für mich gelaufen. Er folgte mir den ganzen Weg zur

U-Bahn und schrie mich dabei ständig an. Als ich zu Hause ankam, waren neun Nachrichten auf meinem Anrufbeantworter, alle von ihm. Ich mußte mir eine neue Telefonnummer zulegen, damit ich endlich meine Ruhe hatte.«

22

Wie läuft's?

Vor kurzem habe ich mich wieder auf einen Mann eingelassen, aber davor war ich über zwei Jahre Single, wenn auch mit Unterbrechungen. Die Zeit davor war ich sieben Jahre lang mit einem Typen zusammen gewesen.

Ich hatte das Gefühl, daß ich damals innerhalb eines Wochenendes die Trennung verarbeitet hatte. Jetzt werde ich mit Dingen konfrontiert, mit denen ich mich als Single nicht auseinandersetzen mußte. Ich komme mir schon fast wie ein Bindungsphobiker vor. Ich war letztens in Sainsbury und bekam fast einen Herzinfarkt, als ich mich bei dem Gedanken ertappte, ich müsse ihm doch seine Crunchy Nuts besorgen, damit er bei mir etwas zu frühstücken hat, bevor er zur Arbeit geht. Aber ich kann unmöglich Lebensmittel kaufen, die ich nicht selbst esse. Es gibt viele Dinge, die ich nicht mehr tolerieren will. Wie etwa alle fünf Minuten den Radiosender von Kiss FM auf Radio 4 umzustellen. Ich überlege schon, ob ich zwei Radios besorge, damit ich eins anschalten, das andere ausschalten kann. Ich habe auch ziemliche Probleme mit James' Unterhosen, die bei mir herumliegen. Ich komme mir gemein vor, ihm sie wieder in die Hand zu drücken, aber ich tue es trotzdem. Ich liebe es einfach, Single zu sein. Ich kann mir vorstellen, daß ich ganz schöne Mühe haben werde, eine Beziehung aufzubauen, weil ich doch verwöhnt darin bin, mich ausschließlich um mich selbst zu kümmern.

Maria, darüber, das ganze Theater wieder von vorn anzufangen

Wie geht's dir?

Als ich Material für dieses Buch zusammentrug, erzählte mir eine sehr weise Frau, daß die Liebe das hervorbringt, was im Grunde nichts mit Liebe zu tun hat. Triffst du einen netten, liebevollen, verfügbaren Mann, bist du womöglich völlig hingerissen. Oder du fühlst dich am Boden zerstört.

Sollte letzteres der Fall sein: keine Sorge, das ist natürlich. Besonders wenn du in der Vergangenheit bereits viele Verletzungen eingesteckt hast.

Die Liebe kann alte Wunden wieder aufreißen. Als Rosa sich mit Andrew zusammentat, wurde sie von allen möglichen Empfindungen geradezu überschwemmt. Sie erzählt:

Es war unfaßbar. Ich war sehr glücklich. Und dankbar, daß ich endlich die Art Partnerschaft gefunden hatte, die ich wollte. Aber es jagte mir auch Angst ein – und für ihn war es schwierig, weil er sich sehr wohl mit mir fühlte, ich aber die meiste Zeit ziemlich deprimiert war. Ich bereute die Zeit, die ich davor verschwendet hatte; ich verging vor Selbstmitleid, daß ich soviel Energie vergeudet hatte; ich war verärgert darüber, daß ich mich mit schwierigen Menschen abgegeben hatte; und ich hatte Angst, wirklich offen und intim und dadurch verletzbar zu sein.

Wenn du dich erneut auf einen Mann einläßt, können alte Gefühle wieder aufbrechen. Nicht nur diese sprudelnden, prickelnden Liebesgefühle, sondern auch die etwas zähen, problematischen Gefühle, von denen du dachtest, du hättest sie hinter dir gelassen.

Erneutes Dating kann auf die unterschiedlichste Weise die Gefühlswelt wieder durcheinanderbringen:

- Sich jemandem zu öffnen, sich berührbar, sich verletzbar zu machen kann Ängste in dir auslösen.

- Endlich jemanden gefunden zu haben, der liebevoll mit dir umgeht, kann Zorn über vergangene Partner, die es nicht waren, in dir auslösen.
- Mit dem neuen Menschen über Vergangenes zu reden – was unweigerlich geschieht – kann alte, nicht verheilte Wunden offenlegen.
- Jemand, der deine Zeit in Anspruch nimmt – und deinen Platz im Küchenschrank für seine Crunchy Nuts –, kann Gereiztheit und Widerwillen hervorrufen. Besonders, wenn du Single warst und das gern.
- Wieder Sex zu haben kann dich an den letzten Mann erinnern, dem du nahe gekommen bist. Oder dem du nie so wirklich nahe kommen konntest. Der Sex mag nicht so gut sein, wie es mit *ihm* war. Oder es kann sehr viel besser sein und weckt in dir Traurigkeit darüber, daß du dich so lange mit so wenig abgefunden hast.
- Durch die Sexualität können erneut Unsicherheiten bezüglich deines Körpers entstehen. So dringen alle deine Probleme und unbrauchbaren Glaubenssätze in bezug auf Sex an die Oberfläche. Beispielsweise deine zwiespältigen Gefühle, ob du Sex überhaupt richtig genießen kannst oder nicht. Oder deine Zweifel, ob du es auch wirklich verdient hast, geliebt zu werden.

All dies zusammen kann dir viel Unbehagen mit dir selbst bereiten, zumal diese Zeit normalerweise erfüllt sein sollte mit Freude und rosa Wolken anstatt alten Dämonen, die dich wieder heimsuchen.

Das kannst du dagegen unternehmen

- Hoffentlich kannst du mittlerweile, nachdem du mit dem 3. Kapitel und 13. Kapitel gearbeitet hast, besser mit deinen Emotionen umgehen. Gib vor dir selbst, ihm und anderen zu, daß du dich immer noch verletzbar fühlst.

- Sprich mit Freunden darüber, schreibe es in dein Tagebuch, aber sprich vor allem mit ihm über deine Empfindungen. Es mag beunruhigend sein, aber das Ganze löst sich dann schneller auf. Oder willst du etwa keine Beziehung, in der du schwierige Gefühle ausdrücken kannst und darin auch unterstützt wirst?
- Vergiß nicht, daß du das Tempo selbst bestimmen kannst. Du bist für 50 Prozent der Beziehung verantwortlich. Du kannst zu 50 Prozent bestimmen, wann und wie ihr euch wie lange seht. Überleg dir, was du von deinem Single-Leben in diese neue Zweisamkeit miteinfließen lassen willst. Maria meint dazu: »Bevor ich Single wurde, dachte ich, daß für mich das Leben in einer Beziehung der Normalzustand war; Freunde sagen mir nun, daß ich mich mit Partner sehr normal und natürlich verhalten hatte, mich als Single aber genauso gebe. Das ist ein großes Kompliment. Mittlerweile bin ich äußerst vorsichtig damit, mein eigenes Leben, meine aufgebauten Strukturen und mich selbst in irgendeiner Form aufzugeben. Ich mag es nicht, wenn mein neuer Freund sich zu oft mit mir verabreden will. Als ich letztens wieder mal meine Beziehungs-Gebote durchging, war eines davon, daß ich wenigstens drei Tage die Woche Zeit für mich allein haben sollte. Mit einem Mann jeden Abend zusammenzusein geht also gar nicht.

Wie ist er?

Ich lebe seit 14 Monaten allein und habe mir in der Zeit ein wundervolles Zuhause geschaffen, das als Zuflucht für meine eigene Heilung dient. Ich wäre sehr zurückhaltend damit, es mit jemandem zu teilen. Sicherlich wäre es schön, einen Mann in meinem Leben zu haben, aber es gibt viele Aspekte meines Single-Daseins, die ich sehr genieße: keine Kompromisse eingehen zu müssen, die Freiheit zu haben, viele verschiedene Seiten meiner Persönlichkeit und meines Lebens entdecken zu können. Meinen Single-Status würde ich nicht ohne weiteres aufgeben wollen. Ich glaube, daß ich eine Beziehung ganz anders angehen würde; jetzt, da ich auch allein gelebt habe. Ich würde gewisse Dinge beibehalten wollen, wie etwa die Abende mit meinen Single-Freunden zu verbringen, Zeit für mich zu haben. Ich bin auch klarer geworden in dem, was ich suche. Es geht mir nicht nur um irgendeinen Mann, sondern um einen, der mich zu schätzen weiß.

Kate, darüber, wie das glückliche Single-Dasein
dich wählerischer werden läßt

Vergiß für einen Augenblick mal die Frage: »Kann ich mich überhaupt auf eine Beziehung einlassen?« Ist *er* der Richtige für dich?

Stell dir ein paar Fragen über ihn, falls du noch nicht sicher bist:

Ist er nett zu mir?

Fühle ich mich wohl, wenn wir zusammen sind?

Fühlt sich mein Körper wohl – oder bin ich angespannt?

Kann ich ganz ich selbst sein in seiner Gegenwart?

Bringt er mich in Verlegenheit?

Kann ich mir vorstellen, ihn meinen Freunden vorzustellen?

Wertet er mich ab? Oder läßt er mir meine Eigenheiten?

Protestiere ich gegen seine Vorschläge?

Höre ich ihm gerne zu?

Hört er mir zu?

Redet er die ganze Zeit?

Ist es schwer, mit ihm zu reden?

Trinkt er zuviel oder nimmt er Drogen?

Läuten bei mir irgendwelche Alarmglocken?

Haben wir gemeinsame Werte/Überzeugungen?

Was sagt mir meine untrügliche Intuition?

Mal davon abgesehen, daß niemand perfekt ist, aber falls ich dennoch Vorbehalte habe: Kann ich damit leben, oder werden bestimmte Ängste in mir ausgelöst?

Mach deine Erziehung dafür verantwortlich. Mit anderen Worten: Während kleine Mädchen sich um ihre Puppen kümmerten, rannten kleine Jungs über den Spielplatz. Wir Frauen sind so erzogen worden, daß wir uns um den anderen kümmern; Männern hat man beigebracht, sich auf das zu konzentrieren, was sie haben wollen.

Regeln:
Es sollte sich gut anfühlen.
Du hast das Recht dazu, mit Liebe und Respekt behandelt zu werden.
Wenn es sich nicht gut anfühlt und du nicht mit Respekt behandelt wirst? Laß ihn fallen!

Was ist, wenn er nicht anruft?

Eine anfängliche Liebes-Beklemmung. Und eine anfängliche Liebes-Realität.
Kümmert dich das? Willst du einen Mann, bei dem du dich oft unsicher fühlst? Wenn er nicht einmal den Anstand hat, dich anzurufen, obwohl er es dir versprochen hat, oder dir zu sagen, daß er eine schöne Zeit mit dir hatte.
Sein Verhalten, nicht anzurufen, bedeutet schlicht und einfach, daß er nicht mit dir sprechen will oder braucht oder das Bedürfnis dazu hat. Oder wie manche Männer es formulieren: »Warum mußt du denn mit ihr Schluß machen? Sei ein Mann. Ruf einfach nicht mehr an.«

Das ist Therese passiert, nachdem sie wahnsinnig tollen Sex bei einem heißen Date erlebte. Zwei Wochen lang hörte sie keinen Ton von ihm. Dann rief sie ihn an. Sie bekam die Information, die sie brauchte. Bevor sie die Sache innerlich abhakte, sagte sie ihm noch in aller Deutlichkeit, was sie von ihm hielt. Ich denke, sie war ziemlich deutlich ...

Erkennen, was nicht stimmt, und es beenden

Die feine Kunst, jemandem den Laufpaß zu geben

Es fiel mir mit der Zeit immer leichter, diese kurzfristigen Beziehungen zu beenden. Erst warst du zum Abendessen verabredet und plötzlich nicht mehr. Es gab nichts über die Beziehung zu sagen. Im Sommer war ich einige Male mit diesem Typen zusammen; wir hatten eine gute Zeit, er war wirklich süß. Eines Tages hatten wir ein Mißverständnis während eines Telefonats. Ich sprach mit ihm über sein Handy und sagte ihm: »Ich kann dich nicht verstehen, die Verbindung ist so schlecht.« Er dachte, ich hätte folgendes gesagt: »Ich kann dich nicht mehr sehen, ich beende es jetzt.« Danach hat er nie mehr angerufen, und mir war es auch nicht wichtig, den Grund dafür zu erfahren. Ich hörte nur später durch einen gemeinsamen Freund, was er verstanden hatte. Ein Telefongespräch mit gestörter Leitung – und schon bist du wieder Single. Mir war es eigentlich auch egal. So was passiert eben.

Maria, Expertin in der Kunst, sich zu verabschieden

Leider verlaufen nicht alle Dates einfach im Sande oder versickern nach einer geringfügigen Verständigungsschwierigkeit. Manche kurzen Affären müssen regelrecht gewaltsam getrennt werden, da der Partner wie eine Klette an dir hängt.

Wenn du diejenige bist, die fallen gelassen wird, lies dir noch mal Teil Eins durch. Wenn du jedoch die Männer in die Wüste schickst, solltest du einige Punkte berücksichtigen, die das Ganze erleichtern:

- Das wichtigste ist, dich auf dich selbst zu besinnen. Dann kommst du dir nicht wie ein Ekel vor – und er fühlt sich nicht wie ein Fußabtreter. Und bleib bei der Wahrheit.
- Sag beispielsweise einige dieser geprüft und erprobten Schluß-Sätze:

»Mir ist klargeworden, daß es doch nichts für mich ist. Es war eine schöne Zeit mit dir/du bist ein sehr lieber Mensch/du bist mir wirklich nicht gleichgültig, aber ich habe mich entschieden, die Beziehung nicht weiter zu vertiefen.«

»Die Zuneigung, die ich anfangs für dich empfand, hat sich nicht weiter intensiviert.«

»Ich habe mich entschieden, mich nicht weiter darauf einzulassen.«

Mit diesen Formulierungen übernimmst du die Verantwortung für dich selbst und stellst ihn nicht als den furchtbaren Kerl dar, der an allem Schuld sein soll.

Es kann sein, daß er zu diskutieren beginnt, zu manipulieren, zu jammern, wütend wird, weint oder sofort mit einer anderen Frau flirtet. Sei dir nur darüber im klaren, daß das sein Ding ist, und laß dich dadurch nicht beirren.

Denk dran

Du bist nicht für seine Gefühle verantwortlich.

Du hast das Recht, nein zu sagen und etwas zu beenden, was für dich keinen Wert hat.

Du hast das Recht dazu, deine Zeit für dich bestmöglich zu verbringen.

Wenn all das nicht zum Ziel führt, dann gilt wie gehabt: Sei ein Mann. Ruf einfach nicht mehr an.

23

Mr. Richtig erkennen – sieben Punkte, die auf die Liebe deines Lebens hinweisen

Du weißt es einfach, wenn es soweit ist – das hat man mir mein Leben lang erzählt. Und jetzt weiß ich es.

So beschrieb *Titanic*-Topstar Kate Winslet die Begegnung mit ihrer großen Liebe, ihrem Ehemann Jim Threapleton, den sie bei den Dreharbeiten zu *Marrakesch* kennenlernte. »Ich wußte es sofort . . . sofort. Ich dachte nur noch: Also, den nehme ich.«

Du brauchst kein Filmstar zu sein, um die umwerfende Liebe auf den ersten Blick zu erleben. Kate Winslet spricht für Hunderte von Frauen, die alle ähnliche Erfahrungen machen, wenn sie auf »den Richtigen« stoßen.

Mal abgesehen von einem dramatischen Augenkontakt in einem überfüllten Raum bei Dreharbeiten, wird die Begegnung mit der großen Liebe witzigerweise von einem ausgesprochen nüchternen »Ach ja, gut« begleitet. Man denkt weniger: *Genau das ist es!!!* Als vielmehr: Okay, das ist es dann also. Von jetzt bis ans Ende unserer Tage . . .

Jene Frauen, die ich über ihre Erfahrungen mit der Liebe ihres Lebens interviewt hatte, berichteten über sehr ähnliche Anzeichen, die erkennen lassen, ob der Betreffende »der Richtige« oder einfach nur »noch einer« ist.

1. Es passiert schlagartig

Augen treffen sich im Gewühl eines überfüllten Raums. Irgend etwas macht *puff*, und dein Leben ist nicht mehr das, was es einmal war. Petruska Clarkson, Professorin für Psychologie und Psychotherapie, meint dazu:

Ich bin Psychologin und Wissenschaftlerin und habe nie so richtig an die Liebe auf den ersten Blick geglaubt. Aber ich mußte meine Meinung ändern, weil es mir tatsächlich widerfahren ist. Mein Mann hat sich auf den ersten Blick in mich verliebt. Er saß in einem Eßzimmer mit vielen Menschen. Ich kam herein (er kannte mich überhaupt nicht) und brüllte »ja!«. Ich war so geschockt und verlegen, daß ich den Raum sofort wieder verließ. Später redeten wir miteinander, und ich entdeckte, daß wir sehr viele gemeinsame Interessen wie Wissenschaft, Philosophie, Psychologie und Kunst hatten. Wir wurden sehr gute Freunde. Als mein Partner anfing, mit meinen Studentinnen herumzuschlafen, ließ ich mich auf eine Beziehung mit diesem Mann ein. Wir sind jetzt sieben Jahre verheiratet und immer noch verliebt; es ist alles sehr wunderbar und lustvoll. Es ist eine phantastische Liebesgeschichte. Was veranlaßt einen Menschen nur dazu, auf diese Art »ja« zu sagen?

Wenn Aschenputtel dem Märchenprinzen begegnet, ist es oft so, daß einer von beiden die Anziehung viel eher verspürt. Er muß seine Beute möglicherweise durch das halbe Märchenland jagen, bevor der begriffsstutzige Auserwählte endlich kapiert, was los ist. Auch wenn diesem dunkel bewußt ist, daß da *irgend etwas* passiert.

2. Du hast das Gefühl, ihr würdet euch seit Ewigkeiten kennen

Als Sally, 34, Harry, Pardon, *Peter* traf, sagte sie: »Obwohl ich ihn auch sehr sympathisch fand, hatte ich vordergründig das Gefühl, einen verlorengegangenen Bruder wiedergefunden zu haben.«

Dieser tiefe, unbewußte Seelenfrieden scheint ein verbreitetes Gefühl zu sein, wenn du Mr. Richtig gegenüber stehst.

Petruska Clarkson stimmt diesem Punkt zu: »Das entscheidende Gefühl ist der Eindruck, ihn bereits dein ganzes Leben lang zu kennen; du brauchst nichts zu erklären. Als mich mein Ehemann anfangs fragte: ›Wie geht es dir?‹, spürte ich, daß es ihm *wirklich* wichtig war, es zu erfahren, daß er *wirklich* interessiert war. Er wollte nicht nur wissen, was er aus unserer Begegnung herausholen konnte.«

3. Es ist entspannend

Eine Freundin erzählte, daß die erste Begegnung mit ihrem jetzigen Ehemann für sie wie die Entdeckung der wunderschönsten Stilettos gewesen sei: Du schlüpfst hinein, und sie entpuppen sich als einzige Schmeichelei für deine Füße. Sie waren drei Monate später verheiratet und sind es nach fünf Jahren immer noch, mittlerweile ganz überzeugt von der Theorie über die bequemen Stilettos.

Übrigens, alle Frauen, die ich zu diesem Kapitel befragt hatte, pflichteten ihr bei.

Rosa meint: »Als ich Martin kennenlernte, empfand ich ihn wie eine neue, allerbeste Freundin, nur eben mit einem Pimmel. Ich kann mit ihm über alles reden, ihm alles erzählen, und er versteht mich.«

Dieses Wohlgefühl ist nicht mit diesem unbehaglichen Gefühl zu vergleichen, das du bei jemandem spürst, der zwar deinen Vorstellungen entspricht, aber alte Wunden wieder aufbrechen läßt. Vielmehr ist es ein Gefühl der tiefen Zufriedenheit, eine Art Seelenfrieden, was Rosa zu folgender Schlußbemerkung veranlaßte: »Wenn ich gewußt hätte, daß es auch so leicht, so fließend und strahlend sein kann, hätte ich mir die anderen alle gespart.«

4. Es ist kein großes Drama

Das führt uns zu der Erkenntnis, daß die Begegnung mit Mr. Richtig nicht wie in einer Seifenoper vonstatten geht, aber trotzdem etwas Aufregendes und Romantisches an sich hat. Ironischerweise gibt es, angesichts der immensen Bedeutung, endlich den Partner gefunden zu haben, der wie Aschenputtels Schuh paßt, gar nicht viel dazu zu sagen.

Sallys vergangene Beziehungen waren mit Angst beladen und mit Gesprächen wie »Glaubst du, daß er mich mag/Rate mal, was er *jetzt* schon wieder gebracht hat«, die die Autorin von *Sex and the City (Am Bett vorbei ist voll daneben)*, Candace Bushnell, als »hirnverbrannt« bezeichnet. Jetzt hat sie einen wunderbaren Mann getroffen und meint: »Ich kann nicht viel sagen, weil es kaum etwas zu sagen gibt. Es ist einfach normal. Es ist *unheimlich*, daß es so normal ist, aber so ist es.«

Leah stimmt zu:

Ja, es fühlt sich irgendwie normal an. Ich hätte sagen können: »Na gut, da sind wir nun.« Es ist keine Bombe eingeschlagen. Es war dennoch leidenschaftlich. Und es war so, als hätte ich endlich das bekommen, worauf ich so lange gewartet habe. Leute sagen, daß du es weißt, wenn es passiert; und ich wußte es, auf eine völlig undramatische Art. Eine Woche, nachdem wir uns kennengelernt hatten, sagte er mir, er sei nicht daran interessiert, nur mit jemanden zu schlafen. Er wolle vielmehr eine Beziehung zu der Frau, mit der er ins Bett geht. Was ich davon hielte, wollte er wissen. Ich erwiderte: »Ja, gut.« Es fühlte sich einfach nur richtig an. Nicht einmal, ehrlich gesagt, besonders aufregend. Einfach nur richtig.

Es war selbstverständlich, daß wir uns sehr mochten. Auch

wenn wir uns gegenseitig sagten, daß wir uns liebten, klang es ziemlich undramatisch. Er sagte es zu mir auf dem Weg in die Küche. Es war so einfach, daß ich zu denken anfing, er habe es womöglich gar nicht gesagt. Vielleicht hat er eher gemeint, ich solle die Bohnen holen, und ich habe ihn nur mißverstanden. Aber er hat es gesagt, und zwar viele Male seitdem. Ich hatte jedoch nie den Impuls, jemanden anzurufen und »Mensch, stell dir vor!« zu sagen.

5. Der richtige Zeitpunkt

Rosa erzählte, daß sie bereit sein mußte, um Mr. Richtig zu erkennen: »Ich war jedenfalls sehr ruhig und ausgeglichen. Ich spürte, daß ich einen Mann treffen würde, es war der richtige Zeitpunkt. Obwohl du durchs Leben gehst und denkst, du weißt nie, was passieren kann, er könnte hinter jeder Straßenecke lauern, wußte ich, daß ich vorher noch nicht bereit war. Ich war zu verzweifelt und unzufrieden mit mir selbst gewesen.«

Experten sind sich darüber einig, daß die Entdeckung der großen Liebe zu bestimmten Zeiten in unserem Leben wahrscheinlicher ist als zu anderen. Dr. Dean Ornish, US-Spezialist für Herzerkrankungen, schreibt über das Herz im weitesten Sinn in seinem neuen Buch *Die revolutionäre Therapie: Heilen mit Liebe*:

Ich will nicht damit sagen, daß der Schlüssel zum Glück darin besteht, das richtige Aschenputtel oder einen Märchenprinzen zu finden, zu heiraten und für immer glücklich und zufrieden zu leben. Bis ich genug an den Dingen gearbeitet hatte, die meinem Wunsch nach Nähe im Weg standen, konnte ich zu niemandem eine intime Beziehung aufbauen, ganz gleich, um wen es sich dabei handelte. Es ging nicht darum, den richtigen Menschen zu finden, sondern darum, selbst der richtige Mensch zu sein. Ich kannte diese wunderbare Frau lange, bevor wir eine Beziehung *eingingen, aber ich konnte sie damals nicht einmal richtig wahr-nehmen.**

Folgende Dinge können deine Bereitschaft beeinflussen: das richtige Alter, nicht mehr sinnlos herumrennen zu wollen, dich selbst besser zu kennen und verantwortungsvoll genug zu sein, um jemanden nicht gleich fallenzulassen, nur weil er den falschen Haarschnitt hat.

Frauen berichten oft darüber, daß sie unmittelbar vor Mr. Richtig eine grauenhafte Beziehung hatten. Wenn du so lange die falsche Straße entlanggegangen bist, bis du die Nase gestrichen voll hast, weil sie nirgendwo hinführt, tauchen auf wundersame Weise neue Abzweigungen, neue Möglichkeiten auf.

Normalerweise passiert so etwas, wenn du deine Glaubensmuster veränderst, wie im 12. Kapitel besprochen. Mittlerweile glaubst du daran, daß du einen wundervollen Mann und die große Liebe verdient hast.

Den richtigen Zeitpunkt abzupassen setzt natürlich voraus, daß er genau dasselbe sucht. Er ist verfügbar, er vermittelt keine zwiespältigen Botschaften oder treibt irgendwelche dummen Beziehungsspielchen, die aus einem Schachspiel plötzlich Mensch-ärgere-dich-Nicht machen. Er ist zugänglich, er ist offen und bereit, sich auf dich einzulassen.

6. Die Zeit bringt die Wahrheit ans Licht

Trotz sofortiger Klarheit und undramatischer Vertrautheit ist es erst der Anfang. Die einzige Möglichkeit, es wirklich zu wissen, ist, dranzubleiben und nach zwei Jahren zu überprüfen, ob er immer noch »der Richtige« ist. Nach Meinung der Anthropologin Helen Fisher dauert die Anbetung – Lust, Leidenschaft, nenne es, wie du willst – nur etwa 18 Monate: »Wir könnten

---

* Dean Ornish: *Die revolutionäre Therapie: Heilen mit Liebe.* München: Mosaik, 1999, S. 101.

unmöglich diese Phase der Vernarrtheit überleben. Wir würden an sexueller Erschöpfung und Schlafmangel sterben. Unser Gehirn ist so konzipiert, daß nach etwa eineinhalb Jahren die Vernarrtheit nachläßt, die Ruhe einsetzt und der Wunsch nach Bindung vorherrscht.«

Es braucht also etwas Zeit, um herauszufinden, ob die Beziehung das durchhält. Petruska Clarkson dazu: »Viele Menschen entdecken jemanden, der für sie ideal zu sein scheint, und erleben die Liebe auf den ersten Blick. Aber die ist oft nur lustgesteuert. Wenn sie sich genügend ausgetobt haben und ihr Lustobjekt einen Schnupfen bekommt oder eine Frisur hat, die mal nicht richtig sitzt, ist der Ofen aus. Besonders bei Männern hat Liebe auf den ersten Blick viel damit zu tun, daß die Angebetete die Figur der Frau hat, in die sie zuallererst verliebt waren: die eigene Mutter, eine Lehrerin oder ein damaliger Filmstar. Das entspricht nicht notwendigerweise der Realität, es ist nur ein idealisiertes Bild. Bei der richtigen Liebe liegt der Unterschied darin, daß sie sowohl lustvoll als auch fürsorglich ist und einen gemeinsamen Lebenssinn mit einschließt.«

7. Es steht in den Sternen

»Lebenssinn« klingt etwas hochtrabend, aber nicht für die Menschen, die sich nach den Sternen richten. Um auf die Frage von Clarkson im Abschnitt »Es passiert schlagartig« (siehe S. 270) zurückzukommen: »Was veranlaßt einen Menschen nur dazu, auf diese Art ›ja‹ zu sagen?« Ein Astrologe würde daraufhin antworten: Er erkannte seine Bestimmung. Tatsächlich *hatte* ein Astrologe ihr vorausgesagt, daß sie bald ihren Seelenpartner treffen würde. Drei Tage später geschah es, obwohl sie ihm das nicht geglaubt hatte.

Zur Astrologie gehört mehr als nur dein Sternzeichen. Das besagt lediglich, wo deine Sonne zur Stunde deiner Geburt stand. Ein vollständiges Horoskop zeigt alle anderen wichtigen Planetenstände; die Position von deinem Mond, deiner Venus und deinem Mars beeinflussen deine Beziehungen maßgeblich. Wenn du mit den Daten deines Mr. Wunderbar ein Partnerschaftshoroskop erstellen läßt, können Astrologen oft erklären, warum er Mr. Wunderbar für dich ist. Clarkson erklärt dazu: »Mein Mond steht um ein Grad in Konjunktion zu seiner Sonne. Das ist angeblich sehr selten; es ist eine alchemistische Ehe.«

Wenn ihr eure Planeten in ähnlichen Positionen habt, betrachtet ihr das Leben auch auf sehr ähnliche Weise, ihr denkt und fühlt ähnlich. Das ist der astrologische Beweis für dieses »Ich kenne dich«-Gefühl.

(Willst du dir dein Horoskop erstellen lassen, wende dich am besten an den Deutschen Astrologen-Verband, Wilhelmstr. 11, 69115 Heidelberg; http://dav-astrologie.de)

Um noch etwas esoterischer zu werden: Es gibt eine Theorie, die besagt, daß alle unsere bedeutenden Partnerschaften im Grunde Verbindungen mit Seelenpartnern sind, die wir aus früheren Leben kennen. Wenn du also deine wahre Liebe siehst und denkst »Das ist er!«, *erkennst* du eigentlich jemanden, der vielleicht dein Bruder im Mittelalter war oder jemanden, den du im Ersten Weltkrieg geliebt und verloren hast. Es gibt derzeit eine Flut von Büchern zu diesem Thema, zum Beispiel Judy Hall *Seelenpartner – Das Geheimnis karmischer Verbindungen* oder *Die Liebe kennt keine Zeit – Eine wahre Geschichte* von Dr. Brian Weiss.

Egal, ob dich das alles fasziniert oder du eher der Meinung bist, daß sei nur für hoffnungslose Spinner. Du wirst dennoch das Gefühl haben, daß du ein Date mit deiner Bestimmung hast, wenn du auf Mr. Wunderbar stößt.

24

Aus dem Single-Leben das Beste für zukünftige Beziehungen herausholen

Einige von uns werden selbst zu den Männern, die wir heiraten wollten.

Gloria Steinham, bekannte Feministin

Die von mir befragten Frauen waren überzeugt davon, daß die Liebe zum Single-Leben die beste Vorbereitung für die wahre Liebe ist . . .

»Ich bin jetzt viel anspruchsvoller und selbstbewußter in meiner derzeitigen Beziehung. Meine Gelassenheit hat ihn dermaßen aus der Fassung gebracht, daß er mir bereits bei unserem zweiten Treffen sagte, er liebe mich. Nur weil ich ihn nicht brauche und er das weiß. Ich rufe ihn auch nicht an, nicht aus Verlegenheit, sondern weil ich ihn nicht brauche. Er kann nur mit mir zusammensein, wenn er es wirklich versucht.«

Maria, zwei Jahre Single

»Ich fühlte mich zu ganz anderen Männern hingezogen, nachdem ich als Single gelebt hatte. Früher schwärmte ich für die Jungs von Eliteschulen – aber was wissen die über ein kleines jüdisches Mädchen aus dem Norden Londons? Die Kulturunterschiede könnten nicht größer sein. Ich verstehe diejenigen nicht, die Geld sparen, damit ihr Sohn Eton besuchen kann, bevor er nicht einmal eine Frau kennengelernt hat, mit der er Kinder haben möchte. Sie sind alle emotional sehr distanziert. Ich war immer hinter jemandem her, der unerreichbar ist. Irgendwann bist du es leid, frustrierende Beziehungen zu haben. Nachdem ich ein Jahr als Single gelebt hatte, traf ich einen Mann, der sich so sicher war, daß ich die Richtige für ihn bin, daß er mich regelrecht verfolgt hat. Zuerst war es entsetzlich – einer, der außerordentlich nett war und mich tatsächlich mochte! Er ließ nicht locker, und ich erkannte allmählich, wie schön es ist, mit einem Menschen zusammenzusein, der so wundervoll ist. So sehr, daß ich ihn heiratete.«

Emily, über das glückliche Zusammenleben für alle Ewigkeit

»Etwas veränderte sich in mir während meiner Single-Phase. Beziehungen waren nicht mehr das Allerwichtigste. Wie z. B. letzte Woche, als ich einen riesigen Krach mit meinem Freund am Telefon hatte und ich danach sehr aufgewühlt war und geheult habe. Ich kümmerte mich in den nächsten Tagen wieder um meinen eigenen Kram, bis ich ihn wiedersah. Ich habe natürlich noch daran gedacht und fühlte mich mitgenommen, aber früher hätte ich mein Leben zunächst zum Stillstand gebracht, wäre mitten in der Nacht noch zu ihm gefahren, weil die Situation für mich unerträglich gewesen wäre. Wenn ich heute nicht mehr so reagiere, heißt es nicht, daß es mir gleichgültig ist, aber mein Leben dreht sich nicht mehr nur um den Mann.«

Kate

»Im Zug auf dem Weg zu einer Party, auf der ich die Liebe meines Lebens traf, dachte ich mir noch, daß ich immer an Männer geraten bin, die kein Geld hatten. Ich hatte es einfach satt. Ich mußte ständig das Abendessen von irgendeinem jungen Kerl mitbezahlen. Beim nächsten Mann, dachte ich mir, will ich in den Genuß kommen, von ihm zum River Café (ein piekfeiner Gourmettempel in London) ausgeführt zu werden. Auf der Party bemerkte ich einen sehr attraktiven Mann, der mich anscheinend auch interessant fand. Ich bekam mit, wie ihn jemand fragte, was mit seinem großen Haus geschehen sei. Ich weiß noch, wie ich mir dachte, vielleicht kann er mich ja zum River Café begleiten. Ja, und an unserem ersten Jahrestag sind wir dorthin gegangen. Die bedingungslose Liebe zu mir selbst, die ich während meiner Single-Zeit gelernt hatte, ließ mich nach höheren Zielen Ausschau halten.«

Ella

»Ich war früher eine Frau, die sich ausschließlich durch ihre Beziehungen definierte. Als ich meinen ersten Freund hatte, dachte ich: Jetzt ist alles in Ordnung, ich habe jemanden. Diesen Jemand zu haben war wichtiger als alles andere. Rückblickend scheint es an ein Wunder zu grenzen, daß ich beruflich überhaupt etwas auf die Beine gestellt habe – bei all der Energie, die ich für Beziehungen aufgebracht hatte.

Als ich Single war, hatte ich viele echte Beziehungen zu allen möglichen Leuten. Beispielsweise Tina, eine tolle Freundin, die ich an der Kunstakademie traf. Sie besuchte mich im Urlaub, und ich hatte genau das gleiche prickelnde, aufregende Verliebtheitsgefühl. Eine andere Freundin kam jede Woche Freitag abends, um fernzusehen; all diese Dinge fühlten sich genausogut an, als ob ich sie mit meinem Partner erlebt hätte.

Jetzt, da ich in einer Beziehung lebe, mache ich diese Dinge interessanterweise gar nicht mit meinem Partner, sondern weiterhin mit meinen anderen Freunden. Mittlerweile geht es mir in der Beziehung zu einem Mann um Sexualität. Für mich ist es nicht mehr so, daß alles, was ich mit dem Mann zusammen mache, etwas ›Besonderes‹ darstellt und der Rest meines Lebens unerheblich ist. Früher habe ich mich unglaublich bemüht, wenn mein Freund zum Essen kam, habe besondere Sachen eingekauft. Jetzt kaufe ich sowieso was Leckeres ein und genieße es auch allein.«

Leah

»Ich habe mir oft gesagt: Wenn ich wüßte, daß ich in einem Jahr meinen Traummann treffe, könnte ich jetzt das Leben in vollen Zügen genießen und würde mich dabei wohl fühlen, eine Zeitlang solo zu sein. Es ist eigentlich die Angst, die dich daran hindert, das Leben richtig auszukosten; das habe ich mittlerweile hinter mir. Ich glaube wirklich, daß ich eine wunderbare Zeit gehabt habe – war viel unterwegs, habe verrückte Dinge gemacht, die ich sonst nie getan hätte. Dinge, die ich vielleicht auch nie wieder tun werde. Wenn ich dann zur Ruhe komme und Kinder haben will, werde ich keinen Nachholbedarf haben. Ich kann mich dann an den schönen Erinnerungen erfreuen.«

Jacqui

»Als ich allein war, erreichte ich wirklich den absoluten Null-punkt. Ich hatte restlos die Schnauze voll von Beziehungen, die mir schadeten. Ich verbrachte viel Zeit allein, und obwohl es keine Situation war, die ich mir freiwillig ausgesucht hätte, war es zu dem Zeitpunkt doch das beste, was mir passieren konnte. Dann geschah ein Wunder. Ich fühlte mich zu einem sehr liebevollen Mann hingezogen, der sich auch für mich interessierte; er war der Richtige für mich. Und da ich es dermaßen satt hatte, allein zu sein, konnte ich ihn um so mehr genießen; ich bin jetzt auch viel gelassener als früher.«

Rosa

Die höchste Herausforderung ist, in einer Beziehung zu leben und trotzdem du selbst zu sein, den Kontakt zu dir nicht zu verlieren und dich nicht völlig in der Zweisamkeit aufzulösen. Die hier vorgestellten Grundsätze können für dich und deine Beziehungen eine enorme Bereicherung darstellen.

Nicht-Single – und das gern

Wie die Grundsätze des Singletums in eine liebevolle Partnerschaft übertragen werden können:

1. Die Beziehung nährt dich. Er kümmert sich um dich. Du kümmerst dich um dich.
2. Es gibt Platz für Gefühle. Deine und seine.
3. Er unterstützt dich so, wie deine Freundinnen dich unterstützen würden.
4. Du hast genausoviel Spaß wie zu der Zeit der Dates.
5. Du kannst dich als Persönlichkeit weiterentwickeln und dabei wachsen.
6. Du hast ein Leben außerhalb der Beziehung. Du kannst auch Dinge allein unternehmen.
7. Du tust nichts, was du nicht willst. Auch wenn er andere Wünsche äußert.
8. Du übst dich in deiner Selbsterkenntnis. Du nimmst auch ihn bewußt wahr – in aller Klarheit und nicht durch die rosarote Brille.
9. Du kannst dich behaupten, dir Gehör verschaffen, dich durchsetzen, so daß du auch bekommst, was du willst.

Zusammenfassung von Teil Drei

Bevor du dich wieder auf Männer einläßt, nimm dir folgende Grundsätze zu Herzen:

- Sei dir klar darüber was/wen du suchst.
- Du hast das Beste verdient.
- Achte auf dich selbst, wenn du dich bei einem Date nervös oder unwohl fühlst.
- Entwickle und vertraue deiner untrüglichen Intuition.
- Sei in der Lage, nein zu sagen.

- Dreh den Spieß um und mach selbst ein Date mit einem Mann aus.
- Nimm dein Date-Schicksal selbst in die Hand und schalte eine Partnervermittlung oder das Internet ein.
- Sei entschlossen, das Beste zu bekommen.
- Frag dich und entscheide dich immer wieder von neuem, wie du dich in der Beziehung fühlst – und wie er sich fühlt.
- Erkenne, was richtig und was falsch für dich ist – und handle entsprechend!

Wenn es erst einmal an das Eingemachte in einer Partnerschaft geht, bist du eigentlich kein Single mehr. Dann brauchst du auch mein Gequassel nicht mehr. Du machst jetzt allein weiter. Oder besser gesagt, eben nicht allein. Auf gutes Gelingen!

0005